未来教育家文丛

朱益群与崇思教育

ZHUYIQUN YU CHONGSI JIAOYU

朱益群◎著

北京师范大学出版集团
BEIJING NORMAL UNIVERSITY PUBLISHING GROUP
北京师范大学出版社

图书在版编目（CIP）数据

朱益群与崇思教育／朱益群著. —北京：北京师范大学出版社，2014.5
（未来教育家文丛）
ISBN 978-7-303-16907-8

Ⅰ. ①朱… Ⅱ. ①朱… Ⅲ. ①中小学－教学研究
Ⅳ. ① G632.0

中国版本图书馆 CIP 数据核字（2013）第 176223 号

营销中心电话 010-58802181 58805532
北师大出版社高等教育分社网 http://gaojiao.bnup.com
电子信箱 gaojiao@bnupg.com

出版发行：北京师范大学出版社 www.bnup.com
北京新街口外大街 19 号
邮政编码：100875
印 刷：北京京师印务有限公司
装 订：北京中印联印务有限公司
经 销：全国新华书店
开 本：170 mm × 240 mm
印 张：14.5
字 数：270 千字
版 次：2014 年 5 月第 1 版
印 次：2014 年 5 月第 1 次印刷
定 价：29.00 元

策划编辑：李 志 责任编辑：鲍红玉 李 志
美术编辑：纪 潇 装帧设计：纪 潇
责任校对：李 菡 责任印制：陈 涛

朱益群

朱益群，男，生于1962年，浙江嘉兴人。浙江省特级教师，中学高级教师，海盐县教育局教研室教科员，浙江省中小学名师名校长工作站初中语文工作室导师。先后被评为嘉兴市科研标兵、嘉兴市学科教学带头人、嘉兴市教坛新秀、嘉兴市“双高课”一等奖获得者、嘉兴市首批名教师、嘉兴市新世纪专业技术人才培养人选、浙江省教科研先进个人、全国中学生文学社优秀指导教师。

朱益群从事初中语文教学20多年，《默会知识与语文感悟能力》《本义追溯及其在古诗词教学中的意义》等70多篇论文在全国、省、市级公开刊物发表（或获奖），多篇论文收入人大报刊复印资料《初中语文教与学》，主持或参与省、市、县级课题10多项，获浙江省“九五”期间重大科研成果三等奖、浙江省教育学会优秀调研课题三等奖、嘉兴市人民政府基础教育成果二等奖等多项。

序

思想源于积淀

朱益群老师是我非常敬佩的语文特级教师。他学养深厚，能诗善文；长期坚持在一线教学，对文本解读有真知灼见，对课堂教学能运筹帷幄，真正做到以学定教；对教学研究孜孜不倦，成果丰硕；对年轻教师倾力提携。去年下半年，北京师范大学出版社《未来教育家文库》的编辑约我们单位推荐撰写丛书的特级教师人选，我即刻联系了朱老师，他欣然答应。今年10月底，朱老师送给我这本《朱益群与崇思教育》的电子书稿，我有幸成为该书的最早读者。虽然没有一段完整的时间一气读完，但在一个多月时间里断断续续的阅读中，我看到了朱老师几十年教学生涯中积淀下来的教育思想和精彩课例，收益颇丰，也进一步认识到了朱老师从一个普普通通的教师发展成让人敬仰的优秀特级教师的思想历程。我们阅读《朱益群与崇思教育》，不但要注意深刻理解朱老师的教育思想、教学理念，仔细观摩朱老师精心设计的课例，还要注意学习朱老师在专业发展上执着追求的精神。

首先，朱老师乐于学习。朱老师好读书，读好书。从本书有关朱老师的生活经历中可以看到，他阅读面广、阅读量多，其中深入钻研了以下几类书：经典的教育学和心理学著作、权威的学科教学理论著作、语言文学方面的著作，当然也阅读了大量扩大视野的“杂书”。广泛的阅读为教师的专业发展奠定了扎实的基础。尤其值得年轻教师学习的是朱老师充分利用各种培训、访学的机会，“零距离、全方位”地接受大师、专家的悉心指导，把参加培训当作最佳的学习时机，“始终怀着景仰、虔诚的心态，贪婪地吸收着教育的营养，热情地激荡着教育的智慧”。正是这种主动学习的精神，使朱老师的“理论水平、实践能力发生了质的飞跃”。“学习是教师专业成长的营养剂”，这是朱老师发自内心的真切体会。

其次，朱老师善于思考。朱老师身体力行着他的“崇思教育”，认为思维、思考、思想是教育教学的核心要素，其中“思想”又是最高的境界。因此，朱老师努力去唤醒学生，引导他们成为能够思考、能够思想的人。他透过语言形式，始终抓住“思维”这一核心，追求深入理解文本的内涵和教学价值，然后根据教学理念，把对文本的解读转化为教学设计，根据学生的初始理解状态和未来发展需求，灵活实施教学策略。朱老师根据多年的教学实践，提出了“基于文本预解读的教学设计”这一模式，有效实现了从文本阅读到教学设计再到课堂教学实施的三级转换，其核心在于提高课堂教学的思想力和执行力。朱老师长期坚持踏踏实实的课堂教学科研，以常态下的“问题求解模式研究”和“理论应用模式研究”为主，遵循“问题即课题，教学即研究，成果即成长”的科研思想，践行“搞诚信的研究，搞实在的研究，搞科学的研究，搞有效的研究”。这种研究方式是值得我们学习的。而本书的教学理论和课例正是朱老师多年研究成果的精选。

再次，朱老师勤于积累。朱老师听课时做到“三多”“三记”。“三多”，即多观察、多记录、多思考。“三记”，即记老师，包括他的每一句话、每一个动作、每一个表情以及遇到意外时如何妥善应对；记学生，包括他们的活动、反应，尤其是即时生成的智慧火花；也记自己一闪而过的思维痕迹。这种听课方法，能够积累丰富的课堂教学细节，成为研究和改进课堂教学的素材。朱老师还长期坚持写教育博客，随时把自己对教育、教学的思考形成文字，公布于博客上。博客成为朱老师和其他教师随时自由研讨和交流教学问题的重要场所，也是朱老师平时随时记录和发表个人工作过程、生活故事、教学案例、思想观点的工具，经年累月的积累、扩充、整理、完善，就形成了一个丰富的教育教学资源库。朱老师之所以能在短短几个月时间里完成书稿，完全得益于平时写博客积累下来的大量材料。

最后，朱老师乐于提携后生。近些年来，各级培训机构越来越重视教师教学实践培训，经常安排一批一批的骨干教师跟随朱老师磨课；还有很多年轻教师慕名前去学习。朱老师都热情接待，精心安排，悉心指点。本书最后一章就记录了不少跟朱老师学习的教师的收获和感受。

我以上几点感受仅是抛砖引玉。仔细阅读本书的理论阐述，深入分析本书的教学课例，把理论和课例联系起来思考，读者一定会有更多的收获。

张孔义

2013 年 11 月

目录

CONTENTS

绪论

崇思教育

教育，从某种程度上说，是思想的载体与呈现。由此推断出又一个观点：教育，是引领学生运用科学合理的方法，去认识自然和社会事物中所潜藏着的思想以及正确使用言语等物质手段表述自己思想的过程。教育的核心始终是思想，除此之外，没有第二个核心。思想是支撑教师人格魅力的支柱。要达成这一目标，教师自身必须是有思想的，是善于思想的，是善于帮助学生学会思想的。离开了思想这一内核，任何教育不过是浮光掠影、舍本逐末。

正因如此，我积极提倡"崇思教育"，并不断探索，一以贯之，努力落实到我的初中语文教育乃至对学生的全方位教育上来。

一、"崇思教育"的形成轨迹

刚走上工作岗位，我对教育的认识还停留在很肤浅的层面上，受影响最深的要算"知识本位"论了。20 世纪末，人类大踏步迈入知识经济时代，人们越来越发现知识产生的巨大效益，于是，"知识就是力量"的观念被普遍认同并根深蒂固起来。在这种大背景下，教育也未能逃离这一旋涡，自觉不自觉地以“知识”为核心，教师一切的行为，包括讲解、练习与检测，都着眼于让学生知道“是什么”与“怎么样”，填鸭式、灌输式的教育方法应运而生，盛行一时，功利性抬升到了无以复加的高度。

追本溯源，“知识本位”的课程观和教学方法主要是建立在20世纪初期和中期的行为主义理论和目标分类学之上的，20世纪二三十年代，心理学家桑代克(Thorndike)把学习看作是条件反射的联系(S－R联系)，这种思想导致了对人类技能和行为的心理学研究，出现了分技能的分析。到了20世纪50年代，受斯金纳(Skinner，B. F.)的影响，教育实践更注重行为和任务(知识划分)的研究，布鲁姆(Bloom)的掌握学习促使了在教育实践上重视基本知识和基本技能的教育。可以说，这种观念至今仍在影响着很多学校里教师的课堂教学实践。

然而，“知识本位”导致学生无法实现“人的全面发展”，在教师居高临下强制性的压迫下，学生对知识只能机械接受而无法活用，进而养成终身受用的能力，沦为“知识容器”“两脚书橱”，如果遇到新的学习环境、新的学习内容，往往一筹莫展，举步维艰。“人们总是倾向于掌握更多的知识，掌握知识体系中分支的分支，这种‘全面狂’是过度强调教育的一种价值——以知识为目的，而忽视其他价值的结果”。即使“知识”本身，学生更多的是“知”而无“识”，“知”而不“识”。

我开始静心思考，怎样才能有效克服这一不利态势，使语文教育更加有效，学生学习更加有效？正踌躇徘徊，陷入迷茫困顿的时候，基础教育改革给一线教师带来了一种全新的理念，让我们看到了一方从未见过的语文教育天地。这就是语文教育界提出的“工具性与人文性的统一”，厘清了语文学科的基本特点，而且工具性是第一位的，是语文学科特质的决定性因素。章熊先生说：“准确地说，语文课所涉及的不是‘语言’，而是语言的运用。没有注意到二者的区分，是当前语文教学的弊病之一。”“语言的运用”就是指语文学科的工具性。既然存在“工具性”，必定包含了工具本身及人们运用工具所必需的载体、途径、标准、手段、方法等操作性元素。在这一理念的强力驱动下，教师纷纷从“知识本位”跳到了“方法本位”，关注程序、方法，“授之以鱼，不如授之以渔”也理所当然成为非常流行的说辞。实事求是地承认，从“知识本位”到“方法本位”确实是一次意义非常的进步，其价值在于两个“基于”，即基于知识本身固有的逻辑体系，基于学生实际运用能力的培养。于是我们看到，语文教育中出现了“方法传授”占统治地位的种种现象，如讲品读方法：一抓住重点词语；二关注重点句子，从结构上说，如首起句、总结句、过渡句，从表达方式上说，如抒情句、议论句；三联系语言环境；四关注题目信息指向等。再如写作，则言必开头十法、结尾十法、过渡十法等。又如考试检测，则推行“标准化命题”与“标准答案”。凡此种种，不一而足。

其实，“方法本位”的盛行并非空穴来风，那是20世纪60年代以后认知主义学习理论流行并深刻影响教育的结果。认知心理学家主要从两个方面对人类的认知进行研究。一是研究大脑的构造，即头脑的构造如何？如格拉斯(A. Glass)等人强调头脑的结构特征和这些特征怎样组合以保证思维的过程：我们所有的神经能力——感知、记忆、推理等，组合成一个复杂的系统，其总的功能则叫认知。二是研究大脑的功能，即头脑怎样操作的？尼塞(U. Neisser)把认知定义为认识活动，即获得、组织和运用知识。这里重点在于信息在头脑里的流动。认知主义学习理论强调学生在学习时大脑内部的加工过程，即学生对信息的感知、输入、简约、加工、储存和使用的过程，提出了认知策略和策略教学的观念。所谓认知策略，就是用于完成学习任务的认知活动过程。所谓策略教学，是指通过教学提高学生对学习要求的意识，掌握和运用恰当的策略来完成学习任务，形成监控策略运用的能力。策略教学成了20世纪80年代西方教育研究的热门领域之一，是许多课程改革的又一个突破口。策略教学逐渐取代基本知识和基本技能训练而成为教学改革的新方向。策略教学的思潮对我国的影响，主要反映在课程设计和教学内容上重视学习方法的指导。

与“知识本位”一样，“方法本位”下的语文教育曾给很多人带来过惊喜。但无论“知识本位”论，还是“方法本位”论，都一直把目光投注在知识本身及其形式上，致命的缺陷——关注“学生”这一学习的主体——始终没有得到改变，对知识与方法背后的更深层面也没有实质性触及。更可悲的是，长期以来，教师和学生“表现出了明显的‘工具模式’，其内在的精神和心灵价值被严重地消解了，结果为社会培养了大批‘技能人’‘经济人’‘政治人’等单向度的异化的人，给人类社会的发展带来严重的负面影响，有些甚至是灾难性的”，“人被评判的标准只是他对知识的掌握，人的价值仅在于他掌握知识的多寡及在多大程度上利用自己所掌握的知识进行生产”，而最富人类灵性、最具语文本质的思想力却日益钝化与消亡。

鉴于以上观念和行动两方面坚持不懈的探索，我认为，语文教育并非完全排斥“知识本位”和“方法本位”，而需从“知识本位”“方法本位”再向前跨出一步，走向“思想本位”，即提升教师的思想力，发掘教学中的思想元素，以培养学生的思想力。这是语文教育的最高追求和最高境界。

“思想本位”的教育观，主要吸取了建构主义的学习理论。自20世纪80

年代以后，建构主义学习理论成为主流，该理论认为，学生的学习是运用已有知识经验来解释面临的新的知识，解释的过程就是建构新意义的过程。

建立在皮亚杰和新皮亚杰学派基础上的建构主义强调知识的个人建构，主要研究年龄与认知操作水平之间的联系，并以小规模和中等规模的训练研究来探讨改变认知操作水平的途径。在瑞士，新皮亚杰学派的心理社会发生学(智力发生的社会心理学，social psychology of intellectual genesis)也在探讨社会因素在总的智力发展中的作用，如同伴在学习情景中的交互作用。但新皮亚杰学派的结构主义者(structuralist)对于概念改变的机制和方向的看法上，和维果茨基学派存在很大差异。结构主义者们把社会交互作用看作是加速智力的自然结构发展的工具，而维果茨基学派则认为，认知能力只有在社会过程中而且只能靠社会过程来创造。

基于维果茨基理论的社会建构主义则认为，社会互动的过程可以帮助人们建构起个人本身并不具有的知识系统。知识最初存在于社会环境中，人们通过在社会环境中的互动作用，知识才被个体所内化。维果茨基关于自我和他人的交互作用、内化说、最近发展区等观点越来越受到人们的重视。例如，意大利学者蓬泰科尔沃(Pontecorvo)在比较了各种有关学习中社会交往效果的理论之后，认为维果茨基关于学校学习和发展之间的联系的看法是最合理的。法国学者布拉耶(Blaye)通过比较维果茨基理论和新皮亚杰学派二者在解释同伴在儿童解决问题中的影响的观点后，认为应该把两种理论结合起来思考。在芬兰，逻波(Ropo)按照维果茨基的最近发展区理论，研究了在课堂教学中师生的交往活动。荷兰学者西蒙斯(Simons)等人把维果茨基的学习和教学理论与当代元认知理论结合起来，形成了自我调控学习理论。他们认为，在大多数学习情景里存在着自我调控和他人调控，两种调控因素对学习效果的影响有很大的差别，理想的自我调控是学习者选择自己的学习目标并调整自己的学习活动以符合这些目标。自我调控在某种程度上是使自己成为自己的教师。

这些研究让我们认识到，学生要成为有能力的学习者，仅靠死记硬背事实知识和按部就班运用熟悉的程序都是不行的，还需要发展学生的思维能力。教学要以学生为主，以学定教，教师要引导学生积极主动地建构，有效组织学生进行深度互动，以促进学生对学习内容的深刻理解。而学生的主动建构、深度互动、深刻理解的核心基础就是有效的思维。

二、“崇思教育”的内涵建构

这里所提倡的“崇思教育”包含了三重基本意思。

(一)任何一项任务、一种策略、一个目标，始终立足于“思维”这个基本层面

何为思维？思维是对客观事物的间接的、概括的反映。人们在社会实践中反复接触客观事物，积累丰富的感性材料，进行由此及彼、由表及里、去粗取精、去伪存真的分析综合工作，从而对事物由表层的感性认识上升到本质的、规律的认识。思维是人们认识世界的最重要的方式，是智力的核心，智力的其他因素，如观察、注意、记忆、想象等都和思维紧密联系。

思维和语言的关系也是非常密切的。我们都知道，语言是思维的最重要的工具。语文作为一门学科，它的字、词、句、段、篇，听、说、读、写，都是思维的符号及思维符号的表达，蕴含着大量的思维信息。斯大林在《马克思主义和语言学问题》中说过：“语言是同思维直接联系的，它把人的思维活动的结果、认识活动的成果以及词和由词组成的句子记载下来，巩固起来，这样就使人类社会中的思想交流成为可能了。”

钱理群教授根据“四种能力与人的精神、思维发展的关系”，提出过一个新颖的分析框架：除“态度”和“习惯”的追求外，“听与读”应包括：(1)理解力与感悟力、审美力；(2)归纳力；(3)内化、扩大与深化的判断力、联想力、创造力、批判力。“说与写”应包括：(1)感知力；(2)正确运用语言文字表达自己的能力；(3)正确地与“他者”交流的能力；(4)自我审视、质疑的能力。显然，这一框架的建构指向了语文学习的基本层面——思维。

语文教育的内容主要有阅读、写作，无论是言语形式还是表现技巧，其实都是人们思维活动的物质化、外显化；信息的筛选、重组、提炼、概括和输出，都是演绎、归纳、创造性等思维活动的具体表现。从这个意义上说，对文本的理解，就是对文本中思维痕迹和思维内涵的把握，理解越到位，就越无限接近思维的实质。对写作而言，每一环节也无不贯穿着思维：观察需要敏锐的洞察力，选材需要准确的鉴别力，谋篇需要宏观的权衡力，立意需要深刻的穿透力，创新需要强大的创造力，这些力，一言以蔽之，就是一个人的思维能力。

(二)教师和学生在教与学的整个过程中始终处于“思考”的状态

“学而不思则罔，思而不学则殆。”没有思考，绝不可能使教与学产生任何意义上的真正进步。如果教师满足于充当教材的代言人、传声筒，实行拿来主义，则只会画虎不成反类犬，自欺欺人，对文本、学生乃至自身都会缺乏应有的思考，教学目标日益急功近利，教学内容日益媚俗平庸，教学手段日益浮躁异化，教学行为中的思想文化气息日益弱化，仿佛一个患了多动症的

小孩一样无法安静，无法去好好思考一切教学行为的动机、前瞻与价值。事实上，很多教师往往关注近期利益，忽视长远规划，关注学习技巧，忽视文本的思想情感；关注显性利益，忽视内在的精神生长。不管感性体验，还是理性思辨，都无法给予适当的呈现与有效的传递。这对于提高师生双方的思考力将产生不了任何促进作用。因此，教师必须事先对整个教学进行全盘、深刻的思考，如学情、教材、目标、重点、难点、手段、媒介、评价与反馈等，才能有效保证教与学的高效率与高效益，好像园艺家建造园林，胸中有丘壑，方能盈寸之间闪展腾挪，豁显江山之神韵。“此地居然形胜，似曾小小兴亡”。

这里，我提出一种比较创新的教学方式，叫“预后教学”。

目前，“以学定教，先学后教”已成为一线教师普遍认同与积极践行的教学行为，其主要手段是“导学案”的编制与应用。然而，实施过程中，我们发现，“导学案”也存在着诸多弊端，如缺少对学习方向的总体把握，模糊了各个学习任务、学习模块之间的内在逻辑关系，缺乏基于前一学习诊断分析的持续发展，较难融入实际教学活动，在某种程度上成为课后作业的前置，加重了学生的学习负担。那么，我们能否逆向思考，去关注教与学的现实状况和未来趋势，从而改进教与学的行为呢？

于是，我借鉴了一个医学概念，叫做“预后”，即指预测疾病的可能病程和结局。它包括判断疾病的特定后果(如康复，某种症状、体征和并发症等其他异常的出现或消失)，也包括提供时间线索(如预测某段时间内发生某种结局的可能性)。预后通常与诊断有关。根据诊断要点，做出明确判断，是正确预后的第一步。大部分的预后判断依靠个人的实践经验或者阅读大量有关确诊个案的随访文献、理论著作。根据预后原理，我认为，师生对一定时段内的教与学进行观察、诊断，寻找原因，在此基础上，积极探索并提出行为改善的方法，从而提高教与学的效益，这就是“预后教学”。简单地说，就是“诊断——预测——归因——改善”，循环往复，渐次递进。它的最大特点，就是创造了更多主动思考的机会，变关注学习内容为关注学习本身，变任务驱动为思维发展，变消极的自然干预为能动的人为干预，使教与学始终处于一种动态、可控、递进、高效的思考状态中，其后续始终行进在由既定目标引领的轨道上。如遇到外在环境发生变化，完善的诊断与预后也可以使教师迅速、灵活地应变，协调各个教学元素、教学单位，形成最佳组合。可见“预后教学”对于提高教学效益具有关键作用。

对学生来说，培养他们主动、积极思考的能力同样十分重要。美国心理学家布鲁纳认为，学习的内容不是给予，而是亲自发现，并内化到自己的认知结构中。他十分强调教学中的“发现法”，要求教师“尽可能保留一些使人兴奋的观念”，引导学生像科学家那样独立思考，探索未知，最终达到对所学知识的理解和掌握。《教育信息报》2011 年 7 月的一篇调研报道也指出，留给学生足够的思考时空与创造学生思考的时空是衡量一堂课是否有意义、有质量的重要标准之一。帮助学生学会思考，“教是为了不教”，“不待教师教，学生自会学”，始终是语文教育的重要目标，这一点绝不能放弃。

（三）教师和学生通过教与学，始终向“思想”这一理想境界进军

作为教学的双主体，教师和学生都在教与学的双向促进中不断获得提升、创生，从一般的知识与能力的学习中，逐渐涵养语文学科特有的思想，而这一旦形成，往往能从具体的教学环境中脱离出来而成为影响人一生的精气神。

上海市著名特级教师陆继椿老师的“一课有一得，得得相联系”，很好地诠释了从“思考”到“思想”的发展过程。如果说“一课有一得”主要关注具体的知识与方法，“得得相联系”就是一种基于系统论的教学思想。它要求把整个学段的教学内容、教学目标、教学手段、教学策略以及学生的已有学习经验、未来发展的可能需求等，置于一个相对完整的学科体系之内，使各模块间凸显必然的逻辑关系。没有一种高屋建瓴的学科思想，或者无法在正确学科思想的引领下进行有效教学，就容易一叶障目，不见泰山，使语文教育蜕变成枯燥无味的机械操作和死气沉沉的标本。教师的思想越肤浅，越容易导致学生思想的僵化，直至丧失掉人类区别于动物的最宝贵的能力——思想力，想象力被禁锢了，创造力被扼杀了，学生最终成了应试的高手、思想的侏儒。

同时，我们不能忽视语文学科特有的人文关怀、人文精神。我一再重申，语文教师必须是一名具有深厚文化底蕴的人。程红兵老师曾说：“我们期望教师具有这样的素养：开阔的视域、独立的见识、宽广的胸怀、自由的心态。人不能识之，我则识之；人不敢言之，我则言之；人不肯为之，我则为之。这是一种优游的气度，一种自由的情怀，一种人文的理想，一种追梦的执着，一种美丽的教育乌托邦。”这应当成为语文教师孜孜以求的理想境界。

有思想的教师，才能培养有思想的学生。有思想的学生，不会轻率地盲从现成的知识与权威，不会踩着前人的脚印，去走自己的人生道路，而会运用自己的头脑，从更为广阔的视域，从与众不同的角度，独立思考书本，思考社会，思考人生，并坚守自己认为正确的价值取向。在语文学习中，他们不拘泥于一词一句的推敲，裹足于一篇一章的优劣，而努力与文本、作者进行零距离的心灵接触，“每有会意，辄欣然忘食”。真正的语文学习，起点是字词句篇，终点却不是字词句篇，而是透过言语形式，把握其精神实质，为社会观、人生观提供永久的精神营养。

三、“崇思教育”的基本特性

（一）主体性

“崇思教育”十分重视整个教学活动中最活跃、最核心的人的主体性，关注的对象不再仅仅是一篇篇具体的文本，而是活生生的人的思想，把原来以知识、方法为本位的教学转变为以思考、思想为本位的学习上来，极大地丰富了人在学习活动中的真实体验、内心世界与创造活力。无论教师还是学生，始终兴味盎然，开动思想这一部机器，在和谐、民主、开放的氛围中真实地表达自己的思想活动，全面地聆听对方的坦陈，哪怕出现不足、错误。彼此之间，可以是和风细雨的交流，也可以是跌宕激烈的矛盾冲突，但是，在这一过程中，每个人的学习能力得到了进一步加强，对自然、社会、人生的认识得到了进一步深化。

（二）发展性

思想有多远，人才会走多远，而思想是不可能有边界的。这就决定了“崇思教育”的又一个显著特点——总处于不断向前的过程之中，谁都无法预料下一步究竟发生什么样的状况，而这下一步肯定比前一步有所发展。“崇思教育”不满足于人对知识、方法的一般性掌握，更在意知识、方法背后的思维过程与思想成果。如果机械地讲方法，那么，任何好方法都是死的；只有将其置于一定的语言环境、实际运用环境中，通过不断前移的思考，才会产生积极影响。学习者能从现有水平向可能的发展水平提升，靠的不仅仅是知识、方法，更是高质量、高效益的思维。在我们看来，评价不是目的，而是一种饱含了思维正能量的促进学习持续发展的手段。

（三）灵活性

语文教学的多元性与人的思维活动的开放性，促成了“崇思教育”的灵活性。文本的内容、结构、情感，因作者不同的阅历、表现手法、价值取向等而摇曳多姿，精彩纷呈；读者也由于自身不同的因缘而产生独特的阅读体验。两者之间常常出现重叠、交叉、游离等状况，这使得语文教学中的思维活动充满了鲜明的个性色彩。这时，教师必须尊重、宽容这些思考过程与思考成果，并及时进行价值判断与有效引领，突出“结论的多样性和获得结论的思维方式与认知过程的多样性”，特别是鼓励突破性、创新性的思维。因此，“崇思教育”强调教育的个性化，主张所有的教育行为都要紧扣学生不同的思维品质，采取灵活的应对策略，提高教育的有效性。

（四）实践性

“崇思教育”把思想当作语文教育的核心与最高境界，并不否认实践的重要性，恰恰相反，实践与思想是一个不可分割的整体。实践是思想的唯一基础，是检验思想的试金石。只有借助切实的实践行为，思想才富有活力与积极意义。同时，思想指导实践，使实践更有方向，更有计划，更有策略，也就更有效益。从语文教育的角度说，“语文是实践性很强的课程”，师生的思想只能通过物质化的形式(如口头言语、书面文字、演示操作、综合实践等)，才得以清晰化，才能让人们准确把握其活动轨迹、活动品质，做出进一步的判断与引领，使教与学向纵深推进。

四、“崇思教育”的教学策略

(一)设难置疑

思维活动通常是从发现问题开始的。设难置疑，一方面是指教师在教学过程中，通过创设问题情境来激发学生思考问题，从而促使学生获取知识、发展思维的教学方式；另一方面是教师在教学过程中引导学生发现问题，进而分析问题、解决问题，达到学习目的的能动学习过程。我国传统教学理论十分注重在教学中进行设难置疑。南宋理学家朱熹说：“读书无疑者，须教有疑；有疑者，却要无疑，到这里方是长进。”清朝黄宗羲也说：“小疑则小悟，大疑则大悟，不疑则不悟。”在教学中，我不但精心设计问题，促进学生的思考，更是采取多种方法，启发学生发现问题、提出问题、进行思考。

(二)正确思维

有效思维不是胡思乱想，而是正确思维。布鲁纳提倡发现学习，要求学生像科学家那样去思考、探索未知，最终达到对所学知识的理解和掌握。布鲁纳通过大量研究证实，发现学习法可以使学生扎实、牢固地掌握所学的知识，减少学生对教师和教材的依赖性，激发学生的学习兴趣，提高主动性，从而发展学生的推理能力、观察能力和独创能力，同时，提出了学生可以学习、运用的发现学习方法的五大步骤：(1)提出问题。由教师根据教学需要和学生想看、想知道、想做的心理状态，提出学生感兴趣的问题，或把学生置于一定情境中，使他们产生问题。(2)分析问题。教师帮助学生把问题分解成若干需要回答的疑点，激起学生的探究要求，明确发现的目标。(3)设立假说。根据所要发现的目标，通过教师的指导和学生之间的讨论，将所得知识从各种不同的角度加以改组、组合，提出解决问题的各种可能假说或答案。(4)上升到概念。假设成立后，教师要协助学生收集、整理有助于得出结论的资料，并根据学习活动中的发现得出结论，使假说上升到概念或原理。(5)验证结论。对假设和答案从理论和实践上加以检验、补充甚至修改，最后解决问题。①

---

① 冯忠良，伍新春. 教育心理学[M]. 北京：人民教育出版社，2000：135.

有了正确的发现学习方法，学生才可能像数学家那样思考数学，像历史学家那样思考史学，亲自去发现结论和规律。

语文学习和理科的学习有所不同，我们不能照搬布鲁纳的发现学习方法，应该根据语文学习的规律，指导学生学会正确的语文学习思维方式。首先，要有明确的思维目的和方向。我在教学中注意引导学生要明白为什么思考，思考什么。学生有目的地思考，才能坚持不懈地思考问题，以达到目的。其次，要有清晰的思路。发现问题需要解决，解决需要寻找多种途径和方法，从多种途径和方法中选择一种最合适的思路。我在教学中，一方面注意引导学生发散性地思考，设法从想到的多种解决问题的方法中寻求最简捷、最合理的方法。再次，指导学生掌握正确的思维方法，如学会从特殊到一般、从具体事物和表象中抽象概括出一般的概念和规律；或从一般原理出发，推出相关事物的结论，运用抽象出来的规律来解决相关类型的问题等。

（三）学会变通

课堂教学是把整体的学习内容划分为小部分，一节课一节课地进行教学，而每一节课又把一定的学习内容划分为更小的部分，引导学生一点一点地学习。这些学习内容是有内在联系的，构成一个整体。但学生不会自动发现它们之间的联系，这需要教师经常启发学生能动地发现学习内容之间的联系，悟得其中的规律，学会变通，把散珠穿成线，把片段连成整体，学习能力才会真正得到提高。如果教师不注意引导学生把这些分散学习的内容联系起来，那么学生所学到的内容就只是散珠式的碎片。

所以，认知心理学家普遍强调认知结构在学习中的重要作用。① 所谓认知结构，是个人在感知和理解客观现实的基础上，在头脑中形成的一种心理结构。它是由个体过去的知识经验组成的。从教学上来说，有广义和狭义之分，广义是指学生已有观念的全部内容及其组织；狭义是指学生在某一学科的特殊知识领域内的观念的全部内容及其组织。布鲁纳认为，认知结构就是归类后的类别（概念、知识经验等）按层次水平的高低组成的编码系统，是人用以感知外界的分类模式，是新信息借以加工的依据，也是人的推理活动的参照框架。他认为，学习就是类目化的过程，从具体的、特殊的、水平低的类目发展到一般的、概括的、水平高的类目；教学活动的目的应该是最大限度地促进学生主动形成完善的认知结构。与此不同，奥苏伯尔则认为，认知结构是指个体具有知识的数量、清晰度和组织方式，它由事实、概念、命题、理论等构成。从内容上讲，认知结构主要指的是学生已有的知识；从组织特点上讲，主要是指知识概括程度的层次性。在这个层次结构中，最一般、最抽

---

① 陈琦．认知结构理论与教育[J]．北京师范大学学报，1988(1)：73—79．

象、包容性最广的概念和原理处于结构的顶端，在其下是抽象程度低、包容性较少、比较具体的知识，这类似“金字塔结构”。学生的学习就是在已有的认知结构基础上，吸收新的知识，并纳入到已有的认知结构中来的过程。只有学生把学习的新内容与自己的原有认知结构联系起来，才会产生有意义的学习。

为了引导、帮助学生学会变通，我教学时总是从整体出发，即一方面掌握教材体系，从总体考虑；另一方面，每节课、每篇课文、每个单元、每个学期以至一个学年要完成怎样的教学任务，如何完成这些任务，则根据《课程标准》和教材要本，形成一个明确的总体观念。这样，使用教材、讲解文章、引导学生学习语文知识、培养学生读写能力等，都有了总体要求，多而不杂，繁而有绪，化零为整，反复加深。只有对教学有整体观念，把握所教学科的基本结构，才可能在教学中帮助学生学习和掌握，并内化为个人的认知结构，才能灵活运用于实际问题。

同时，在具体的课堂教学中，我注意引导学生随机形成多种联系：本课学习内容和以前学习内容的联系、本课各小点学习内容之间的联系、本课学习内容和学生生活经验的联系、本课学习内容和以后学习内容之间的联系等。如在教学的开始阶段，要激活学生的原有认知结构中的旧知识，使之和要学的新知识产生联系；在教学发展阶段，要促使旧知识和新知识反复相互作用；在教学的结束阶段，要把在教学过程中断断续续、一点一点地积累起来的新知识联系起来，使之成为结构良好的知识整体，并和原有知识结构中的相关知识联系在一起，这就是教学结束活动的重要作用。如果教学结束时不注意把持续学习的知识联系起来，不注意和以前学的知识联系起来，学习效益就会很低，因为，获得的知识如果没有圆满的结构把它们联系起来，就会很容易被忘记。

此外，结合教材补充的一些学习内容或某些材料，日积月累，材料多了，就能引导学生把这些材料分类、编目等，使知识由局部而整体，便于灵活运用。

五、“崇思教育”的实施条件

一位优秀的教师，必定一以贯之地“崇思”，善于将教学行为真实坦露于自己的深思熟虑的阳光之下，植根于学生情感、态度和价值观的绵远辽阔的大地之上，辅之以进行这种思想的方法与过程。在教师的愤悱下，学生产生积极的思想共鸣，并作用于他们的人生，在历史的时空里荡起永恒的回响。

那么，怎样更好地保证“崇思教育”得以有效实施呢？

首先，教师必须具有丰富的实践经验与文化知识。教师要用敏锐的洞察力和深刻的穿透力，去发现生活和教育工作中的问题，并通过思考，巧妙剥离掉那些与这一事物本质不相匹配的表象、假象、错象，使之成为富有教育价值的话题。同时，如果无法将尽量多的人类的精神财富来滋养自己，学贯中西，博通今古，也不会产生深邃的思想。一汪浅水只能浮起一根草芥，大海则可以托起万吨巨轮。我不敢想象实践经验和文化素养欠缺或不深的教师，他们的思想会是怎样的一种情景，他们的教学会是怎样一种情景。或许，面对着充满鲜活生命力的文本，以及整个语文学科所放射出来的人类思想的光辉，他们只能停留于表面而无法深入本质，甚至被愚弄，无法形成思想的生成、流动与新生，即使再大的石头，也激不起心中的一丝涟漪。

其次，教师必须借助积极的反思以使思想不断丰厚。我丝毫没有敢与苏格拉底相提并论的意思，那犹如萤火之于太阳，但我仍冒昧地套用他说过的“没有反思的生活不值得过”这一句话，改成“没有反思的教学不值得进行”。当我们踽踽而行在教学的道路上时，不要一味埋头向前，而应像印第安人一样，隔一段路就坐一会儿，好让自己的灵魂赶上来，避免灵与肉的分离。当反思的羽毛一片片渐渐丰满，教师就可以与学生一起乘万里风，在思想的天空自由翱翔。那些只知道照抄教参、照搬别人教案的教师，既不思考曾经的教学过程，也不思考未来的教学计划，更不考虑会有哪些更好的设想可以改善教学效益，得过且过，他们充其量只是一名庸庸碌碌的教书匠。

再次，教师的思想必须作用于学生，使学生自主思想，才能实现思想的增值。教师肩负着人类文化传承与光大的神圣职责，因而教师的思想绝不能仅仅作用于自己，更应该作用于全体学生。只有在别人与后人的大脑中生根开花结果，他的思想才会得到尊重，得到增值。人类历史上，有了孟子，才说明孔子的伟大；有了柏拉图，才说明苏格拉底的伟大。不必妄想亚特兰蒂斯的文明繁荣，当它的一切沉入大西洋海底，便一文不值。而大象无形，大智若愚，越深刻的思想也就越朴实。天地至道，无非源自太一。教师应该而且只有采取最合适的方式，科学有效地强化学生思考的意识，提升学生的思想素养，教学才可以算功德圆满。教师的职业价值与人生价值不是由自己证明的，而是由学生的思想状态证明的。学生的思想比之以往，或者比教师更加丰满、完善、成熟，能用批判的眼光审视自己、社会了，“青出于蓝而胜于蓝”，教师才有资格说：我真正成为有思想的教师了。

思想，让教师科学进步；教师，又让思想飞扬。让教师与学生一起，扬起“崇思教育”的旗帜，背起“思想”的行囊，在欣赏教与学别样风景的同时，创造出美好的语文教育新天地，为后人创造更为丰富而伟大的思想。

第一章

理解学生　认识自己

——崇思教育的教育观

苏格拉底给自己的人生下了一个最后的结论：『我知道自己无知。』恕我浅陋，无法完全参透这看似简朴、实则深奥的道理，只能私下里揣摩，这大概体现了苏格拉底的虚怀若谷吧。古希腊这位学识渊博、深孚众望的圣哲如此表白自己，以致众多后辈战战兢兢，再不敢有丝毫张狂，只能恪守他的另一句警语，『认识你自己』。

一、个性，一个不可忽视的教育因素

关于教育个性这个话题，我不能不提起一件不算太旧的旧事。

2006年7月1日，《河南商报》等多家媒体报道，河南省南阳市一名叫蒋多多的考生，因为十分不满现行教育体制，趁高考这个机会，做了一件令人瞠目结舌的事情："在考试中，除了用双色笔外，在试卷所有空隙里，都写满了我的想法。为使各科考分一次性都为零，我又在每张试卷的明显位置上写自己的笔名：碎心飞魔，这样我才放心。只有每张卷子都判为零分，才能引起教育部门的重视……"

一名19岁女孩，在缤纷如梦的花季，采取这种"壮女"断腕般的惨烈做法，自然引来了满城风雨：她的班主任说她是个怪学生；她的同学说她很傻；她的母亲说她很少和家人沟通；专家说这种方式过于偏激，不可取——基本上使用了贬义色彩的词语。事实上，据媒体报道，蒋多多高二时就创作了《天凉好个秋》《魂断北京城》《睡美人复仇记》《网中人》《闪亮丑小鸭》等作品，计一百多万字，是个有一定文学修养的学生。人们疑惑了，为什么蒋多多会这样离经叛道？为什么现行的教育体制与她形同水火？我们不妨看看她为了故意得零分而写在高考试卷上的抗议吧：

星星只有在自由的天空才能发光，到了地上就成了冰冷的陨石，和普通的石头没有两样……学校只关心学生的分数，对学生心理和思想的了解却几乎是一个空白……

世界上没有垃圾，只有放错位置的资源。因为人人有不同天赋，老师只有发现学生的兴趣，把他的兴趣挖掘出来……

虽说这个案例比较极端，也不具备普遍性，但不能不说，学生个性得不到充分重视，特长得不到真正发挥，教育体制先天不足、后天无力，无疑是其产生的一个重要原因。我绝对没有任何贬低教育共性的意思，共性的东西必然体现了事物内在的基本规律。我只想强调，我们往往从一个极端走向另一个极端，偏重教育的共性，忽略了教育的个性。基于共性的教育易于操作，易于评价，易于移植，易于传承，执行者便有意无意地掩盖或者削弱了教育的个性、学生的个性。在以考试成败论英雄的社会功利心驱使下，即使良知未泯的教师，也无可奈何地选择了屈从，选择了退让，选择了麻木。学生也只能万般无奈地压抑本心，扭曲性灵，日复一日，年复一年，浸淫于书山题海，逐渐消磨掉了蓬勃的朝气、锐意的进取精神、可贵的创造能力，以致千人一面，千口一词，千篇一律，老气横秋，像同一个模板里刻出来似的。想得再远一些，全国几亿学生，都在用同一种腔调、同一种思维、同一种方法学习和生活，还谈什么创新能力的培养、国家民族的振兴、社会文明的进步呢？

与之对应的还有另一个案例。《浙江日报》发表的一篇题为《郭沫若如参加高考难上大学》的文章报道，2006 年 7 月 12 日，第三届中外大学校长论坛在上海开幕，来自 11 个国家以及中国内地和香港特区的 100 余所知名大学的校长，围绕"大学创新与服务"这一主题，展开了热烈讨论。做事一向严肃认真的中国科技大学校长朱清时特地带来了他的四川老乡、中国科技大学老校长郭沫若先生早年读中学时的两张成绩单：一张是嘉定府官立中学堂于宣统元年(1909 年)5 月 28 日所发，郭沫若先生 16 岁，读完中学二年级，成绩是：

修身 35 分	算术 100 分	经学 96 分	几何 85 分
国文 55 分	植物 78 分	英语 98 分	生理 98 分
历史 87 分	图画 35 分	地理 92 分	体操 85 分

另一张成绩单是四川官立高等中学堂所发，郭沫若先生 18 岁，读完该校三年级第一学期课程，成绩是：

试验 80 分	品行 73 分	作文 90 分	习字 69 分
英文 88 分	英语 98 分	地理 75 分	代数 92 分
几何 97 分	植物 80 分	图画 67 分	体操 60 分

仅凭这两张成绩单来看，郭沫若先生当时并非出类拔萃，没有表现出多少特异的禀赋。第一张成绩单平均 79 分，而修身、国文、图画这三门"大红灯笼高高挂"。第二张成绩单稍好一些，但习字、地理、图画、体操也一般般，倒是几门理科还行，显然，郭沫若先生学习上的优势还偏向于理科。拿现在的标准来衡量，郭沫若先生充其量是一个中等生，不上不下，不温不火，也许属于"沉默的中间层"。朱清时校长笑着说："谁能想到，郭老后来没成为数学家、医学家，却成了大诗人、大书法家、大考古学家。"如果郭沫若先生在今天上中学，这样的成绩是很难考进大学的，即使考上，家长和学校也一定要他上理科。像郭沫若先生这棵大师的苗子肯定会被"善意"地扼杀。

我们应该能看到，这两则新闻出现的时间，相距不远，都是国家实施基础教育课程改革的第三个年头，"为了学生的一切"的教育理念已成为广大教育工作者的共识，并正在转化成习以为常的教育行为。然而，我们的学生为什么还在为了坚守自己的一点个性、一点禀赋而苦苦呐喊、苦苦挣扎？我们的知名校长为什么还在为了昔时郭沫若先生能“独善其长”而由衷羡慕、由衷感慨？更需要注意的是，这种状况直到现在并没多少缓解的迹象，反而在某种程度上愈演愈烈。初中有一篇《伤仲永》的课文，指出方仲永的“泯然众人矣”，罪在“父利其然也，日扳仲永环谒于邑人，不使学”。历史的车轮悄然轧过了一千多个春秋，我们是不是仍有人，包括家长，也包括教育工作者，在继续做着“利其然”而“不使真学”的勾当？

早在 2005 年 12 月，针对“我国教育的指导思想是否过于强调全面的发展”这一群众关心的热点问题，时任教育部新闻发言人的王旭明有过这样一段阐述：

我国的教育方针是全面贯彻党的教育方针，培养社会主义事业的建设者和接班人，这是我们教育事业改革与发展始终坚持的方向。人们提出的所谓统一教材内容、统一学制等，这是教育发展阶段一个最基本的要求。在实现这些要求的同时，注重学生个性的发展，培养学校的创造能力，这也是我们教学内容改革的重要内容之一。我可以介绍一下我们最近从 2001 年开始的新一轮基础教育课程改革，在注重学生个性能力培养、全面提高学生综合能力和素质方面，都有很大突破。这一轮的课程改革，我们曾经做过一个调查问卷，96.3%的学生喜欢上学；96.1%的学生喜欢教师；83%的课堂上经常采用讨论的教学方法。这就说明在课堂里不仅仅是所谓统一的要求，还实现学生个性发展的要求，所以有这么多学生喜欢老师、喜欢上课。

教育是什么？教育就是顺应学生个性，使之最佳发展，并带动其他领域可持续发展，最终实现综合素质的全面提升。基础教育课程改革大力倡导和努力践行“以人为本”的理念，关注“人”的教育，关注“人”的生命意义，关注“这一个”个性的充分实现，特别是内隐性、发展性的个性，力图革除几十年来积重难返的教育异象，使之重新纳入科学、人文的轨道上来，培养一批批充满“个性意识”的人才，一批批基于“个性张扬”的创新人才，并依靠这样的“人才”建设和谐社会，实现中国的现代化。创新意识的增强、创新能力的提升，对于教育、对于基础教育课程改革，无论怎么说都不为过。个性是平庸的天然敌人。没有个性，就没有活力；没有个性，就没有创新。美国心理学家科尔曼对 800 个人进行了长达几十年的追踪研究，发现有创造成就者和无创造成就者的差异主要在于其个性特征的不同。因此，别以为个性就是随心所欲，就是离经叛道。真正的个性，应是思想成熟、思想自由、思想突破的一种表征。“一个没有个性的民族，是死气沉沉的民族；一个没有个性的时代，是没有发明创造的时代；一个没有个性的人，是只会呼吸的人体标本”，这话并非危言耸听。

从学校角度来说，没有个性，它的核心竞争力、内涵发展力就会受到怀疑，遭遇瓶颈。“千校一面”的同质化状况，已很难满足社会经济对不同类型人才的需求，很难适应教育现代化持续深入的需求，很难顾及人民群众对发扬光大他们自身个性的需求。学校教育个性化必然成为推动教育持续发展的不二选择。学校教育个性化，又往往体现在学校特色的构建上，无论办学理念、校园文化、规章制度、课程体系、教学模式、教学方法、教师特长等软环境，还是校园建筑、教学设施等硬环境，都应该表现出鲜明的与众不同。这种与众不同，又自然而然地立足于包容、多元的价值取向。因为包容，所以多元；因为多元，所以互利。北京大学最为辉煌的，就是蔡元培先生担任校长的这段时期。蔡元培先生在《〈北京大学月刊〉发刊词》中阐述道：“大学者，‘囊括大典，网罗众家’之学府也……各国大学，哲学之唯心论与唯物论，文学、美术之理想派与写实派，计学之干涉论与放任论，伦理学之动机论与功利论，宇宙论之乐天观与厌世观，常樊然并峙于其中，此思想自由之通则，而大学之所以为大也。”在“兼容并包，思想自由”八字方针的治理下，北京大学打破门户之见，广纳各路精英，海归派当仁不让，学衡派也占据一席之地。校园之内，既有西装革履，又有马褂长辫，唇枪舌剑，各不相让。有一次，黄侃对胡适说：“你口口声声要推广白话文，未必出于真心。”胡适一下没听明白。黄侃接着说：“如果你身体力行，名字就不应叫胡适，应称‘往哪里去’才对。”胡适一时语塞，不知如何回答。然而，他们照样在同一所大学任教，而且个个成就卓绝，影响久远。没有各种观点、各个流派的激烈交锋，北大绝不可能成为中国新思想、新文化运动的摇篮。

现在，很多地方大力推行的“一校一品”特色学校创建活动，应该说，正是教育个性化这种现代教育理念的理性回归与真实体现。特色学校，就是以先进的教育思想为指导，从学校实际出发，经过长期的办学实践探索，形成独特、稳定、优质的办学风格和办学成果的学校。它具有独特而鲜明的办学理念，其核心价值理念成为凝聚、吸引、感召全校师生共同奋斗的愿景，彰显学校的个性风格，利用多样化、选择性的教育教学活动，促进学生个性化、多元化的自由发展。一般来说，大多先利用独特的地理、历史、经济、民俗、人文等优势，确立小范围的特色项目、特色模块，然后循序渐进，逐步扩大、丰厚、提炼，打造特色品牌，并做大做强，最终由经验上升为理论，形成内涵丰富、持久稳定的特色学校。其中的关键，是学校的教育价值取向在日常教育教学中得到充分践行，进而形成适合学校可持续发展和学生个性发展的育人模式和育人文化。

学校教育个性化又依赖于教师的个性化。个体组成了团队，个体的色彩形成了团队的色彩，个体的个性特征影响了团队的个性特征。没有个性发展，就没有整体优化。创建个性化学校、特色学校，必须建设一支理想高远、激情澎湃、文化素质丰厚的教师队伍，在弘扬团队文化精神的同时，关注教师个体，发挥教师特长，塑造具有鲜明特征的教师个体，使之成为促进学校个性发展、持续发展的重要元素。以往部分学校喜欢“大一统”“一刀切”，美其名曰“整体意识”“全局观念”，过于注重规范化管理，加上急功近利，用一个标准培养教师，管理教师，考核教师，从而逐渐消磨掉了教师身上的棱角。如果仍能保持美丽，成为富有精神内涵的雨花石，倒也不失幸运；然而他们的结局，却较多地沦为冥顽不灵、一文不值的鹅卵石。他们在削足适履式的改变与自我改变中忘却了真实的自己，不敢越雷池一步，不敢脱颖而出，总是用一张“旧船票”，登上航线始终不会改变、也始终到不了理想彼岸的“客船”，日复一日，年复一年，渐渐老去，更不会改变他们的生活，改变他们的教育，改变他们的学生。轰轰烈烈的同质化教育过后，剩下的只是真真切切的个性化教育的废墟。这是一种非常残忍的局面。苏霍姆林斯基在《和青年校长谈话》一书中告诫我们：“一个无任何个性特色的教师，他培养的学生也不会有任何特色。”

相反，一个有个性、有特长的教师，往往能带动一门学科，乃至一所学校的发展。海宁高级中学以前有位语文教研组长，名叫章景曙，多才多艺，风流倜傥，无论学科教学、诗词歌赋、音乐书法，以及对王国维、徐志摩等人的研究，都有不俗成就。他一个人就拥有中华诗词学会委员、全国中语会理事、浙江省中国现代文学研究常务理事等近20个头衔。他一手创办名震一时的“紫薇”文学社，培养了一批青年文学爱好者。2012年年初，我收看中央电视台“人物”节目，就国学大师王国维的人生、学术，章老师坐而论道，侃侃而谈，那份从容，那份睿智，非几十年文化浸润所不能及也。在他的影响下，校园洋溢着浓浓的文化气息，语文学科也成了当地一块响当当的品牌。可见，个性化的教师，对于学校教育个性化，具有多么重要的意义。

彰显个性，拒绝平庸。只有坚决地去行政化，提倡教育家办教育，追求学校教育个性化，造就一批个性鲜明、特长突出、善于思想的优秀教师，才能促进教育事业的健康发展，培养更多同样个性鲜明、能动发展的优秀学生。

二、为学生量身定做

1985年前后，心理学家龚浩然先生提出了一个关于人才成长的重要观点：“智力正常，个性成才。”

心理学家告诉我们，绝大部分学生的智商都处于正常阈值(即90～110)之内，超过120的为超常儿童，低于80的为智商缺陷儿童，低于20的则为白痴；超常儿童和智商缺陷儿童(含以下)只占少数。所以，从理论层面上说，如果学习内容、学习方法、学习条件等外在因素基本一致，他们的学习效果、学习效度、学习效益也应该基本一致。然而，这种理想化局面始终没能出现，众多学生依然良莠不齐，而且随着学龄的增长，越来越呈现两极分化。我认为，人的个性起到了非常重要的作用。一个人能否学有所成，最终成才，多半取决于他是否从小发掘、发展、发挥了自己的良好个性。如果智商正常或者超常，却没有良好的个性，表现不出鲜明的与众不同，便很可能碌碌无为。相反，即使智商一般，却具备良好的个性，并且不断发扬光大，也会干出一番成就。数学家陈景润说：“孩子有个性才能成才，文艺家、政治家、科学家都是靠个性的发展才获得成功的。”

有人说，一个人成功与否，只需看他的业余爱好；业余爱好，就是个性的外在表现。

转述一个很发人深省的小故事。黎锦熙是我国著名的国学大师。民国初期，他创办了《湖南公报》，帮他誊写文稿的有三个人。第一个抄写员整天沉默寡言，只管老老实实埋头抄写，即便文稿中出现了错字、别字，也照抄不管。这个人很快丢了工作，以后也一直默默无闻。第二个抄写员非常负责，对每份文稿都仔细检查，遇到错字、病句，必定一一改正，然后再誊抄上去。1935年，他写了一首歌词，经音乐家聂耳谱曲，叫做《义勇军进行曲》。他，就是田汉。第三个抄写员更加特立独行。他也仔细阅读每份文稿，但只抄与自己意见相符的文稿，对意见相左的，则毫不客气地随手扔掉，一个字也不抄。后来，这个人创建了以《义勇军进行曲》为国歌的中华人民共和国。他，就是毛泽东。

相信类似的故事还有很多。

毋庸置疑，人的全面发展历来是教育的根本目标，也是教育的最高理想。古往今来，人们孜孜以求，提出不同的观点和阐释，探索不同的方法和途径，希望实现人的全面发展。《周礼·地官·保氏》说：“养国子以道，乃教之六艺：一曰五礼，二曰六乐，三曰五射，四曰五驭，五曰六书，六曰九数。”就是说，要通过“礼”“乐”“射”“御”“书”“数”的综合教育，培养国家的中坚力量。

这“六艺”大致分为三类：“书”就是文字，“数”就是计数，当属基础知识，大致类似于现在的语文、数学；“礼”和“乐”，是贵族阶层从事政治、宗教、外交活动的基本知识；“射”指射箭，“御”指驾车，这是与当时战争有关的基础性技能。可见，春秋时期的国家基础教育就已高度重视人的全面发展，要求一国之“国子”必须在品德礼仪、文化知识、体育格斗方面都达到一定标准，成为文武兼修、安邦定国的人才。古希腊也开设了七门学科，称为“七艺”，即文法、修辞学、辩证法、算术、几何学、天文和音乐，以培养健康体魄、有道德、有美感的人。即使后来沦落于黑暗的中世纪的欧洲，骑马、游泳、投枪、击剑、打猎、下棋、吟诗这“骑士七技”，也作为骑士教育的重要内容而广泛施行，反映古代欧洲对人的全面发展的重视。在这种教育理念、教育机制的支配下，全能型人物也偶有出现，但往往凤毛麟角，如东汉的张衡、文艺复兴时期意大利的达·芬奇。郭沫若先生评价张衡道：“如此全面发展之人物，在世界史中亦所罕见。”而达·芬奇这样的全才、人类智慧的最高体现者，也当之无愧地成为了“文艺复兴时代最完美的代表”。

但是，随着社会生产力的发展，“人的全面发展”这一教育目标越来越受到挑战。从社会层面上讲，“社会化大生产的高度发展，以及相应科学、文化的迅速发展，促成了人类整体上的全面发展”。然而，从具体的人这一层面上讲，由于分工越加精细，学科体系不断分化、细化、衍生，导致对劳动者个性、特长的特别需求。它并不要求每一个人在各行各业都能出类拔萃，而只要求在他自己擅长的领域内有所作为。比尔·盖茨在软件制造方面成就斐然，财产达 466 亿美元，富可敌“洲”，而期望他在政治方面同样出色，却未必做得到，做得好。在这种社会大背景下，企图让每一个受教育者都得到全面发展，无疑是乌托邦式的幻想，必然使受教育者沦为“全面平庸”。鼯鼠之技，多而不精：飞而不能上屋，缘而不能穷木，游而不能渡谷，穴而不能掩身，走而不能先人，这种东西有何用处？

华中师范大学肖宗六教授在他写《学校管理学》中指出：“长期以来，我国教育在指导思想上把全面发展与个性发展对立起来，用全面发展排斥学生的个性发展，结果不仅损害了学生的个性发展，而且损害了学生的全面发展。”“如果仅提人的全面发展，就很容易在贯彻实施时演变成按同样模式的共同的统一要求，落在个体身上就不是扬长避短，而是‘抑长求短’，结果往往事倍功半，适得其反。”

钢琴上有几十个琴键，但每个琴键的功能截然不同，各自只发一个音。这个音，就是它们的个性，或低沉、或高昂、或回缓、或奔腾，各司其职，各展所长，绝不越俎代庖。如果为了趋同，将所有琴键都发出同一个音，纵使音乐会设在维也纳金色大厅，纵使贝多芬、柴可夫斯基、肖邦再世也徒呼奈何，除了用作愚人节笑料或令人抓狂，再没其他任何意义了。

以上种种材料给我们的启示应是丰富而深刻的。社会学习论者米契尔强调，无论谁，他的行为总会受到种种条件的限制，但也为确定的目标和达到目标的计划所调节和支配，例如，逆境使人消沉，但通过调节，个体也能变得坚强起来。作为教育的一种手段，调节也极为重要。调节的核心就是根据学生个性，量身定做一套最适宜的教育方法，使学生个性得到主动发展，从而造就多种多样的人才。教育不是工业时代的机械操作，教师不是产品的设计者和制造者，学生也不是流水线上同一型号的成品。教育是一项富有生命意义的事业，天然具备生态化的特点。而生态化，就在于生命的多样性和生命的自由生长。它要求教师要像辛勤耕耘的农民，着重培养学生个性，特别是培养与众不同的优良个性，以营造和谐的教育生态环境，使每一个人天性使然地蓬勃生长、成熟。如果片面理解“人的全面发展”的要义，机械强调每个人都通过教育而符合统一标准，达成统一预期，并用一成不变的评价体系去衡量一个具体的人的学习、实践，自觉不自觉地抹杀对具体的人的健康个性的培养，淡化有个性的个体的主动适应、积极创造，并对似乎尚未“全面发展”的学生求全责备，那么，我们的教育不能说是失败的教育，也至少是残缺的教育，我们所培养的人，他不可能得到真正的成长和成熟，而只能是一个个生命色彩日渐同化、弱化的复制品或半成品，只能在他的人生道路上慢慢老化、锈蚀。

“人的全面发展”不等于“每一个人的全面发展”；综合无数的人的个性发展，才能成就整体意义上的人的全面发展。

初步厘清了这些问题，端正了教育思想，明确了培养目标，那么，接下来的工作重心，便是教师真正走入学生心中，切实了解学生个性，扬长避短，因势利导，让他们自我设计人生规划，并且脚踏实地，不断积累阅历，为成长奠基。

《论语》中有这样一段描述：

子路问：“闻斯行诸?”子曰：“有父兄在，如之何其闻斯行之?”

冉有问：“闻斯行诸?”子曰：“闻斯行之!”

公西华曰：“由也问：‘闻斯行诸?’子曰：‘有父兄在。’求也问：‘闻斯行诸?’子曰：‘闻斯行之!’赤也惑，敢问。”子曰：“求也退，故进之；由也兼人，故退之”。

孔子到底是圣人，万世师表，善于根据学生不同的个性，循循善诱，使之优劣得所。朱熹在《四书集注》一书中，对这一教育实践赞不绝口，说"孔子施教，各因其材"，而且身体力行，把它贯彻到自己的教育实践中，有所发展，有所创新，丰富了传统的教育理论。

我是一名普通教师，无法用精妙、深刻的言语来阐述浅显的道理，只好很俗气地拿裁缝替人做衣服作个比喻。

高明的裁缝不仅用尺子量一量顾客的身形，还会用心掂一掂顾客的习性。清代钱泳的《履园丛话》记载了这样一个故事："昔有人持匹帛命成衣者裁剪。遂询主人之性情、年纪、状貌并何年得科第，而独不言尺寸。其人怪之。成衣者曰：'少年科第者，其性傲，胸必挺，需前长而后短；老年科第者，其心慵，背必伛，需前短而后长。肥者其腰宽，瘦者其身仄。性之急者宜衣短，性之缓者宜衣长。至于尺寸，成法也，何必问耶！'"这个裁缝，算得上真正懂得裁衣真谛的大师了。量体裁衣变成量心裁衣，境界不可同日而语。"量"决定了"裁"，也决定了"衣"；"量"决定了"教"，也决定了"才"。社会的千变万化、家庭的各不相同，造成了学生个性的千差万别。教师必须充分了解每个学生的信息，摸清他们的不同个性和发展需求，然后寻找正确的教育方法，区别对待，并且在实践过程中不断修正，不断改进，切实提升学生的品德修养和综合能力。

裁缝还必须明白两点。一是顾客打算做怎样的"衣"。有些喜欢庄重，有些喜欢活泼，也有些喜欢洒脱。萝卜青菜，各有所爱。教师也必须尊重学生，帮助学生，和他们一起确定发展目标、行动纲领。目标适宜，路线正确，教育才能事半功倍。别以为优秀学生就不必在意穿什么衣服，身材好了，无论穿什么，都会神采飞扬。其实，他们照样存在着因个性差异而造成的不同。教师要明白，也得让学生明白，"人靠衣装，佛靠金装"，有了好"身材"，还得有好"衣服"。有了好"衣服"，还得讲"名牌"。根据自身潜能，设计更为科学、更加宏大的奋斗规划，才能更好地激发内驱力，挖掘隐藏着的天赋，获得飞速发展。对品行、学业暂不理想的学生更应如此，多给予理解、尊重、帮助，让他们不自惭形秽，也不妄自菲薄，而是怀着一份期盼，敦促自己也尽快穿上一件漂亮的"衣服"。二是裁缝自己怎样"裁"，才能省料省工，又得体美观。这是教育能否成功的关键。对于优秀学生，教师要快马加鞭，使他们的各种能力协调发展，齐头并进，最大限度地弘扬良好个性；对于缺乏前进动力的学生，贵在开导，引导他们增强进取心，并坚定这样的信念：一个人的成功，往往并不取决于智力如何超常，而取决于良好个性；对能力欠缺的学生，要巧妙创设各种生活情境，帮助他们获得真切体验，改善个性品质。

面对学生突兀的疑惑、独特的见解、怪异的行为，教师应表现出极大的关注和热情，尊重并鼓励他们用正确的方式分析问题、解决问题。根据不同的“体”，剪裁款式不同、新颖靓丽的“衣”，那么，每一位顾客都会高兴而来，满意而归。

当然，衣服做得好不好，必须大家说了才算。裁缝说这“衣”是我费尽心机，得师傅真传，又集自己几十年心血，才做出来的，肯定好！世界名牌！这就一定好了？往顾客身上一穿，说不定恰巧与他的外貌、气质格格不入呢？这得顾客说了才算，众人说了才算。这个“说”，就是评价。教育管理中，评价是非常重要的手段，可以帮助教师随时获取反馈，修正教育手段，融洽师生关系，促进学生发展。客观、准确的评价是采取正确的教育策略的前提；没有对学生客观、公正、科学的评价，就谈不上有效的教育。客观，就是符合实际，没有或较少有心理偏见、心理定势；公正，就是无偏无私，不溢美，不掩过；科学，就是符合教育规律，符合人的成长规律。方法无所谓优劣，凡是能促进学生个性健康发展的，就是最佳的。评价的目标指向，不仅针对学生，更折射了教师教育行为的正确与否。我一直认为，教师的价值不是直接体现的，而是通过学生价值的实现而体现的。教师要善于从学生个性成长的过程中，发现自身的成败得失，找出症结，寻求对策，在改善学生个性品质的同时，不断提升专业素养，实现职业价值，享受人生的成就感和幸福感。

三、小心对待荷叶上的露珠

苏霍姆林斯基说：“要像对待荷叶上的露珠一样，小心翼翼地保护学生幼小的心灵。晶莹透亮的露珠是美丽的，却又是十分脆弱的，一不小心露珠流落，就会破碎，不复存在。”然而，每每发现学生诸多缺点时，我们可曾想过自己作出的评价是否草率：“这次考试，只有你不及格。”“怎么这样笨啊，这个问题，连他都能回答，你怎么答不出！”“只要班里发生坏事，总有你的一份。”诸如此类的话语，能不给孩子的心灵造成巨大伤害？

我曾经在听课时见过一个非常尴尬的场面。

那是一堂公开课，上的是苏霍姆林斯基的《致女儿的信》。导入时，教师问：“爱情，古往今来，多少人为之讴歌，为之赞叹。哪位同学知道中国古代以爱情为主题的诗句？请说出一例。”坐在前排的一位男生举起了手：“何当共剪西窗烛，却话巴山夜雨时。”老师高兴地说：“这诗很有名，其实是关于夫妻情的。但是，夫妻情也是一种爱情，并且比青年男女的爱情更加持久，更加深沉，像‘钻石恒久远，一颗永留传’一样，已经渗入骨髓，成为彼此生命的一部分了。那么，你知道这首诗的题目、作者吗？”那位男生想了半天，不好意思地摇了摇头。老师语重心长地说："记住，以后可要用心读书啊!"那位男生沮丧地坐下，从此一声不吭，直到下课也不见他再有什么动静了。

其实，在这一片段中，教师犯了两个错误：一是节外生枝。第一次回答准确触及了目标，教师就不必再追问下去；二是归因错位。教师没有给予正面肯定，却偏离正题，有意无意地批评起学生的知识不够全面。看似语重心长的"以后可要用心读书啊"，实际上传递着这样一种信息：你不知道某一知识，不是正常的遗忘，而是没有用心读书。试问，哪个学生愿意承担"不用心读书"的罪名？本来的满腔热忱，一下子被教师的一瓢冷水浇了个透心凉。这样一来，他还有多大热情"用心读书"？评价失位，往往让教师在"语重心长"地伤害着学生!

所以说，理解是评价的首要前提和唯一核心。倾听和反馈，不是为了甄别，而是为了理解，读懂言语背后的内涵。教育行为与教育目标的南辕北辙，教育者与受教育者的同床异梦，往往不只在于教育方法，不只在于受教育者本身，更在于教育者对受教育者言行的误解、曲解、反解。只有理解到位了，才能正确做出评价，使评价对象心悦诚服。同时，教师还需要落实四个转变：从选择到发展，实现评价功能的转变；从分等到改善，实现评价目的的转变；从终端性评价到形成性评价，实现评价机制的转变；从单一评价到多元评价，实现评价方法的转变。什么样的教育观念，就决定什么样的教育行为。这样的评价，才真正有利于学生个性发展，因为它能从学生个性之间的差异分析中，做出准确判断，以便找到适合评价对象健康发展的教育方法，让那些具有创新意识、创新能力的学生的潜能得以最大限度的发掘。

具体而言，我们应该做到以下几点：

第一，强调有的放矢。世界上没有两片一模一样的树叶，任何一种评价方法都不能机械套用，因为也没有两个个性完全一样的学生。而且学生的发展是一个动态的、反复的、发展的过程，评价内容和评价标准也要相应分阶段、分目标制定，不能一成不变，不分时段地涵盖学生发展过程中的所有阶段和所有领域。一剂灵丹妙药，岂能包医百病？当学生品行出现偏差，或者成绩不理想的时候，教师不分青红皂白，严厉批评，乃至大庭广众之下大发雷霆，那么，自尊心强的学生也许反而要与评价的初衷背道而驰，

图1　走进大自然的交流

对于那些性格内向并且确实没有一技之长以支撑自信的学生来说，又何尝不是雪上加霜？即使在考试这一常见的评价方式中，虽然有相对统一的标准，以利教师了解“教”与“学”的进度、程度、效度，但更多的应是差异评价。考试并非为了甄别孩子“好”与“不好”，而是让孩子评价自我、认识自我、进行再学习的一种良好方式。只有承认学生的个性差异，针对性地给予学生多次评价、多层评价、多元评价，才能真正拓宽学生发展的时空。

第二，体现制向功能。每个人都有被人认可和接受的心理需求，当他们犯了错误，却不知用什么方法改正的时候，就会陷入深深的羞愧和自责当中，内心压抑，很大程度上制约着自我修正、完善的效果。这就需要强化评价的制向性，引导学生沿着正确的方向前进。首先，教师要把握学生未来发展的方向。苏霍姆林斯基说：“尽可能深入地了解每个孩子的精神世界——这是教师的首条金科玉律。”教师必须时时处处对每位学生“望闻问切”，深入研究，主动发现他们的个性倾向，采取适当的方法，将他们从焦虑和自责中逐渐转移到自身行为的矫正上来。如表扬学生时，让他们懂得“千里之堤，溃于蚁穴”的道理，既看到长处，也看到不足，提出继续努力的方向，防止夜郎自大。这样，他们才会百尺竿头，更进一步，否则也许将永远骄傲下去，故步自封，不思进取。而批评学生时，也要让他们认识到错误的严重性，发现不易被人(包括自己)发觉的优势，防止自暴自弃，重新鼓起生活的风帆，向理想的彼岸奋勇划行。其次，教师要帮助学生自我反思，把评价的外在因素转化为自己前进的内在需求，正如布鲁纳所期望的那样：“教师必须采取提供学习者最后能自行把矫正机能接过去的那种模式，否则，教学的结果势将造成学生跟着教师转的掌握方式。”孔子说的“学而不思则罔，思而不学则殆”的“思”，除了一般的学习思考外，也包含反思的意思。人的成长，是在不断学习、不断反思、不断总结中实现的。善于在评价的基础上进行反思，将会正确把握方向，有效纠正错误，使成长事半功倍。

第三，适当拿捏分寸。评价会使学生产生焦虑，而适度焦虑，却能起到提高学习质量的动机作用。过重的批评会导致学生恐惧不安，过度的表扬也会使学生忘乎所以；程度较轻的批评起不到警惕的作用，程度较轻的表扬又不太容易激发学生的积极情感。因此，教师如何恰如其分地拿捏评价的分寸就很重要了。一是标准适度，不能过高，也不能过低，既体现原则，又从实际出发，符合学生的个性特点，符合教育的实际需要。就像摘桃子：桃子过高，学生心有余而力不足，便丧失了摘桃子的兴趣和信心；桃子过低，手到擒来，不费吹灰之力，又失去了促进学生成长的意义。二是方式适度。评价的各种方式中，语言(包括口头语言、书面语言)仍是首选。教师必须注意语言的准确性、合理性、艺术性，使评价洋溢着温暖的人文关怀。教师的一笑一颦、一举一动，这种非语言方式所传达的情感因素，更是其他评价手段所无法替代的。“教师的情感、情绪、语言、动作和全部行为，都应当对孩子们起着良好的影响。那种喋喋不休的说教是很少有效的。”教师表情亲切，肢体语言得体，声音娓娓动听，会使学生如沐春风，如临秋雨，留下终生难忘的印象。反之，如果教师表情呆板，动作机械，语言干瘪无味，没有任何可以产生愉悦、幸福的美感，评价就很难唤起学生进步的欲望和兴趣。列宁说：“没有人的情感，就从来没有，也不可能有对真理的追求。”富于情感的评价，能使学生心理得到最大的慰藉，产生进步的强大精神动力。

第四，防止简单粗暴。教师千万不要轻易下结论，尤其表现在批评上。盲目的冲动，归因到能力上，无疑是教师的无能、失败。对学生个性品质的嘲讽式的最终判决，将会深深刺伤他们的自尊心、自信心。即使学生真的不行，教师也要多给他们打气，旁敲侧击，尽量凸显学生这一方面的优点，以带动另一方面的积极性。朱熹在《小学集注》中说过：“教人未见趣，必不乐学。”不管这样那样的原因，学生犯了错误，教师都要有包容万物的胸怀，提高自身涵养，尊重学生，想一想，学生所犯的错误，有无教师本人教育的失当。这样一来，就能预防可能激化的师生冲突，让学生领略到教师的人格魅力，产生“此时无声胜有声”的教育效果。

但是，小心对待学生，并不意味着教师无原则、无底线地屈从。某人笼养了两只羊，一只羊的笼外一直拴了一头张牙舞爪的狼，一只羊的笼外什么也没拴。结果，那只笼外拴狼的羊因为受不了惊恐的折磨，不幸夭折；而另一只羊却茁壮成长。于是有人得出结论：惩罚会给惩罚对象造成严重的心理障碍，影响他们的健康成长。

我认为这个说法有待商榷。教师是该关爱学生，但凡事应一分为二。苏霍姆林斯基是说过“有时宽容引起的道德震动比惩罚更强烈”，但请注意“有时”一词，它清楚表明，宽容并非放之四海而皆准的方法。学生犯了错误，教师采取必要的惩罚，警醒他本人，也教育别人，以免重蹈覆辙，也是必需的。在法治社会中，任何人一旦违法乱纪，必将受到惩处，决不能以“爱护”为借口而网开一面。姑息必然养奸。不采取适当的惩罚，不足以使学生对自己的错误言行产生刻骨铭心的内省，反而暗自“庆幸”，以为不必承担什么责任。长此以往，学生走出校门，怎么适应法治社会的需要？

想起修剪葡萄藤的事来。小时候，我家院子里有棵葡萄藤，每到初夏，大哥就拿一把桑剪，爬上梯子，咔嚓咔嚓剪起来。那些刚冒芽抽枝的叶蔓纷纷落下，转眼就落满一地。我并不明白，恳求大哥手下留情。大哥说：“葡萄讨贱，不给它点厉害，就不会长葡萄粒。”长大后才知道，这修剪是必要的，只有把光长叶子的藤剪了，才能集中更多营养，孕育出更多更甜的葡萄。其他很多东西也一样，棉花要打顶，果树要修枝，蝴蝶要破茧，蝉儿要蜕皮，都必须承受痛苦，承受磨难，才能实现生命的成长和成熟。冰心老人说，生命的本质就在于快乐与痛苦之中。罗曼·罗兰也说过：“累累伤痕是生命给你的最好的东西。”璞玉要成器，必须雕与凿。锋利的刀子刻在身上，哪能不痛？晓之以理，动之以情，持之以恒，导之以行，不错，这确是教师对学生进行思想教育的金科玉律，问题在于我们有时对学生太“温柔”，怕触到“高压线”，便不时退却，以致少数学生得寸进尺，变本加厉，豆腐掉在灰堆里，吹又吹不得，打也打不得，家庭的“小皇帝”成了学校的“小皇帝”，学校的“小皇帝”又将成为社会的“小皇帝”。

惩罚与体罚是两个截然不同的概念。体罚或变相体罚是教育者对学生采取身体或精神上的暴力手段，造成学生身体或精神上的伤害，影响学生健康成长；而惩罚则根据学生所犯错误的性质、程度，采取合理、恰当的措施，强迫学生自我反省，明白自己所造成的后果，以唤起对己、对人、对社会应有的责任感。在日本、韩国等国，惩罚是一种常见的教育手段。即使像《素质教育在美国》里写的那样，美国学生整天在学校里玩乐、癫狂，其实他们也专门设有惩罚学校，对屡教不改的学生采取必要的惩罚，用“刀剪”强行除去他们身上的缺点。作为教师，包括教育部门，是否深思一下，是因噎废食，抛弃惩罚教育，还是使教育手段更加合理、科学、有效？在坚决反对体罚与变相体罚的前提下，我们既要“春风风人”，也要“夏雨雨人”。我不太赞成“教师蹲下身子”这一观点。“蹲下身子”，就是降低教育要求，弱化教育期望。滥施“爱”，其实是对“爱”的亵渎。教师必须想方设法“让学生站起身来”，成为“一个高尚的人，一个纯粹的人，一个脱离了低级趣味的人，一个有益于人民的人”。

回到前面讲的故事上来。小羊之所以夭折，并不在于狼的惊吓，而在于这种惊吓程度太过持久而强烈，没了一个合适的“度”。再说，那只“茁壮成长”的小羊，虽没受到惊吓，似乎很幸福，然而以后走出笼子，万一遇到了狼，倒真的会产生什么错觉，像小红帽一样犯下严重过错。偶尔让小羊见识一下狼的残忍，倒能使生存能力得到加强。美国黄石国家公园，为了提高鹿的生存能力，不就特意放入几只狼吗？

总之，评价方式方法多种多样，但都基于对学生个性的准确把握与充分尊重，都在于教师科学而灵活的运用，所谓“运用之法，全在于心”。这“心”，就是教师尊重之心、坦诚之心，平等之心，科学之心。只要拥有这样一颗颗

“心”，一定能折射出熠熠光芒，让荷叶上的露珠幻化出斑斓五彩，构成富有生命意义的美丽风景。

四、呼唤阳刚精神归来

2011年11月的一天，我看了江苏教育电视台人物访谈节目，受访者为大名鼎鼎的“中国狼爸”萧百佑。不久，又看了蔡美儿的《虎妈正传》。且不管“三天一顿打，孩子进北大”的口号、“十不准”的约束是否蛮不讲理，也不管“狼爸”坚称自己为“全天下最好的父亲”、“虎妈”标榜“严厉的中国妈妈比软蛋的美国妈妈更好”是否一厢情意，单一个“狼”字、一个“虎”字，就触发了我的许多感慨。遥想汉唐时代，我们华夏炎黄子孙多么意气风发，“犯强汉者，虽远必诛”的声音是多么铿锵有力，令人热血沸腾；然而崖山一战，再无中国，那种虎狼一般的野性、硬气、韧劲、精神正在不知不觉地远离我们。对兽中之王的虎，人们容易理解，并且多含尊崇之心，却喜欢用异样的眼光看待狼。狼，实在是动物界默契合作、锲而不舍、顽强拼搏、和谐共生的至高代表。没有哪种动物能比得上它们，包括人类。它们理应得到我们的尊敬、学习。

如果提倡“虎狼精神”太过刺耳，那么，退而求其次，我不妨提倡“阳刚精神”，使学生个性得以进一步张扬吧。

什么是“阳刚精神”？

第一，“阳刚精神”就是强烈的责任意识。人生在世，几十春秋，太多义不容辞的责任在等待着我们。推卸，逃避，以为上下眼皮一合，像“三猿”那样不听、不看、不说，天下就太平无事，无疑是痴人说梦。鸵鸟把脑袋埋进沙子，换来的唯一结果，只是为敌人的捕猎提供方便。我们必须让学生懂得，责任与生俱来，是人生价值的最高体现。自古以来，一诺千金的故事比比皆是，为之感泣。责任，有对自己的，比如修养身心，努力学习，增长才干；也有对家人的，如孝敬长辈，友善兄长弟妹；更有对国家的，如倾其所能，报答这片生己、养己的热土。“如欲平治天下，当今之世，舍我其谁也?”孟夫子的每个字都掷地有声。

成长是一个漫长的过程，绝不会一蹴而就，有时甚至望不见那痕缥缈的地平线。成长，不是哈利·波特的魔法棒，念声咒语，轻轻一挥，便阴霾散去，草绿花香，莺歌燕舞。成长，更像一条毛毛虫，一条卑微、丑陋的毛毛虫。它拼命吸收营养，想快快长大，一边小心翼翼躲避天敌，保全自己。从冰雪初融的一刻起，披风，沐雨，历尽各种难以想象的艰难困苦，忍受巨大的疼痛，拼命钻出茧子，才能化成斑斓、轻盈的蝴蝶，徜徉于清风之中、小溪之上。期间，谁能保证它一定会冲破黑暗的囚禁，投身明媚的阳光？然而，它知道：做了，不一定会成功；不去做，一定不会成功。成长中的无数苦难，宛如一片片布满陷阱的黑土地，总是一副忧郁、颓丧、狰狞的面孔，仿佛将吞噬一切。这令很多人望而却步。逃避与安逸便成了这些人的生活态度。但是，如果以高度的责任意识，正视苦难，挥起锄头，播撒下希望的种子，这片黑土地上，就终究会绽放美丽的鲜花，长满丰茂的庄稼。当一个人永远沉沦于苦难而无法改变，更不去力图改变，苦难便真成了人生中的一杯鸩酒。当池塘边的榕树上知了声声叫着夏天，当学业不尽如人意而嗟叹造化弄人、命运多舛，当把考入重点中学当作自己唯一的成功，这时候，作为学生，有必要认真反思一下，身体长大了，心智是否也随之成熟。杨澜说过："这一辈子你可以不成功，但是不能不成长。"

第二，"阳刚精神"就是无畏的胆气。人生的道路上有阳光、鲜花，平坦宽阔；也有风雨、蛇蝎，崎岖坎坷。我们走过春的温暖绚烂、夏的狂放无羁，也走过秋的感伤落寞、冬的消沉失望。远处鲜花盛开，姹紫嫣红，想走过去采一朵，却发现小路尽头隔着一片荆棘莽莽；对岸橙黄橘绿，香气四溢，想过去摘一个时，却发现滚滚大河上没有一叶扁舟悠悠。然而，光荣的桂冠从来都是由荆棘编成的。我们必须鼓起学生的勇气，向挫折挑战，向自我挑战。明知山有虎，偏向虎山行。这是"青山遮不住，毕竟东流去"的自信，这是"会挽雕弓如满月，西北望，射天狼"的豪迈，这是"虽九死而无悔"的坚忍。看看吉利亚特吧，他是怎样在荒岛上，孤身一人，向凶险的大自然发出心中的呐喊的；看看约翰·克利斯朵夫吧，他是怎样在失聪的境遇里，百折不挠，向不幸的命运昂起高贵的头颅的；看看伏尔泰吧，他又是怎样在无尽的放逐中，双眼炯炯，向黑暗、愚昧的社会迸射出理性的光芒的。这样，在我们心中，定然像钱江潮水一样，涌起无比的勇气，相信——"我能，一定能！"

于是，我们学会了等待。等待是一种义无反顾的胆气，一种坚持不懈的信心。而希望又是等待的原动力。哪怕这希望就像戈多一样渺茫，也定然比没有希望来得有意义。在漫长而痛苦的等待中，我们静下心来，刻苦钻研，反省自己，修炼性情。机会从来垂青于有准备的人。一味地怨天尤人，萎靡不振，机会自然从自己身边溜走，一去不返！而始终怀着一份美丽的希望，决不因冬日漫天的风雪而自甘堕落，那么，春的温馨、夏的蓬勃、秋的成熟，便定会次第而来。小草青青，迎风起舞；鲜花灼灼，含露开颜！所以，黑夜降临的时候，我们枕戈待旦；即将出发的时候，我们秣马厉兵；困惑不解的时候，我们程门立雪；遭遇挫折的时候，我们卧薪尝胆。大获成功的时候，我们却不声不响，绕过欢呼的人群，耸一下背上的行囊，向更为高远的境界大步迈进。因为希望总在前头！唯其如此，我们才能挥洒自我的精彩，彰显生活的本真，享受人生的幸福。基度山伯爵曾说："我心爱的孩子们，你们要快乐幸福地生活下去，而且永远不要忘记，在上苍为我们揭示未来之前，人类的所有智慧就包含在这五个字里——等待与希望。"

第三，"阳刚精神"就是豁达的胸襟。雨果说，比海洋宽广的是天空，比天空宽广的是人的胸怀。一个男子汉，不能斤斤计较，睚眦必报，而要宽容，淡泊，宁静。河伯自以为天下第一，"秋水时至，百川灌河；泾流之大，两渚崖之间，不辨牛马。于是焉河伯欣然自喜，以天下之美，为尽在己"。可一到渤海边上，"东面而视，不见水端"，立刻怅然若失，望洋兴叹。我们必须懂得"天外有天，人外有人"的道理，无论学习、做人、从业，都要虚怀若谷，广收并蓄。别人有了困难，则倾其所能，乐于相助。"海纳百川，有容乃大；壁立千仞，无欲则刚。"林则徐写的对联确实是我们的处世良言。

向大自然学习吧。大自然并非一个抽象的概念，它不仅是清爽的空气、澄澈的流水、茂盛的植物、活泼的动物、肥沃的土地、巍峨的山峦、灿烂的阳光，而且是宽容、包容一切的气度，即使人们把她伤害得衣衫褴褛、遍体鳞伤，她也默默承受下来。别以为人类拥有无穷的智慧和巨大力量，就是天之骄子，可以高高在上，藐视一切。对于大自然而言，人类无非一个嗷嗷待哺的婴儿，那么弱小，那么无助。大自然，她充满了与她的广袤深邃相称的大爱。大爱无言，大爱无象。这种博大的爱，只有称为"母亲"的人才能担当。她从不吝惜自己，从不夸耀自己，从不索取回报，一如既往，慷慨无私地奉献着自己的乳汁，奉献着自己的血肉，养育了一切生灵，给了我们人类赖以生存和发展的基本物质条件。她，用无声的语言、博大的胸怀，诠释了"豁达"的意义，告诉我们每个人都要心胸开阔，宽容人生中的种种误解，坦然视之，泰然处之。"人不知而不愠，不亦君子乎？""己所不欲，勿施于人"，孔子的言行始终透露出一种纯粹的高贵：优雅的气质、宽厚的爱心、悲悯的情怀、圣洁的精神、崇高的信仰、人格的尊严。他恪守"忠""恕"原则，用自己之心，体会他人之心，并且一以贯之。我们很难成为圣人，但我们应该成为一个"花开花落，云卷云飞；心广如海，宠辱不惊"的人。

第四，"阳刚精神"就是强健的体魄。中国的竞技体育多给人阴盛阳衰的感觉，女同胞在世界赛场上争金夺银，扬眉吐气，男同胞则逊色得多。体育课上，男同学掷实心球，好多却只能达到女生的优秀线，离自己的优秀线差上一大截呢。这是很不正常的。毛泽东说过："文明其心智，野蛮其体魄。"奥林匹亚山下那矫健的身影，宛若游龙，给人以力量之美；罗浮宫中大卫那挺拔的身躯，恰似玉树，给人以高贵之美。我们必须勤加锻炼，不断提高身体素质，让"革命的本钱"发挥最佳的作用。

这涉及一个生命观的问题。一粒种子，一株小草，一只飞蛾，无论形体如何弱小，都是一种生命的存在方式，足以引起我们的无限尊重与怜悯。但是，不经意间，我们很多时候又曲解了生命的真正涵义。身残志坚的人们，如用文字照亮世界的海伦·凯勒，用生命演绎音乐的贝多芬，用舞蹈诉说美丽的邰丽华，都曾激起了生命长河中的一朵朵浪花。他们固然是生命的强者，值得我们敬佩与歌颂。然而，为什么非要残缺了，才觉得生命可贵，富有意义呢？有人说，健康的生命才是最美丽的，才是真正的幸福，用世间所有的财富也难以换取。不必说“野火烧不尽，春风吹又生”，也不必说“千锤万击还坚劲，任尔东西南北风”，生命也很脆弱，也需小心呵护。李贺八岁时就能当着一代文豪韩愈的面，写下著名的《高轩过》。事实是，“今朝垂翅附冥鸿，他日不羞蛇作龙”的壮语犹在耳边，才仅仅过了二十年，由于作诗的呕心沥血，加上生活困顿，怀才不遇，李贺竟撒手人寰，那瑰丽而凄迷的无穷想象便戛然而止，给中国古典文学留下了难以弥补的缺憾。所以，善待自己，善待身体，也就是善待生命，并且把这份善待之心推及亲人、朋友以及所有的人，不仅为自己活着，还为了每一个爱你的人、你爱的人而活着。“好好地活着”，使自己拥有一个健康的身体、一颗健康的心。

无论男孩子还是女孩子，只要具备了“阳刚精神”，就都是一个有个性、有魅力的人。

学生就该像个学生，孩子就该像个孩子，他们毕竟尚处于曲折漫长的成长过程中。为什么一定要用十全十美的标准去禁锢他们的自由生长？只要性质不太严重，不太恶劣，偶尔犯犯错，闯闯祸，也未尝不可！汤姆·索亚调皮淘气，又善良可爱，乐于助人。他讨厌教堂里神甫枯燥乏味的说教，也不喜欢整天平淡无奇的生活。他向往刺激、冒险，总在危险时刻挺身而出，做出那些懦弱的“好孩子”、体面的“优秀生”无法做出的正义行为。他的身上，不正是马克·吐温小时候生活的真实写照？

五、寂寞于张扬之前

接下来说说教育的另一个主体——教师。

如果“红杏枝头春意闹”是一种华美，张扬的美，那“冷月无声转玉盘”未尝不是一种静美，含蓄的美。

桃绽杏开，蜂回蝶舞，让我们在享受大千世界蓬勃着的生命活力时，不能不源源不断地发出由衷的赞叹；静夜无声，玉壶光转，虽不免冷清一些，但极易触发内心里莫名的伤感。白日里，我们总是以参与者、亲历者的身份，直面世界，感悟生活，思想因为感性而变得活跃、丰富。而静夜里，明月一轮，清风几许，在安详而平和的笼罩下，我们则往往更多地内视自己，触摸不时飘荡无定的灵魂，使思想空明澄澈、深邃邈远起来，领悟到生命的真谛。

耐得寂寞是一种态度，张扬自我也是一种态度。这两种态度，只是人生不同阶段中的具体表现而已。先耐得寂寞，然后才能张扬自我。耐得寂寞是张扬自我的基础，而张扬自我是耐得寂寞的目的。

国学大师王国维曾把“为学”分成三个境界。这三个境界，层次不同，阶段目标不同，性质也有所不同，但有一点相同，那就是耐得寂寞。第一境界，“昨夜西风凋碧树，独上高楼，望尽天涯路”，西风送秋，碧树凋零；独自一人，夜上高楼。没有焦桐断弦，也没有红袖添香，只有孤寂悄然掠过心头。然而，他毕竟在“望”，在“望尽”，而且在“高楼”上，为的是使视野能够更加开阔，辽远。在这无止境的探寻中，精神与天地独往来。第二境界，“衣带渐宽终不悔，为伊消得人憔悴”，仿佛老僧入定，却坚守着心灵家园，不为花花世界诱惑，纵使衣带渐宽，形容枯槁，仍日复一日，年复一年，始终不渝。第三境界，“众里寻她千百度，蓦然回首，那人却在灯火阑珊处”，任他车如流水马如龙，我只追寻“那人”，哪怕“那人”在“灯火阑珊处”。境况中抹着强烈的悲剧色彩，也许在探寻过程中会失去许多物质上的奢华、精神上的安逸，然而，苦尽甘来，终于得偿所愿。可以想象，在灯火衰零的街角，与“那人”“执手相看，竟无语凝噎”，该会怎样地心潮涌动，涕泪暗流！这是耐得寂寞才换来的大实在、大造化啊。

教师也一样，首先要耐得寂寞，坐得冷板凳。耐得寂寞，体现了一种可贵的清醒、坚忍的意志、执着的追求、高度的自律。不管一路上多么冷落，多么荒芜，只要心中点燃一盏明灯，照亮前行的路，我们就能到达理想的境界。人云亦云，随波逐流，朝三暮四，盲目跟从，终究成不了气候。始于寂寞的追求能造就一番事业，始于浮躁的追求只会吹乱一地鸡毛。浮躁过后，尘埃落定，无论眼底还是心中，充塞的将是无尽的失落和寂寞。

我们常常羡慕于著名教师的成功，恨不得自己一觉醒来也建树多多。这种想法过于天真。我们更该看到支撑起他们成功大厦的无数心血、绵长岁月。当别人碌碌奔走于浮华之际时，他们却一头扎下去，呕心沥血，兀兀穷年，默默耕耘，咬定青山不放松。我想，若真的要大有作为，必先扪心自问：我有这个条件吗？如果没有，那就在熊熊燃烧的火堆上浇一盆水，好好静下心来，闭关修炼吧。

耐得寂寞，并不等于一辈子寂寞，也不等于自甘消沉。耐得寂寞，最终是促成事业的成就。花的凋谢，叶的飘零，决非自暴自弃，而是养精蓄锐，接受严冬漫长寂寞的磨砺，再在明年春天，继续演绎出别样的绚丽和蓬勃的生机。当教师在寂寞中学有所成、思有所得之后，必须敢于亮剑，让教学风格张扬，让教育思想张扬，让职业意义张扬，让生命价值张扬。

六、教师到底欠缺什么

听过一节青年教师同课异构的研究课。第一节下来，备课组马上磨课，建议多多，其中一条是让他倒转程序，从文章末尾入手，找出相关信息，并以此为解读的基点，作重点突破，引导学生自主感悟。他欣然接受。再次上课的时候，他中规中矩，依此执行。孰料，等找好句子，读了一遍，却又带着学生从开头到结尾，一件事一件事地分析过去，像剥萝卜一样，剥一段吃一段，整个教学重新回到按部就班的老路上了。

由此我想：我们教师到底欠缺了什么？

一般来说，教师大多关注教学中的行为差异，关注教学中的技术操作。我们几乎都抱着这样一种愿望：如何预设、铺垫、激发、引领、调控、应对生成、培养能力，一二三四五，最好看一看优秀教师的教学设计、课堂实录，然后照单全收，便能获得像优秀教师一样的成绩。其实不然。有句话叫"成功往往是无法复制的"。我们要有这样的认识：教师之间存在着太多天然的差异，诸如行为差异、思维差异、素养差异、个性差异，特别是教学对象、教学环境的差异，而且这种差异一天两天、一年两年内是很难改变的。然而，行为、技术等要素比较容易模仿、借鉴，教师自然而然把注意力集中于此，有意无意地忽视了其他更深层次的差异，结果邯郸学步，丢掉了自己本来也许就有的长处。

答案一，教师欠缺的是思想文化内涵。

因为缺少思想文化内涵，教师便丧失了怀疑的态度，丧失了独立的解构，丧失了批判的精神，无法钻入教材，读出内涵，读出属于自己的内容，也无法跳出教材，以更加高远的视角来审视课程体系，创新内容，只好做着传声筒、复印机也能做的事情，把教参、教辅资料上的东西照本宣科地搬给学生。因为缺少思想文化内涵，他能虚心听取别人的建议，却囫囵吞枣，难以消化，形似而无法神似，新瓶装了陈年酒，新鞋走了老路子。

程红兵老师说得好，"学校里纯技术、纯事务、纯分数的行为，都在消解教育的人文含量，使教育以功利化的行为表征呈现"，"学校没有理想、没有精神、没有文化，就如同法院没有公平一样，是十分可怕、可悲的，学校教育将完全变味。"

有位老师曾对我说，学生几乎人手一本或几本教辅用书，对每篇课文的每一段、每一句、每一字都了然于书；上课时，总感到自己在学生眼里几乎像个傻瓜——讲的无非是从书上抄来的，却翻来覆去，讲得口干舌燥。这显然是一种心虚，一种因欠缺了思想文化底蕴之后的心虚。教辅书上是写得明白，却只作终端性的呈现，并没有知识产生、发展的具体过程，没有方法、策略的灵活引领，更没有任何的创新发展。教师的责任，不仅要告诉学生“是什么”“怎么样”，更要借助自身的思想文化底蕴，帮助学生弄清楚“为什么”，洞察认知的优与劣、多元与单一、严谨与粗疏、深刻与肤浅、相对与绝对，并且懂得“怎样做”，“有无更好的选择”，从而把握规律，学会学习，学会迁移，学会创新。

技术是该模仿，是该借鉴。对于刚走上工作岗位的青年教师来说，多掌握一点教学技术完全必要。了解教学的 ABC，就好像达·芬奇画鸡蛋，京戏演员吊嗓子、走台步一样。然而仅局限于此，并感到满足，则又走向了纯技术主义的歧途，成为自身进一步发展的瓶颈了。光画蛋，成不了艺术大师；光吊嗓子、走台步，也成不了名角。凡有成就者，无不植根于浓郁的文化土壤，成熟于广袤的思想天空。

答案二，教师欠缺的是对思想文化内涵的自觉追求。

教师培训越来越受到重视，如农村教师素质提升工程、校本培训、区域教研、网络教研、90 学时全员培训等，一定程度上确实促进了教师的专业成长，但基本上属于行政干预、政策驱动，却忽略了教师个体的内在动力和自觉追求。于是，我们经常看到，培训时，有些教师来也匆匆去也匆匆，即使坐下了，也身在曹营心在汉，甘愿沦为旁听者。他们看来，培训、科研只是外来强加的任务，不完成不行；一旦评上职称，就一下子失去动力和方向，不知所措，也不愿所措了。

事实上，教师专业成长更多的属于个体行为。只有内心产生自我发展的强烈需求，才会反思教学行为，优化教学策略，外在刺激也才能发挥作用。而且，他必须与现实中的种种不和谐因素作顽强斗争。首先与陋习斗争，与偏见斗争。广西华苑派代表人物袁刚老师就是个典型。袁老师锐意作文改革，却被某些人斥为不务正业，受尽打压。所幸袁老师骨子硬，胆气足，终于闯出了一条作文教学新路子，在全国引起巨大反响。其次与自我斗争，与骨子里的懒惰、保守、僵化、平庸斗争，坐得住冷板凳，博采众长，数十年如一日，“贵有恒，何必三更起五更眠；最无益，只怕一日曝十日寒”说的就是这个道理。每一次斗争，都会引起自我否定后的巨大痛苦，而唯有这种痛苦，才能换来凤凰涅槃一般的重生。教师应该率先向自己突围，向核心突围。

曾经看到两则小故事。法国画家柯罗到野外写生，用不了几分钟，就画成了两头牛顶架的一幅速写。牧童非常羡慕，也学着画，却怎么也不像，便请教柯罗。柯罗说："我虽然才花了几分钟，可是我二十年的功夫却用了在这几分钟上面。"牧童方才醒悟。另一则是苏霍姆林斯基讲的，一位有三十年教龄的历史教师上了一堂极为成功的公开课。有人问他："你上这节课准备了多少时间?"这位老师说："我花了一辈子，又十五分钟。"几分钟与二十年，一节课与一辈子，巨大的反差昭示我们，想成为一名优秀教师，不能仅仅依靠技术，还必须用很长的时间、很大的精力来丰富自己的内涵。

我们要懂得看门道，摸门道，用门道，在学习和掌握必要的教学技术的同时，更加努力去丰富和支持这些技术，并使之成为一种文化内涵。

答案三，教师欠缺的是在思想文化内涵引领下的教学行为。

就语文教学而言，教师不能很好地解读文本，并不是缺少解读的热情、解读的策略和一定的生活体验，而是受自身思想文化内涵的制约。方法、过程，给予了文本解读以非常必要的技术支撑，使解读更为流畅、清晰、完整，然而这毕竟只是解读的工具，而非解读的目的，更非学生生命成长的必需营养。真正促进学生生命成长的，是其技术所支撑的思想、文化等内在元素。正如苏霍姆林斯基所说，只有当教师的知识视野比学校教学大纲宽泛得无可比拟的时候，教学才能成为教育过程的真正能手、艺术家和诗人。

解读文本时，我们不能仅仅满足于字面含义，而应该始终把解读对象置于一个更为广阔的思想文化背景之下，作深入剖析。中国历来有"知人论世"之说。孟子说："颂其诗，读其书，不知其人可乎？是以论其世也。"清代学者章学诚在《文史通义》中说道："不知古人之世，不可妄论古人之辞也。知其世矣，不知古人之身处，亦不可以遽论其文也。"就是说，文学作品和作家自身的阅历、思想、时代背景都有着极为密切的关系，只有凭借广博的学识，知其人，论其世，深入了解作者的阅历、思想和时代背景，才能真正把握作品的思想内容。思想文化内涵也不是一个静态概念，它始终处于不断变化、发展的过程中，使人养成敏锐的感知力和深刻的洞察力，进而生成独特的个性解读。由于文本中思想文化元素的多元化、潜藏性，造成了每个人感知的不尽相同。思想文化内涵越深厚的人，越能从他人容易忽略的地方发现有价值的问题，充分展开教学过程，积极引导学生养成可贵的批判精神和创新能力。如果一味依赖别人的解读成果，就会导致自身思想、才情的钝化，沦为平庸的教书匠。

苏东坡的《记承天寺夜游》中有句话："何夜无月？何处无竹柏？但少闲人如吾两人者耳。"教参是这样解读的："寥寥数语，意味隽永：贬谪的悲凉，人生的感慨，赏月的欣喜，漫步的悠闲——种种难言的感情尽在其中；语言凝练，含蓄深沉，精美传神。"教师也大多放在"但少闲人如吾两人者耳"上做文章："'闲人'指具有闲情雅致的人；'闲人'包含了作者郁郁不得志的悲凉心境，作者在政治上有远大的抱负，但是被一贬再贬，流落黄州，在内心深处，他又何尝愿意做一个'闲人'呢？赏月'闲人'的自得只不过是被贬'闲人'的自慰罢了。"

但是，我们必须注意，这种情感是怎么解读、体悟出来的！

短短一篇文章，"月"和"竹柏"这两个意象先后出现了两次，说明它们在文本中地位非常重要。按常理，东坡先生身在承天寺，又郁郁不得志，能入文的景物实在太多，而最符合寺院特点的，应该是佛像、经幢、僧人等，成为安抚心灵的灵丹妙药，触发他看破红尘，超脱俗世。但东坡先生为何一概视而不见，偏偏刻意选择"竹"和"松柏"？与乌台诗案发生之前相比，东坡先生知任湖州，与飞英寺长老非常投缘，写了很多关于佛、寺的诗篇，这不很奇怪吗？在中国，"月"从来都是美好事物的象征，是人们美好情感、崇高理想的化身。不必说"我寄愁心与明月，随风直到夜郎西"的真挚，"露从今夜白，月是故乡明"的眷恋，"老兔寒蟾泣天色，云楼半开壁斜白"的神奇，单单东坡先生自己笔下，"不知天上宫阙，今夕是何年"，"但愿人长久，千里共婵娟"，无不是其内心孜孜追求的理想境界的真实折射。"竹"也一样。《于潜僧绿筠轩》诗中的"宁可食无肉，不可使居无竹。无肉令人瘦，无竹令人俗。人瘦尚可肥，俗士不可医"，《和黄鲁直效进士作二首岁寒知松柏》诗中的"炎凉徒自变，茂悦两相知。已负栋梁质，肯为儿女姿"，都与"岁寒，然后知松柏之后凋也"一脉相承，昭示他拥有着与竹、柏一样坚贞傲岸的人格精神。由此看来，"何夜无月？何处无竹柏？"并非闲笔，而是暗暗点出"闲人"的思想境界与人格操守。只有具备这样操守的人，才无法泯灭希望施展政治抱负的那份执着与坚守，才会生出英雄无用武之地的无尽感叹。这也与东坡先生《卜算子·缺月挂疏桐》里自比"孤鸿"的笔法如出一辙，异曲同工。很多教师对"月""竹柏"熟视无睹，而一旦经人点穿，却不以为然，说这是众人皆知的常识。这恰恰说明他们对思想文化元素缺少一种敏锐的感知力，以及在这种思想文化内涵引领下的教学实践。

"腹有诗书气自华""有境界则自成高格"，这两句古训应当作为语文教师的不二标准。思想文化内涵是成为优秀教师的第一要素，它能促进文本解读的独特、深刻、多元与创新，并通过科学方法，将之转化为一种切合实情，促进学生能力发展、文化涵养的行为，使师生双方都更加闪耀出思想文化的光彩。

七、成功也有捷径

雷夫·埃思奎斯在他的《第 56 号教室的奇迹》中反复强调“成功无捷径”这个观点，并一以贯之，身体力行。难能可贵的是，这种观点已升华为第 56 号教室中每一个人坚守不移的信念。在这种信念的推动下，雷夫和他的学生创造了一个又一个奇迹，引起了世界各地——不单单局限于教育领域——的巨大反响。第 56 号教室俨然成了一处令人敬仰的教育殿堂。

但是，没有一种观点绝对正确，超出了一定范畴，就容易走向它的另一个极端。“成功无捷径”中，也许勤奋、刻苦、百折不挠的意思更多，但或许给人一种错觉，以为只要埋头苦干，成功就一定笑嘻嘻地在前方招手：“过来吧，孩子，成功属于锲而不舍的人。”很多情况下，如果凭借经验，借鉴别人的成败得失，走了另外一条道路，说不定可以更加迅捷地到达目的地。弗罗斯特笔下的那条“未选择的路”，为什么就不能是捷径？从某种意义上说，成功，并不在于付出，而在于选择；选择正确，成功的概率就大大提升。

成功也是有捷径的。

在我眼中，至少有一条教师专业成长的捷径，那便是教育科研，而教育科研又恰恰最能彰显教育思想。

我们欣喜地看到，由于上下齐心、不懈努力，这么多年来，教育科研得到了一线教师的普遍认同，并逐渐成为日常教育教学的有机组成部分，对培养学生学科能力、人文素质，促进教师专业成长，推进课程实验改革，提升办学质量，起到了积极作用。教师扎根于肥沃的教育土壤，以常态下的“问题求解模式研究”和“理论应用模式研究”为主，遵循“问题即课题，教学即研究，成果即成长”的科研思想，提倡“搞诚信的研究，搞实在的研究，搞科学的研究，搞有效的研究”，立足教育管理、课堂教学，善于发现问题，通过反思互动，将其升华为课题，进行深入研究，寻求最佳的解决方案，促进了师生共同成长。

对于一线教师来说，充分发挥教育科研的作用，主要有几下几种方法。

从科研内容上看，我们应该讲究“三点并重”。

一是从教育实践中寻找“突破点”。以前教师搞教育科研，总是比较被动，喜欢等上级有关部门下发科研指南，然后凭直觉，随随便便挑一个。由于不切合真实需求，缺少实践的肥沃土壤，造成了教育科研的“少慢差费”，徒劳无功。因此，教师要聚焦眼光，努力提取工作中的鲜活素材，反复论证，明确其是否具有研究价值，然后设计研究方案，并在实践层面上试行、验证、矫正、完善。这种有的放矢的教育科研才是富有生命力的。如对话教学，对话者之间缺乏必要的人际交流和合作技能；教师缺乏科学的组织与指导；对话目标模糊，环节过多过滥，缺少思维含量；缺少有效铺垫；对于生生对话中的差异，没能即时矫正和互补。这些问题大大削弱了对话教学的意义，使对话沦为一般教学的点缀。如何解决？我们无法一拍脑袋，灵感就如钱塘江潮滚滚而来，那就只能依靠教育科研，向科研要方法。

二是从成功经验中发现“生长点”。不管教师能力如何，若要总结起来，或许也能发现一些成功经验。但如果加以提炼、优化、完善，推向更高的理论平台，并在尽可能大的范围内推广运用，却能获得更多的教育产出。换言之，就是以教育科研为工具，彰显现有优势，使之成为教育教学的新的生长点。如作业管理，现如今都在强调“精选、少做、全批”，以达到“轻负高质”的目的。但这样的操作属于较浅层次，因为“轻负”与“高质”之间并无必然联系，“轻负”未必“高质”，“高质”也未必“轻负”。我们需要借助教育科研，切实减轻过重的作业负担，而“二次作业”确是值得一试的方法，即根据学生作业情况，特别是经常出现的差错，通过同题异构、层级提升，实现从“重复记忆”到“理解运用”的转换，真正提升学生学习水平。

三是从教育发展中抢占“制高点”。教育科研既要明确目前的实际，进行校本研究，也要以敏锐的眼光、独特的视角，审视教育的发展趋势，抢占教育科研的制高点。这就需要以教育理论为支撑，取得教育行为的突破。近几年来，信息技术的重要性日益凸现，而以建构主义理论为基础开发的软件Moodle，要求教育者和学习者都作为平等的主体，根据彼此的学习经验，相互协作，共同建构知识，且技术操作更为简便、精巧、完善，为教师提供了具体实施教育教学的平台和环境。于是，很多教师敏锐地把握了这一制高点，提出了 Moodle 与语文等学科的有机整合，希望通过 Moodle 平台，让师生共同参与教学的整个过程，唤起学生自我完善的愿望，在提高教师教学水平的同时，快捷高效地培养学生的学科素养、信息技术素养和网络协作能力。

从科研活动上看，要不断丰富科研含量，让活动呈现鲜明的思想色彩。

教育管理、教研活动，与教育科研既有共同之处，也有明显差异。前者一般就事论事，缺乏长远规划，缺乏准确定位，缺乏科学研究等因素，多是统一进度，布置任务，检查落实。这当然很必要。但教育科研则是在教育理论、教育思想的关照下进行的具有前瞻性、系统性、高效性的研究活动，实现“教研、科研一体化”，从而对教师教育和教学行为产生深刻影响。尤其是主题(课题)式科研，将极大地提升校本活动效率。主题一旦确立，意味着活动脱离了随机、草根的状态，逐渐走向了规范、理性，从而进一步弘扬了科研的先导性、科学性、普适性。最初的科研活动往往自下而上地开展，也许仅仅围绕一个话题，然而，经过累积、沉淀、归类、分析，挖掘并放大话题内涵，给予更多的理论提炼，便自然而然转化成了一个有意义的主题。主题式科研是相对于“碎片式”科研而言的。“碎片式”科研的发起者常常轻易地将未经或稍经整理的教育教学问题拿到活动中“即兴”使用，使原本存在着逻辑联系的各个研究内容、研究环节，散落在例行公事似的闲言碎语中；等到曲终人散，却发现大家头脑中依旧空空如也。这种科研活动，只见树木，不见森林，不利于教师进行系统的思考、宏观的把握。

“主题式”科研的主题，可以根据办学特色，也可以根据教育发展、教学进程来确定。主题涉及变量多，操作性弱，就把大问题分解为若干小问题，各个击破，增强科研的针对性、有效性。有些教师经常固守预设，不知变通，对于问题生成，或避重就轻，不去敏锐地捕捉其价值内涵，或束手无策，无法进行合理的价值判断，或答非所求，提供不了任何有效对策，这时候，就可以采用“问题悬挂”“问题招标”的方法，把问题还原到真实的教育情境当中，描述性地记录超出教师预设的新情况，然后归因分析。通过一段时间的研究，得出两条基本策略：其一，引发生成的策略：在民主氛围中诱导发问、在探究学习中主动发问、在创设生活化情境中体验发问、在多样化评价中鼓励发问、在师生对话分享中促进发问、在尴尬错误资源中灵活发问。其二，教师回应的策略：顺水推舟，问题深化，树立“以生为本”意识；点石成金，点拨引导，树立“教学机智”意识；见风转舵，有效链接，树立“整体目标”意识；节外生枝，师生商议，树立“差距”意识；盘根究底，留疑探究，树立“学习”意识。同时，借力聚力，使每个人的教育智慧产生核聚变，获得单一个体所无法实现的能量释放。我们知道，不管哪所学校，多多少少总有一批骨干教师、核心教师。发挥这批教师的引领作用，通过同伴互助、集体研究等手段，能更好地提升科研水平。以人员论，一般以同年级、同学科为主，聚合共同语言、共同需求。也不排斥跨学科、跨年级活动；以方式论，以教研组、备课组、课题组为主，定时、定点、定考核，适时举办沙龙活动、主题论坛，遇到问题，就聚集起来，集思广益，自主研究；以内容论，一般是围绕主题，聚焦课堂，把重大问题细化成操作性较强的子程序，并在教育实践中尝试。

我很欣赏以下两种教育科研方式。

一是写教育叙事。据说朱永新教授曾跟他的弟子签过这样的合同：坚持十年写教育叙事，如果成不了特级教师，他将赔偿弟子一笔钱款。这说明，教育叙事这种草根式活动，以“短平快”的优势，随时记录自己的教育行为、学生学习行为，看到一点，思考一点，记录一点，等积累了一定的数量，再提炼、归纳，使教师的思想更加丰润，教育行为更加科学。钱梦龙老师曾考证过“草根”一词的来源：“草根，始于19世纪美国，彼时美国正浸于淘金狂潮，当时盛传，山脉土壤表层草根生长茂盛的地方，下面就蕴藏着黄金。后来草根一说引入社会学领域，就被赋予了‘基层民众’的内涵”。草根式研究使教育土壤深处的思想能量得以充分释放。而且，教师应该具有这种意识：教育叙事不仅是个人的，更是公益的，社会的；它属于所有教师、所有学生，属于整个教育教学。教师不能满足于个人所得，还要广泛交流，主动听取其他教师意见，并在教育实践中验证、完善。这样，聚沙成塔，滴水成河，不但自己，连相关教师的教育思想、教育经验、教学知识体系也会得到丰富。一般性的反思往往比较偶然、零碎，而在主题引领下，因其长远性、指向性、系统性的特点，能使反思基于现实操作层面上进行理性构建，也就更具科研价值。

还有一种是教师博客。平时“碎片式”的科研活动常常无法与教育教学保持同步，也缺少广泛的参与性和过程的连续性，不易对教育教学的全过程进行追踪研究、深度探讨。而以教师博客、学科基地等为载体的网络教研，进行“另类”研讨，却能有效弥补这些不足，实现教育教学与科研的对接。

从科研目的上讲，只有把经过实施、研究，且被证明具有一定理论价值、实践价值的成果，通过行政手段、效益驱动、推广应用，转化为教育教学的生产力，它才物有所值，物超所值，回归到教育科研的原旨上来。将辛苦所得的科研成果束之高阁，不仅是莫大浪费，也是对科研者的极不尊重，势必影响教育科研的可持续发展。当然，成果推广是一项复杂的工程，归纳起来，基本有两种途径：一是宏观层面的科研成果，一般以行政推动为主；二是微观层面的科研成果，具有较强的可操作性，则以现场观摩为主。

推荐一种颇有成效的科研成果推广法，即“一题一课一报告”。它是围绕某个课题，通过一堂研讨课，展示课题研究的内容，并以研究报告的方式来推广科研成果的一种活动模式。它有效解决了以往教研与科研互为脱离的弊端，达成了问题与课题的一体化、教学与科研的一体化、行为与理念的一体化。它以行动研究为手段，完整提供了一个基本的操作流程。第一，课题负责人(或主要参与者)概述课题研究的意义、主题、目的、策略、过程以及未来设想，使参与活动的人员对课题有个了解。第二，课题组成员开设一堂常态化的研讨课，通过教学过程的展开，客观反映课题的研究状况：研究目标是否找到了科学的定位，研究内容是否贴近了真实的教学，研究手段是否符合了实际的需要，研究成果是否促进了师生的发展。然后参与活动的教师比照课题方案，共同诊断，发掘教学行为的理论背景与改进措施。第三，课题负责人利用图文、视频、实物等资料，介绍课题研究成果，凸显推广价值。

活动中，专家引领是极为重要的元素，他们以更为广阔的视野、更为前瞻的预见、更为深刻的洞察，对研究的未来发展作出更为有力的理论和实践支持。开展“一题一课一报告”活动，必须具备一些重要前提，如领导的重视、精心的策划、平台的搭建，还要有一批志同道合的教师和热心科研的专业人员。

图 2　普及对话教学理论

教师从事教育科研，不是为了创新什么理论，他们毕竟非专业科研人员，归根到底是为了提高自身专业水平，提升教师和学生的生命质量。教师是教育教学的直接当事人，比其他人更能准确地把握只有教师才能明白的实际情况，对学生学情、教育效果等有着更深的理解，获得真实可靠的研究素材，因此，我们必须让教师在教育科研中找到成功的捷径，尝到进步的甜头，使之成为“研究型教师”，也使教育科研深入人心，体现旺盛的科研生命力。

八、增值教师博客的第十条军规

以教师博客为载体的网络教研，以学校为基地，以教师为主体，以教育教学中的实际问题为内容，以师生共同发展为愿景，能有效促进教师独特个性与团队合作的和谐组合，普遍提升教师专业水平。它一改以往相对封闭的培训、教研、科研形式，而是既立足教师的个性特点，又依托自上而下的专业引领，通过校际间、区域间的广泛合作，特别在教育科研部门人手紧、参与基层科研活动时间少、教师教学任务重、外出学习交流机会少的情况下，以其开放、个性、快捷、互动、合作等优势，为校本教研提供了丰富的信息资源、先进的专业支持和宽广的交流空间。

和以往校园局域网上的教研组网页、教师个人网页相比，教师博客除了动态呈现之外，还具有以下几点优势：(1)零技术：从管理角度看，教师博客已经提供了很齐全的服务和足够的空间，申请一个博客账号是轻而易举的。从技术角度看，只要会浏览网页和输入文字，就可以建立一个博客，开辟一方家园。(2)零形式：一般意义上的校本教研、科研活动，时间有限，常常一两个小时左右，特别是全校性、区域性的教研活动，组织起来非常繁杂。教师每天都有既定的工作任务，学校和教师必须要在工作与活动之间做出选择与平衡，这不可避免地对活动效果产生影响。有了博客，教师就随时可以参与研讨，并且有了充分的时间思考。(3)开放性：首先是专业开放。一般的教研、科研活动，在学科、年级上是有区别的，而在博客上可以跨学科、跨年级地相互浏览。其次是空间开放。博客极大地拓宽了参与人群的范围，即使校外人士也能很方便地加入；有时还可以邀请博客嘉宾主持研讨。

图 3　在教师博客研究会上作主题演讲

因此，任何有一定写作能力的教师，都能在博客上实现随时自由参与研讨、发表观点、写作文章的梦想。这样，博客不但为骨干教师群体，更为占总数百分之八十以上的一般教师群体发布个人信息、教育叙事、教学反思等提供了物质条件，也为“精英教研”与“大众教研”的并存、互动提供了技术平台。教师博客改变了教师一贯的传承性、个体性劳动方式下所形成的学习和工作习惯。越来越多的教师利用教师博客网站的写录、分类、更新、下载、互动、链接、搜索、积存等功能，记录和发布个人的工作过程、生活故事、思想历程，精选自己最为需要的信息资源，建立个人知识管理系统，吸纳、扩充、整理和完善，进行高效率的学习。有些教师也已开始尝试直接用博客管理班级、备课、批改作文、记录个案、反思教学和讨论问题。在充分展示自我个性的前提下，相互合作，共享成果，这反过来又促进了教师思想力的提升，促进了校本教研从制度化走向人文化。

教师博客的有效推进离不开专家、名师的深度引领，包括对基础教育课程改革中出现的难题（如评价方式的变革、轻负高质的追求等）的探讨、教学问题的深究、育人规律的探索、实践经验的总结。这一切需要持之以恒、涉及广泛的多元交流。常规的教研、科研活动很重要，但缺乏广泛参与和过程连续，难以对整个教学行为进行跟踪指导。而通过教师博客，却能即时在线接触，从而具备深度引领的基本条件，一定程度上摆脱了教研与科研浅尝辄止、虎头蛇尾的弊端。在专家、名师引领下，广泛而深入的切磋交流，有效引领了教师对教育教学理论特别是新课程理念的应用，进行问题会诊，归因分析，共同探究；同时，把众多相对分散、零碎的思考，分门别类，在更高层面上加以总结、提炼、完善，注入更多的理性元素，摸索规律，使感性认识上升到理性认识，形成高质量的研究成果，再通过博客，努力推广开来，使教师思想日趋丰厚、成熟。这一过程，便是教师团队合作的过程。

利用教师博客进行校本教研、区域教研，事实充分证明了其成效的显著。现在要做的，就是进一步强化教师对博客的认同感、参与感和责任感，激发继续“博”下去的热情，在积累、研究、交流、传递教育思想、教学方法的同时，弘扬人文精神，使教师博客生机盎然。于是，回复、跟帖等手段便日益重要起来。挂几个博友容易，凝聚人气不易，让博客成为教师生命成长的家园更加不易。而博友在多发体验真切、思辨丰富、文采动人的帖子之外，多多回复，精彩回复，确是行之有效的途径。新浪“2005 网络盛典年度评选”的三位获奖博客之一的苗伟说：“一个国家的真正财富在于那里的人民能够交流和创造，其实一个机构的生命力也在于此，博客的生命力也在于此。”

教育教学杂志与教师博客的最大区别是什么？教育教学杂志中的思想呈现、策略传递，都是单向的、一元化的，只有信息输出，没有信息互递，阅读者始终处于被动地位，缺乏天然的亲和力，赞成也好，反对也罢，都无法在第一时间与之产生思想交流、碰撞、冲突。教师博客却产生着颠覆性的变化，它让每个喜爱网络的教师都能发挥自己无穷的创造力，从“观书不语”的旁观者，变成“主动建构”的参与者。在这个虚拟世界中，公平法则得到了最完美的体现。教师不仅可以随时阅读，更可以随时发表见解，或产生共鸣，或针锋相对，知无不言，言无不尽，不必过多地考虑彼此地位与学术水平的高低。博客网董事长兼总裁方兴东做客新华网时说：“以后的博客，更多的是网上深度的交流和沟通”，“以后真正吸引大众开始博客的话，主要是交流和沟通”，“如果博客仅仅是写作，我想很多人不可能持久。”

世上之悲哀，莫过于无人问津。缺乏交流乃至争鸣，创造力就必将枯萎，生命力必将衰竭。正是彼此坦诚的回复，才演绎出了生命家园的多姿多彩，每一句话、每一个标点，都在灿烂阳光下闪烁着迷人的魅力。

一句话，回复，让博客充满生命活力！

以我自己(博客名“一不小心”)为例，就是众多博友的跟帖、回复，激起了我思想池塘中的层层涟漪。

图 4　在教师博客研究会上发言

【例 1】

出现上述倾向的原因，是我们往往追赶潮流，语文课堂很多时候成了教学时尚概念的展示台，其根本是没有把握住语文的本质，在运用先进的教学方法、理念时流于形式，从而导致语文味的缺失。但任何研究的推进总有一个曲折的过程，至少这些现象在实验初期被视作亮点，现在被当作问题呈现出来了。提出了这样的问题，必然会有改进。博客很需要这样理性的审视！

这是博友“草野”给我博文《防止课堂教学的非语文化倾向》的回复。

【例 2】

孟子说，如果叫一个人挟着泰山飞越渤海，他摇头拒绝，那是“不能”；如果叫一个人折根树枝，他却不干，那是“不为”。两者的性质是有天壤之别的。同样道理，我们老师写论文，不是“不能”(不会写)，而是“不为”(没有科研意识，不肯下功夫研究)。教学中不可能没有值得我们研究的问题，关键在于我们有没有这种意识去发现它，研究它。如果这样做了，我想，即便是普通老师也会有东西去科研，并取得成果的。

这是我给博友“茗”《教科研的人文关怀——教师关注学生时需要关注自己》的回复。

【例 3】

aliu1981：有理，我倒觉得写作更重要的是思维的层次高度，一篇初中生的作文和一篇文科大学生的文章放在一起比较，其优劣一目了然。文词讲究是一方面，思维水平的距离则显而昭彰。因为后者多了一份理性的思考和沉着。

一不小心：文章的思想内涵，随着知识的积累、阅历的增长，可以不断加厚，所谓人情练达即文章。对于初中学生来说，囿于生活经验的缺乏，我想，把指导与训练的侧重点放在理性的思考上固然可贵，但需要一个过程，也不能简单地用文科大学生的水平来衡量一个初中学生，同时，不荒弃语言、结构这些写作的基本层面。我们更需要的，是帮助学生如何去感知生活，感恩生活。

aliu1981：言辞的熟练并非一朝一夕之事，个人觉得课外阅读比课内学习更为重要。现在的问题是，大部分学生根本无兴趣去读课外文章。第一是时间不足，第二是疲于考试、作业。尽管我在班上一再强调并要求做读书笔记，但效果不明显，大部分学生马虎了事，随便从文中抄一句话就完事。时间长了，连自己都觉得没必要将这项工作进行下去，于是只好取消。实属无奈之举。多作笔记将是受益匪浅的，因此我一直都在进行。

一不小心：无论如何，课外阅读之于语文，绝对是重要的，因此，《语文课程标准》要求七年级至九年级的学生课外阅读总量为260万字，每学年阅读两三部名著。从考试这一功利的角度看，语段阅读越来越向课外拓展，甚至被课外阅读完全取代，如果还固守课本中的几十篇文章，肯定无法培养学生真实的语文能力，也不能高质量地“应试”，陷于恶性循环之中。至于如何课外阅读，要传授给学生方式方法。摘抄并不等于阅读。我觉得还是让学生直接在作品中做些实实在在的批注，推荐名著，写些简短实在的读书笔记，召开读书交流会，出一期名著阅读墙报等，可能效果反而大一些。

aliu1981：相对而言，城里的孩子可能对课外阅读的兴趣要大得多，农村学生就没那么高的兴致了。要他们去买一本名著读，并做一些批注，他们肯定是不高兴的，甚至会竭力反对。这种事我之前尝试过，只是波澜不惊，所以这个问题很头疼，一直纠结于心。目前我的工作主要是提高他们的写作兴趣。改变他们以前那种一讲写作文就哭爹叫娘的状态。这当然是很难的，但现在仍然在一直进行着，还稍微有点效果。可能这就是最大的安慰了吧。

这是我与博友“aliu1981”针对我的一篇《写作需要运思》博文的连续回复。

这样的互动，体现了一种怎样的理想境界？这里我偷一下懒，以网上一个帖子《增值博客的22条军规》第10条“服务精神”的阐述，作为解答：“网络的基本精神就是利他主义，博客传承下来的主要功能，就是为他人服务的精神；不论是知识还是技术，人们是在网络上追寻共享的自由，它追求大众化的服务理念，也同时拒绝知识保护主义。为网络全体网民服务精神，造就了博客人真正的思想品质，帮助他人，为他人牺牲的精神，或者说对他人痛苦和苦难报有同情和理解，在可能的范围之内，用网络共产主义精神承担世界历史责任，这是博客精神中最为重要的理想特征。”

请允许我用在一次全县教师博客年度交流会上的发言，集中表达自己浸润博客的心得吧，题目是《让心灵去旅行》：

人生就像一场旅行，不必在乎目的地，在乎的是沿途的风景以及看风景的心情。

教师博客，就像一列火车，在专业成长这一强大动力的推动下，风驰电掣，奔向前方。海盐教师博客，自然是其中的一节豪华车厢。当初，“一不小心”踏进，立刻被蓬勃的活力、多元的互动、朴素的思想而折服，而陶醉。轻点鼠标，推开一扇扇帖子做成的窗，眼前放电影似的，闪现一处处美丽的风景，有崇山般的雄壮，也有碧水般的清秀；有清风般的惬意，也有山花般的绚烂；有沧海般的深邃，也有白云般的高远。这些，一一在心头划过，来不及欣喜，却发现一声惊叹已经冲口而出，快乐和幸福溢满了整个心房，整个世界，随阳光一起霍霍燃烧。

写博的日子里，不知不觉，无数个夜晚，从浏览博客的目光中过去，从敲击键盘的手指间过去，从满天闪烁的星光下过去，从窗前淅沥的雨声中过去。蓦然回首，发现一路走来，因为自己的一呼一吸，一言一行，一次次春暖花开，一次次鸟语花香，缀成了这美丽风景的一部分。

你站在火车上看风景，风景因你而越发美丽；明月装饰了你的日志，你的日志装饰了别人的理想。

登上这列火车，我的精神生活更加丰富。读着一篇篇日志，我理解了枕木铺垫的价值；读着一段段回复，我理解了铁轨延伸的意义。一次次的沙龙研讨，我理解了加速前进的缘由；一回回的领导指示，我理解了线路规划的真谛。于是，学习成了我的习惯，学习丰富了我的思想。我不再无所事事，而是静下心来，耐得寂寞，甘于寂寞。别人闲聊的时候，我静静思考；别人游玩的时候，我深深反省；别人抱怨的时候，我寻找对策；别人漠然的时候，我执意追求。我始终以一份真性情，敏锐而深刻地审视教育中的点点滴滴，力求“没有最好，只有更好”。蓝天下，前面的风景定然更加美丽。

登上这列火车，我交流的范围更加广阔。没有博客的日子里，自己好像一只背着重重的壳的蜗牛，仰望大树，心想，站在高高的树梢上，欣赏雄浑博大的地平线，该是怎样的心旷神怡。理想，驱使我不断奋斗，一步一步往上攀。总算功夫不负有心人，终于来到大树的中央，不料却已日落平原，月起东海，四周弥漫了单兵鏖战的苍凉，而树梢仍似乎很遥远。

现在，火车里，前后左右都是和自己一样正在心灵旅行的同行、朋友，便有了更多的写作冲动、交流冲动，并随之伴生小小的成就感。我努力敲打键盘，将怎样行动、怎样思考的故事，说给周围的人听。越来越精彩的述说，吸引着越来越多的人，起先，是小范围的同校教师，然后是同县的教师。后来，渐渐地，我不再仅仅满足于一节车厢，而是好奇而大胆地跨进其他车厢，与更多志同道合的朋友交流。大家起坐而喧哗，平等而真诚，知无不言，言无不尽，在广泛的互动、激烈的碰撞中，发生着核裂变，释放出无穷的能量，并积极发帖、回复、网上研修，特别是在列车长的指挥下，履行好一名乘务员的职责，无私奉献自己的研究成果，与大家共享。因为我知道，“一花独放不是春，万紫千红春满园”。终于，那么一天，突然发现，有几块里程碑刻上了我的名字，留在了自己的人生道路上。蓝天下，我用心添上几抹色彩的风景，越发显现出特殊的魅力。

图 5　被评为海盐县“教师博客年度人物”

进入海盐教师博客这节车厢，我追求教育理想的信念更加坚定。

在海盐教师博客中，我算不上真正的风云人物，也没有发挥风云人物应有的作用。在我的印象中，风云人物，豪情万丈，志存高远，振臂一呼，云集景从，“大风起兮云飞扬，威加海内兮归故乡”，历史在他的手下改变了前进行程，翻开了崭新一页。我不过是一缕细细的风，但是，愿意吹进车厢，轻轻掀起窗帘，向大家展开原野上最美丽的风景；我不过是一片淡淡的云，但是，愿意挂在蓝天，慢慢舒卷变幻，为大家点缀心灵间最美丽的梦想。

衷心谢谢各位，让我与更多教师一起，让心灵去旅行，快乐、幸福地奔向教育的理想境界。

第二章 提升思想力 发展执行力

——崇思教育的课程观

阿里巴巴CEO马云是个经历特殊、成就非凡的风云人物，他的一些观点很大程度上影响着大众的思想价值取向。他说过这样一句话：“一流的想法，三流的执行力；三流的想法，一流的执行力。我宁愿选择后者而不是前者。”在他看来，一个人的执行力绝对比一流的想法更重要。其实，若把一件事情做得“圆满”，既要具备一流的执行力，更要具备一流的思想力。我把教师大致分为三类：一是尽心尽力的教书匠；二是能体现学科思想的智慧型教师；三是能给予别人（包括学生）以文化熏陶的大师。划分的标准，就是看他的思想力，以及思想力引领下的执行力。

一、默会知识与语文感悟能力

语文教学中，我们经常遇到这样一些情况：很多知识、方法、技能、情感、思想等元素，由于说不清道不明的理由，无法在师生之间、生生之间进行准确而显豁的传达、交流、增值，使学习陷入阻滞的尴尬境地。而教师又简单地归因于语文学科本身的“玄之又玄”，归因于学生的“悟”性不足，不能对学习内容产生敏锐而深刻的感悟，不能与教师形成心照不宣的默契。这大多是由于教师不曾了解默会知识理论所造成的。

默会知识理论是匈牙利裔英国哲学家波兰尼于1958年在《个体知识》一书中提出的。默会知识又称缄默知识、内隐知识，一般在行动中呈现，是一种只可意会不可言传的知识，是一种经常使用却又无法通过语言文字符号予以清晰表达或直接传递的知识。但是，正如挪威哲学家格里门说的那样，“对知识的表达而言，行动是和语言同样根本的表达方式”。如果显性知识是冰山一角，默会知识就是隐身于海平面之下的庞大冰座；如果显性知识是树上的果实，默会知识就是泥土中输送养料的复杂根系。毫不夸张地说，“所有的知识，不是默会知识，就是植根于默会知识。”

相对于显性知识，默会知识难以规范，难以捉摸，含糊不清，具有浓郁的个人色彩，与个体的个性、经验以及所处的情景交织在一起。它更多地需要借助诀窍、个人特技、习惯、信念等表现形式，而且不易保存、传递、掌握和分享。而这一切，恰恰揭示了语文教学在培养学生感悟能力方面举步维艰的症结。因此，教师必须想方设法发掘默会知识的价值，并使默会知识外化、清晰化，使学生不仅知其然，更知其所以然，并以之成为继续学习的原动力。

鉴于此，我试图根据默会认知理论，谈一谈如何培养学生的语文感悟能力。

（一）充分重视默会知识

波兰尼有言：“我们所知道的多于我们所能言传的。”这是默会知识理论的核心所在。它告诉我们，对于默会知识，不能单纯依靠教师的讲授，不能抛弃学生的生活积累，不能忽视学生的独特个性，而要求教师“以人为本”，尊重学生的主体地位，发挥学生的主观能动性，调动其已有默会知识的全部积累，以融会贯通为主，辅以必要的方法，让学生在自主学习中揣摩、体验、内化，进而提高语文的感悟能力。

学习《故乡》一课时，我让学生角色化朗读，并说出处理的依据；其他同学加以点评，提出修正意见，然后再次朗读。几个轮回下来，学生的感悟越来越接近于人物真实的性格、情感世界。如第23节的对话，学生认为，“不是。走路的人口渴了摘一个瓜吃，我们这里是不算偷的”，要读得响亮、干脆，流露出闰土的天真、淳朴与自豪；“要管的是獾猪，刺猬，猹”，要读出恳切而又略微卖弄的神情，以显示闰土阅历之丰富，经验之老道；而“月亮底下，你听，啦啦的响了，猹在咬瓜了。你便捏了胡叉，轻轻地走去”，则要压低声音，以表达闰土那种带有夸张色彩的神秘气氛。

我们知道，初中生学习语文，头脑中或多或少已积存一些人际交往的默会知识，譬如待人要热诚、坦率，尤其在小伙伴之间，更应知无不言，言无不尽，而且这是理所当然的。初中生也具备了一定的是非判断能力，能区分“偷”与“摘”的利害关系，知道摘瓜是给行人解渴的，便认为是好事，是值得肯定的。至于刺猹的经验，则与抓老鼠的游戏大同小异。类似这样的默会知识，就形成了学生自身的“是非标准”，将心比心，设身处地，真切察觉、意会、感悟这段言语背后所蕴藏着的少年闰土的热情、纯真、美好，甚至一丝神奇。

假如单由教师讲解，表面上看似乎也能达成目标，但由于缺少来自默会知识的支撑，便不能很好地帮助学生触发内心体验，形成强烈的共鸣，他们习得的也只是几个抽象概念，认知层面也仅停留在“识记”而非“理解”上，没有进行有机建构，真正成为内在的东西，假以时日，自然容易忘却，也便谈不上培养语文感悟能力了。因此，有人曾说，“既然默会知识在个体的认知活动中起着重要甚至支配性的作用，教师就应该彰显和反思这种默会知识，而不是忽视和压抑这种默会知识。”

（二）努力外化默会知识

默会认知理论强调这样的教学原则：尽量将默会知识显性化、符号化，使之成为学生容易接受的形式，并和课本中的显性知识有机整合，形成自己独特的认知体系。而且默会知识强调实践、操作及自主探索行为，强调从行动中学习，并且只能在行动中展现，才能被学生觉察、意会。因此，在默会知识向显性知识的转化过程中，教师需要提供类比、隐喻、模仿、情景体验、合作实践等手段，让学生掌握必备的技能，提高语文感悟能力。

这里主要谈三种。

1. 模仿。

语文教学中经常出现的仿句这种训练方式，确实不失为一种外化默会知识的好方法。仿句并不是简单比对、模仿，然后写个句子，而是包含了类比、推理、联想、再创造等复杂的思维过程，通过反复训练和操练，能有效凸现默会知识，强化语言运用技能。

例如："请模仿'父爱如大地，撑起我理想的人生大厦'的样式，再仿写一个句子。"这一训练至少外化了六种默会知识：一是对主题的把握。学生必然先考虑内容要与"父爱"而非"父亲"有关；二是对修辞的选择。原句运用了"人生大厦"这一形象生动的比喻，仿写也必须用比喻；三是对句式的确定。原句用"动词＋修饰语＋中心语"的结构，仿句也要使用相应的结构；四是对词语的提取。如果大脑仓库里没有一定数量的词语储存，仿句就几乎无法顺利完成，很多情况下，仿句未能臻于完美，恰恰是由于学生词汇量欠缺；五是对自然景物的联想，如山的沉稳、树的庇荫、雨的滋润、灯塔的导引、风筝的牵挂，以便使喻体与本体之间构成必然的逻辑联系；六是对生活信息的提炼。只有父亲的音容笑貌，乃至共同生活时点点滴滴的细节，汇成心底的情感涌动，才能够动之以情，发之于语。前四种属于程序性默会知识，尤其难能可贵，它们是仿句成功的技术保证，换句话说，程序性默会知识有力地促进了默会知识的外化、显性化。至于第五种，也含有一定的程序性默会知识，需要引起教师关注。

2. 情境体验。

从语文教学的特点看，文本高度浓厚的情境性、文学性，决定了学生的学习以形象思维为主，而"形象大于思维"则是一条人所皆知的基本规律。学生对"形象"进行感知、理解、审美、评判的过程中，总会不自觉地受到默会知识的影响，带上个人生活情境的烙印，从而得出与众不同的结论。这样，每个学生眼中的"形象"之和，自然大于原创者、教师、学生"思维"的个体因式。因此，要使默会知识顺利实现外化，为显性知识的学习服务，教师必须积极创设条件，让学生进行尽可能真实的情境体验。

例如，绘画。绘画普遍受到学生欢迎。因为图画的最大特点就是形象化，能直观地折射学生的生活经验，在点线之中、红绿之上、疏密之际、虚实之间，平时沉积的默会知识得到了外化，且融入了独特的情感活动。我让有绘画特长的学生给《水调歌头·明月几时有》配一幅画，交上来的习作精彩纷呈，画中苏轼的穿戴、举止就很符合宋代知识分子的特点，学生通过各种途径获得的有关宋代社会的默会知识在这里得到了显性化，加深了对人物的理解。有时我也提供一些绘画，帮助学生了解、掌握默会知识外化的基本技能，如《深山藏古寺》《踏花归去马蹄香》《蛙声十里出山泉》等。

例如，多媒体。音乐的抒情功能极强，比文学作品更有驰骋想象的空间。通过音乐渲染情境，更容易唤醒学生已有的默会知识，让学生走进特定情境之中，对学习内容产生更真切的感悟。如《爸爸的花儿落了》一课将近结束时，我播放了满文军的歌曲《懂你》。在动人的乐声中，学生个个情不自禁，有的甚至泪流满脸。因为，他们由彼及己，由人度己，触发了平日里父母亲对自己无微不至的呵护：临出门时的一声“路上小心”；晚上做作业时递上的一杯咖啡；生病时给紧捂的一角被子；遇到挫折时的一声“走过去，前面是个天！”这一切默会知识的外化，使学生情感受到全方位的强烈冲击，增强了对英子父亲的爱以及天下所有父母之爱的感悟。

例如，表演。学生喜欢表演，也爱看别人表演。通过表演者的一举一动、一颦一笑，使原本隐藏着的默会知识得到外化，从而对人物所处的特定环境、人物的性格特征有更加具体真切的感悟。如学习《皇帝的新装》时，我让五、六个学生参与表演。学生平时通过影视、报刊、网络等媒介，接触过相关信息，知道皇帝如何的昏庸、大臣如何的阿谀、骗子如何的狡猾、小孩如何的天真，也知道一些中世纪的时候欧洲宫廷穿着打扮、言语交谈的风俗习惯。这些默会知识，在整个情境表演中得到了合理呈现，即有效转化为显性知识，不但使表演者自身，也使欣赏表演的同学一起获益，提高了对文本内涵的感悟水平。

3. 综合实践。

为了激活学生的默会知识，使默会知识得到最大化的充实和应用，教师应大力提倡互动式教学法：通过讨论，默会知识得到更多学生的滋生；通过合作，默会知识实现不同学生之间的迁移；通过实践，默会知识得到普遍的验证和利用，最终达到学习上的共同成长。默会知识理论告诉我们，活动式教学同传统的接受式教学具有同等的重要性；再好的讲解式教学、启发式教学，也不能完全代替学生在合作、实践中去学习和获取对他们的成长与发展极为重要的默会知识。

比如初一时，我组织学生，以小组为单位，进行《探索月球奥秘》综合性学习，并以课件形式展示成果。看了学生上交的作品，我不得不佩服学生广博的知识和出众的能力，也切实感受到了默会知识在语文学习中的重要性，感受到了综合性实践对于外化默会知识的重要性，感受到了默会知识对于促进显性知识学习的重要性。小组合作当中，学生优势互补，各显所长：有科学知识广博的，有人文知识丰厚的，有擅长网络检索的，有擅长组织剪裁材料的，有善于制作多媒体的，有善于人员调度的，这些在一般学习场合中很难得到外化的默会知识，在综合性实践这片肥沃土壤中，得以生根、开花、结果。课件作品的思想内容、审视角度、制作风格、音影处理，琳琅满目，美不胜收。通过合作式综合实践，小组成员的不足得到了弥补或改善：本来偏重科学知识的，也了解了关于月球的神话、故事、传说；本来只会书面阅读的，懂得了如何利用网络搜寻信息；本来默默无闻的学生，竟也指挥若定，表现出了较高的人际交往能力。这就是默会知识得到外化，其诀窍、个人技能、习惯等被更多的人迁移、掌握和分享的很好例证。

（三）积极丰厚默会知识

默会知识理论揭示了语文教学不同于数学、科学教学的某些独特之处：语文学习更多地诉诸默会的能力。而一个人阅读范围越广，他的默会知识的潜在领域就越大。又由于“显性知识”是建立在默会知识的基础上，默会知识的领域越大，各种触发、体验、联想、想象就越能从中涌现，新的见解越能够提出，创新能力越强。为此，教师必须有意识地创造学生各种认知机会，不断丰富默会知识。

1. 阅读。

首先，教师要提供或引导学生开发广泛的阅读资源，如发放阅读书目，开放图书室、班级图书角，在有条件的情况下，鼓励学生丰富家庭书柜，与家长一起建设网络阅读资源库。其次，主动与学生家长、任课教师协调，保证学生有充足的读书时间。再次，给予阅读方法指导，开展灵活多样的课外活动，如读书经验交流会、读书专题系列讲座，邀请作家现身说法。另外，积极培养学生阅读兴趣，成立文学社，举办主题征文比赛、作品展示、个人网页评比等。目的只有一个，就是让学生把阅读作为生命自身成长过程中必不可缺的环节，作为一种自觉的行动而不是一种额外的负担，在读中乐，在读中学，在读中品，在读中做，加大阅读量，增加默会知识库存。

2. 观察。

正因为默会知识更多地呈现在行动之中，相对于阅读而言，观察就尤为重要。教师要积极培养学生有意观察的意识和能力。一是打破思维定式，另辟蹊径，多角度、全方位地观察，以保证默会知识的“量”；二是放松心情，排除杂念，使观察准确科学，细致入微，善于揭开皮相，触摸事物本质，从而心领神会，达成观察目标，保证默会知识的“质”；三是要求学生注意观察的对象和时机。可以观察自然、社会现象，也可以观察同伴、教师，乃至任何一个人，从他们身上寻找默会知识，以期获得分享。也因为默会知识是零碎的，难以捉摸的，因此，观察时不能贪多求全，操之过急，有了一点收获，就记下一点收获。只要持之以恒，一定能心想事成。

语文教学的过程，既是一个传递和掌握显性知识的过程，也是一个通过实践活动，领悟和获取必要的默会知识的过程，还是一个使默会知识显性化，从而得以有效运用的过程。教师必须积极创设条件，开展丰富多彩的合作探究、综合实践等活动，帮助学生掌握默会知识显性化的技能，提高语文感悟能力。

二、打破个性解读的瓶颈

教育是个性化色彩十分浓烈的活动，语文学科崇尚的是情境化的、注重感性体验的、富有思想的生命活动状态。叶澜教授要求教师“从生命的高度用动态生成的观点看课堂教学”，努力“让课堂焕发出生命的活力”。作为学习主体的学生，正是他们用洋溢着蓬勃朝气的生命活动，构成了语文学习的宽厚背景。由于每个学生对生活认知、体验的不同，文本解读时，其再现、理解、想象、感悟也不会千篇一律，必定彰显强烈的生命意义，烙上鲜活生命所特有的个性色彩。

《义务教育语文课程标准》强调：“阅读是学生的个性化行为”，教师“要珍视学生独特的感受、体验和理解”，“加强对学生阅读的指导、引领和点拨，但不应以教师的分析来代替学生的阅读实践，不应以模式化的解读来代替学生的体验和思考；要善于通过合作学习解决阅读中的问题，但也要防止用集体讨论来代替个人阅读”，从而“在主动积极的思维和情感活动中，加深理解和体验，有所感悟和思考，受到情感熏陶，获得思想启迪，享受审美乐趣”。以上表述无非在倡导这样一种学习理念：语文学习需要“个性解读”。即教师尊重学生个性解读的权力，创设良好条件，让学生自主感知、自主选择、自由想象、自由表达，使语文学习最终成为他们自身生命活动的重要部分，促进语文素养、人文精神的和谐发展。

从作品本身来看，对思想内容的理解是多元的。德国哲学家汉斯·伽达默尔强调：“凡有理解，就有不同。”鲁迅先生也特地举例证明：“一本《红楼梦》，单是命意，就因读者的眼光而有种种不同：经学家看见《易》，道学家看见淫，才子看见缠绵，革命家看见排满，流言家看见宫闱秘事。”无论何人，对作品的理解往往不可能求得答案的统一。

从汉语构成来看，一个字词、一句话语的背后包含着丰富的内涵，能细致入微地表达复杂的思想和细微的差别。因此，数学、科学等学科的学习多半是去情境化，解读的过程与结论很清晰，很明确；而语文学习往往需要创设情境，解读的过程与思考的结论比较模糊，呈开放状态。这也决定了语文学习绝不能条分缕析，而应该是一种个性解读。

在实际教学中，神圣的课本、权威的声音、机械的应答、统一的答案，却人为制造出一个个学习“瓶颈”，制约了学生的个性解读，使学生不但丧失人文关怀，更谈不上个性的张扬。钟启泉教授向往的“允许大胆解读，只求自圆其说”的理想学习仍然只是美丽的乌托邦。

瓶颈之一：部分教材远离学生生活。

语言交际场教学理论认为：学生只有充分了解、熟悉文本所反映的社会生活，才会结合自身经验，对其中的人、事、物及其相互关系，主动进行丰富多样的诠释，实现个性解读；如果不具备这一前提，他们随之就失去了个性解读的基础，只能被动接受教师的"灌输"，形成单一、僵化的认知。

人民教育出版社编写的教材，重视贴近生活，却无法完全避免生活的陌生化。许多作品因其年代的远逝，学生缺乏对其所反映的特定生活的真实感性体验。如《紫藤萝瀑布》《老王》《华南虎》反映的"文化大革命"，《艰难的国运与雄健的国民》《土地的誓言》《芦花荡》等反映的国内革命战争、抗日战争，学生头脑中都只抹了一道抽象的印痕，即使一般性理解也比较困难，作个性解读更是举步维艰。有些课文，内容比较简单，但由于作者人过中年，积淀了太多的人生阅历，他的触发当然别有一番感慨。而这种感慨，又常常令中学生心生隔膜，隔靴搔痒，难以激发思想情感的共鸣，形成有意义的对话，个性解读也就成了空中楼阁。如《风筝》一文，学生对鲁迅先生所谴责的"精神虐杀"，总是缺乏切肤之感，以为兄长教训弟弟乃天经地义之事，何以"心仿佛变了铅块，很重很重地坠下去了"？这简直是"自虐"！至于《记承天寺夜游》《五柳先生传》《湖心亭看雪》《小石潭记》等古文名篇，由于微言大义，曲奥晦涩，像是一口口深不可测的古井，学生容易一头雾水，茫然不知所云。

瓶颈之二：教师缺乏科学引领。

语文学习是个性化很强的过程。一是文本自身的个性特征鲜明，是黑格尔所说的"这一个"；二是教师、学生这些文本解读者，也充满了个性。个性解读不仅需要通过教师的"教"来体现，还要通过学生的"学"来体现。教师必须首先深入钻研文本，进行个性解读，形成独到见解，然后才能帮助学生调动生活积累，同文本进行心灵对话，形成他们自己的个性解读。钱梦龙老师说：教学本是教师、学生、作者、文本之间的多重对话，即使同一个文本，也可以有多元的个性解读，课堂应该呈现一种开放的态势。以前的语文教学中，教师强调"求同"太多，提倡"求异"太少，唯教材是从，唯教学参考资料是从，唯教师是从。低水平的，照本宣科；高水平的，设置陷阱，层层设诱，也无非想把学生的思维引到教案上来，引到标准答案上来，久而久之，学生会对教师的发问保持一种警惕，怕自己成为教学活动的傀儡，成为大家嘲笑的对象。这两种做法都扼制了学生个性发展，后者的危害尤为严重。

现代教育技术之一的多媒体手段如今获得了越来越多教师的青睐。然而，出示问题的时候，教师疏于启发、引领，轻易地把答案也一并公之于众，造成了学生懒得思考，懒得个性解读，认为只要稍等片刻，就能随手记下，回家读一读，记一记，保证可以考个高分。个别学生买来大量参考资料，作业时乐于“搬运”，教师却一无所知，也不闻不问，漠然视之，或者为作业的“高质量”而一时暗自高兴。我曾多次发现，出售教辅资料的书柜前，就数学生最多，有认真看书的，也不乏埋头抄写答案的——不知这是喜剧还是悲剧。长此以往，学生个性解读的兴趣、意识、习惯肯定将丧失殆尽。

瓶颈之三：学业评价手段不合理。

评价是促进学生个性解读的良好手段。但有些教师过分强调目标的“集中、明确、具体”，与郑人买履一样，宁信度，不信鞋，只信标准答案，不信真实的个性解读。这种不信任，本质上是源于不自信，担心自己缺乏能力，无法面对学生的个性解读，怕出洋相。也有些教师过分强调“量化评价”，忽视“定性评价”，把评价内容与评价标准细化到一个字、一个词，削足适履，僵化刻板，不敢越雷池一步。

这些不良的评价手段，极大地损害了学生的个性解读，使学生陷入学习的沼泽，把许多貌似离经叛道实则闪耀创造火花的独特感悟扼杀在了萌芽之中。我们不幸看到，解读中，丰富的想象没有了，独特的创造没有了，旺盛的生命力没有了。特别在“一切为了考试”的白色恐怖下，教学目标异化成了考试分数，导致大量重复、机械的练习，剥夺了学生个性解读的时间和精力，销蚀了个性解读的心理需求，学习成了一潭浮着斑斓油渍的死水，成了一种苦不堪言的人生折磨。有这样一个例子：“淡黑的起伏的连山，仿佛是踊跃的铁的兽脊似的，都远远地向船尾跑去了”句中，“踊跃”一词好在哪里？学生答道：“这句话运用了拟人手法，说明船行速度之快，也衬托出看戏人心情的急迫。”能从修辞、特定情境、心态出发，作了细致分析，说明学生的解读比较成功(这还算不上真正的个性解读)，但由于不符合标准答案的“把山写活了”，被“理所当然”地判为错误。这不能不说是文本解读的莫大悲哀！

那么，怎样打破这些“瓶颈”，放飞学生思想呢？

策略之一：营造课堂生活化氛围。

课堂是学生学习的主要场所，形式上有相对的封闭性、独立性，但绝不可能与社会、自然完全割裂开来。只有把课堂当作现实生活的一个缩影，一种折射，积极营造生活化的课堂气氛，为语文学习注入鲜活的社会生活、时代气息，体验生活的乐趣，课堂才会充满活力。

首先是引社会生活之源。“问渠哪得清如许，为有源头活水来。”报刊、电视、网络等传媒日益发达，早已渗入每一个社会成员的骨髓。它们不断呈现着丰富多彩的生活状貌，传达着具体而微的生活情趣，对学生来说，就像磁石一样，具有莫大的吸引力，根本就没有理由被阻绝于语文课堂之外。只要根据语文交际场教学理论、默会知识理论，把充满活力、魅力的生活“活水”引入课堂，找准文本生活与现实生活、学生生活的对接点和对接渠道，让学生充分感受现代社会扑面而来的清新气息，才能真正建立个性解读的认知基础和心理保障。

对于因时代久远而陌生化的学习内容，教师一定要通过多种途径，降低学生认知、体验、感悟的门槛，比如多媒体手段，播放录音、录像、电视和电影的片断，比如提供类似的其他读物，努力把当时社会的特定状况真实形象地呈现出来，帮助学生在头脑中形成与之相关的信息联系，从而建构新的认知、体验和感悟。如上《人民解放军百万大军横渡长江》一课，播放《百万雄师过大江》的新闻视频、故事片《渡江侦察记》片断；上《芦花荡》一课，播放《地道战》《地雷战》《狼牙山五壮士》《南京大屠杀》《雁翎队》等视频短片；上《就英法联军远征中国给巴特勒上尉的信》一课，播放故事片《火烧圆明园》片断。这样，使学生对相关历史事件产生丰富的感性认识，拉近与生活的距离，从而为个性解读做好充足准备。

其次是践行社会生活之路。要活跃课堂生活氛围，就必须经常性地让学生深入社会生活，而综合性学习是一种很好的方法，它基于学生源自生活的直接经验，体现了对知识的综合运用，是一种以学生的经验与生活为核心而组织起来的综合课程。它弥补了学科课程的不足(如教学环境狭窄、脱离社会生活、忽视学生兴趣爱好等)，使学生兴趣得到满足，个性得到发展。有了这些直接经验，进行个性解读才有了坚实的台阶。

教师要重视综合性学习，组织学生参与活动，落到实处。像联系自然生活的“感受自然”“寻觅春天的踪迹”“雨的诉说”；联系社会生活的“世界何时铸剑为犁”“到民间采风去”“背起行囊走四方”；联系自身成长的“说说我自己”“成长的烦恼”“青春随想”；联系民族文化传统的“献给母亲的歌”“莲文化的魅力”“中国的传统节日”；联系科技生活的“月亮上的足迹”“科海泛舟”等，无不拿来作为学习生活在社会、自然中的有效拓展，构成个性解读的触发点和生长点。为了领会《桥之美》中独特的艺术情趣，我利用课余时间，组织学生跑遍了小镇，将石拱桥、平板桥、斜拉索桥、廊桥等大大小小、形状不一的桥全都记录下来，并且说一说、写一写这些桥所体现的中国传统意韵的美；还带学生参观了中国第一座跨海大桥——杭州湾跨海大桥，切身感受改革开放以来国家社会进步、经济腾飞的雄壮与豪迈。

策略之二：讲究愤悱的艺术。

基础教育课程改革的背景下，教师的角色得以重新定位，不再唯我独尊，高高在上，而成了一名“组织者”“引领者”，成了学生学习的伙伴、生活的导师；学生也不再是“知识的容器”“会走路的书橱”，而是一个个个性飞扬的生命。教师必须时刻关注他们鲜活的生活状态，科学发掘、引领学生，努力释放他们个性解读的潜能。

首先是激发学生展开想象。语文学习侧重于形象思维，而形象思维中，想象又处于核心地位。充分展开想象，必须以丰富的生活经验和细腻的情感体验作为依托，这又势必使想象浸染上强烈的个性色彩。反过来，个性化的想象又极大推动文本的个性解读。我们无法臆测，没有想象的语文学习会是什么模样，会产生什么效果。学习《孔乙己》时，我对学生说：“孔乙己这样特殊的人落得怎样的一个结局？鲁迅先生没有直接写出来，而是留下了一个悬案。现在，大家有没有这个信心和这个能力，做一回鲁迅，填补这个空白?”学生的想象之火一下子被点燃了，他们奋笔疾书，匠心独运，一个个具体场景在纸上浮现：风雪弥漫，衣不蔽体，以手代足的孔乙己呼天抢地，辗转反侧，满怀绝望，冻馁而死，少顷，大雪纷纷扬扬，遮住一切，落了片白茫茫大地真干净；秋风萧瑟，残阳如血，孔乙己喃喃作声，伸出双臂，想要抓什么，却停在半空不动了，身边落着一本破书、一个酒碗；街头，众恶奴拳脚相加，丁举人狰狞冷笑，路人如看耍猴，一脸鄙夷，无一出救，孔乙己口喷鲜血，饮恨而亡。这些体现个性化的想象，在教师的巧妙激发之下，立足于个性解读，又给予个性再现，收到了良好效果。

其次是帮助学生多元思考。美国实业家罗迦·费·因格指出：“事物的正确答案不止一个”，“如果你认为正确答案只有一个的话，当你找到某个答案以后，就会止步不前。因此，不满足于一个答案，不放弃探求，这一点非常重要。”他告诉我们，思维发散性、创造性的特征，正是个性解读的理论依托之一。任何直线性思维，往往导致解读的浅薄与空洞。在这种情况下，教师要指导学生从比较、抽象、综合等思维规律出发，进行多方面、多角度的解读，寻求解读的多元化，以激发学生自主学习的积极性，培养学生的个性化的思想品质。如《故乡》一课，我引导学生进行多元建构：从生命意义角度出发，“故乡”是中国人精神状态的反映，表现了旧中国普通民众的生命和活力的被摧残、被扼杀；从社会角度出发，表现了旧中国愚昧、落后、贫穷的轮回；从政治角度出发，表现了辛亥革命的不彻底性；从人性角度出发，表现了作者对人与人之间纯真关系的渴望。这样的建构，便于学生掌握发散性、创造性思维的基本特点，实现能力迁移，为他们独立地个性解读服务。

让学生个性解读，教师必须先要有独立的个性，教学有个性，教学内容的取舍有个性，教学方法的选择有个性。没有个性的教学，就无法培养和发展学生的个性解读能力。只有重视个性化的教学，才能像苏霍姆林斯基说的那样，使学生“丰富多彩的个人世界展现出来”，而不至于被程式化的学习生活“磨灭了各自的差异性”。

策略之三：鼓励学生自主解读。

苏霍姆林斯基说：“有300名学生就会有300种不同的兴趣和爱好”，这些兴趣和爱好，决定了学生对解读方法的自主取舍。要实现学生的个性解读，教师就应该让他们根据自身学习的需要，确立自己最满意的学习方式。

第一，自主选择学习内容。把学生当作阅读活动的主体，进行个性解读，就应该让他们依据自身需求，自主选择学习内容，教师只需努力留存或开放学生思维的时空。比如，通过“你最喜欢的语段是什么?”“你感触最深的是哪一句话？说说你的理由”，“你是如何看待这个问题的?”“试着为××列举几条理由，或提供几个事例”等开放性问题，激发学生独立思考，作充满个性色彩的解读。

学习《社戏》时，有位教师提问：你最喜欢文中哪一段(或人、或事、或景)，请任选一个，谈谈选择的理由。有学生说：“我喜欢阿发偷豆这件事。因为偷豆的孩子很纯真。”老师说：“偷这种行为好吗?”其他学生纷纷举手，说：“情有可原。看了大半夜的戏，大家肚子饿了。”“这块地里的豆大。”“这是请客，怎么能算偷?”“六一公公是邻居，好商量，没关系的。”“六一公公很高兴呢，文章开头不是说，一家的客也就是大家的客?”“这豆是阿发自己家的，拿自己家的，不算偷。”“小孩子做事无所顾忌，没考虑这么多。”“大家看重的不是豆，而是小伙伴的友谊。”显然，由于尊重了学生对学习内容的自主选择，避免了教师烦琐的讲解，又激发了学生个性解读的兴趣，读自己想读的句子，说自己想说的体会，解读充满了少年的童趣浪漫。

第二，自主选择学习方法。没有最好，只有更好。因人而异，是科学运用学习方法的关键。最适合个性特点的学习方法，才是最好的方法。教师必须充分尊重学生的个性选择，有意识地指导学生运用自己所擅长的方法进行有效学习。学习方法很多，或诵读吟咏，或圈点勾画，或旁注眉批。即便发现问题，也可以采用反常处质疑、矛盾处质疑、比较式质疑、逆向式质疑、追问式质疑，于无疑处质疑。教师只是一名“菜单的提供者”，尽量提供学习方法。无论哪种，只要能促进学生个性解读，读出自己独特的感悟、体验，都允许试一试。

第一届浙江省语文“优质课”展示活动，有位教师上《竹影》。临近末尾，学生领略了丰子恺童年的生活情趣后，教师设计了一次课堂训练：“如果用艺术的形式表现我们的童年，你会选择什么内容？选择哪种方法？试试你的才华吧!”在教师富有鼓动性的感召下，学生跃跃欲试：内容上，有的选择一场游戏，有的选择一首儿歌，有的选择一件趣事，有的选择一句童言；方法上，有的想画一幅漫画，有的想做一篇美文，有的想谱一曲歌词，有的想写一首小诗。学习方法的自主选择，极大激发了学生学习的能动性，充分展现了学生的个性品质。

策略之四：优化解读评价手段。

这一策略的核心，是允许、宽容学生有不同的见解和思辨。根据布鲁姆的多元智能理论，教师不能以自己的一孔之见、教参的一家之言，轻易做出评判。哪怕学生的个性解读比较幼稚、模糊、片面、错误，也要给予应有的鼓励。因为，个性解读无罪，敢于质疑可贵。陶行知先生说的“你的教鞭下有瓦特，你的冷眼里有牛顿，你的讥笑里有爱迪生”，足以引起教师的深刻反省。

在大力推进基础教育课程改革的今天，对学生个性解读的评价越来越受到重视，并在不断加以改进。课堂上，更多教师对学生的精彩发言时时报以真诚的祝贺与鼓励，我们也更多地听到了学生个性化的真知灼见。在书面测评中，关注学生的个性解读也日益体现。早几年的浙江省语文阅读竞赛初赛(初中组)有一道题如下：“你觉得，这里(指《社戏》中月下行船时的夜景)的写景蕴含了作者怎样的感情?”参考解读即有三种：一是对童年美好生活的回忆和留恋的心情；二是对故乡之梦的具体描绘，蕴含其中的是对故乡的一腔挚爱；三是作者心中理想，作者追寻自然之心，探索的是人与人合乎天性的发展。这样的开放性评价，放飞了学生心灵，符合学生个性解读的内需，必将促进语文能力的多元生成。

当然，凡事不能矫枉过正。文本解读的对象具有一定的客观性，一千个读者就有一千个哈姆雷特，但是，无论怎样解读，都必须始终指向文本核心，哈姆雷特也绝不可能成为嗨姆雷特、哼姆雷特。学生不可能脱离生活的本质、课文的客观内涵、有意义的知识联系，随心所欲地肢解、误解、曲解、反解。这是违反个性解读的原旨的。我们追求个性解读下的多元解读，但需一个度，超过了这个度，所有的解读都将失去意义。在多元解读之后，教师要帮助学生抽出所有解读中最本质的属性，归拢于文本的核心所在。

顾晓明先生在《阅读的战略》中说得好：“我们要竭尽全力去弄清和把握读物本身的内容、知识或信息，但我们最终所关注的是超越它——提出自己的见解来发展之或扬弃之。”这理应成为语文个性解读的真谛。

三、语文课堂教学的执行力

执行力是近年来比较流行的一个词语。狭义的执行力是指个人的执行力，也就是把想干的事情干成功的能力，或者是个人在达成目标的过程中，对影响最终目标达成效果的所有因素进行整合的能力。许多教学设计实施之后的成效并不显著，往往是执行力出了问题。大多数教师过于强调教学预设，过于注重知识性、理论性的探讨，花了很多时间学习和借鉴最先进的教学策略、教学技巧，而忽略了实际的执行层面，对执行既不了解，又不身体力行，这样，所有的教学预设便毫无价值。其实，决定有效教学的关键在于执行。目标一旦确定，执行就至关重要。没有目标，就失去了方向；没有了执行力，无论事先制定的目标多么宏伟，都无法发挥其应有作用，也就不能保证目标的顺利实现。

(一)二次开发课程

课程的二次开发，是指教师在“以学生发展为本”的课程理念指导下，改变过分依赖教参或他人研究成果等不良习惯，从学生实际现状和发展潜能出发，对课程内容进行有意识、有目标、有步骤的选择、改组或重组，以期使教师“教”的内容不断转化为适合学生学习、有利于学生可持续发展的活的“学”的内容，从其“现有发展区”向“最近发展区”过渡。同时，提炼和加工实践过程中生成的教学典型、有效案例，总结和提升自身与他人的经验，开发和应用校本课程资源，活化教材知识，从而不断变革与创生“教”与“学”，焕发其内在的生命力，促使每位学生都能得到有效发展，满足自身成长和发展的需要。

有位教师执教《在沙漠中心》，通过检查预习和独立解读，找到了一个很好的切入点，使教学过程立刻明朗起来。“我听见自己说：‘这里有一颗干枯的心……一颗干枯的心……一颗干枯得挤不出一滴眼泪的心……’”尤其是反复出现的“干枯”一词，含义丰富，意蕴深刻，既指“干渴”，且已经剧烈到了无以复加的程度，以至于心都枯竭殆尽，再也无法承受生命之重；更指“绝望”，在这寒冷、干旱、令人恐怖的沙漠中心，一切似乎命中注定，所有的反抗只是徒劳。然而，“你可以被毁灭，但不能被打倒。”圣埃克絮佩里内心渐渐平静，想到了曾经的美好生活，曾经的美好理想，曾经的为这美好生活、美好理想而奋斗的日子，便涌起了不甘屈服的斗志，决心“卷土重来”。这颗心再“挤不出一滴眼泪”，实际上是在明白无误地告诉我们：痛苦、绝望并非摆脱困境的良策，唯一要做的，就是“挤出”殷红的血，“挤出”超强的自信，“挤出”生命的热爱，“挤出”不懈的勇气，“挤出”为人类崇高理想的殉道行为。于是，“上路吧，普雷沃！我们的喉咙还没有噎住：我们应该继续走下去”顺理成章地紧随其后，成为收束全文的点睛之笔。

教师运用教育理念、学科经验、人文素养，对文本进行积极感知、理解、评价、创获，其价值在于能够获得对文本的建设性体验，把握文本的多元价值、本质意义。它对于教学行为有着不可替代的在先性，其角度、深度、广度、精度，很大程度上决定了一堂课的生成效果，影响着师生共同解读的效度。

（二）崇尚实事求是

实事求是是教学执行力的核心所在。敢于承认不足，才能虚心学习，取长补短。任何形式的骄傲自满，必将导致教师专业素质的停滞不前。部分教师尚未实事求是，大多是不愿意打开潘多拉的盒子，让弱点无情曝光，使自己处于尴尬地位，成为攻击的对象；或是不愿直截了当地承认自己目前还没有最佳的教学设计、教学手段，想拖延时间，以便寻找行之有效的对策。再者，个别教师不愿意和别人产生正面冲突，怕因为纯粹的工作而造成人际交往障碍，影响个人情感。相信教师只要正确认识合作与竞争的关系，摆正位置，放下架子，抛开面子，真诚合作，定将收获更多。

一位教师执教《盲孩子和他的影子》。刚开始时，他请学生对着空白屏幕做手影，有“狗”“老鹰”“螃蟹”“小鸡啄米”等，然后引入新课，学生却仍然陶醉于游戏之中，久久不能安静。教师很失意，却不知症结何在，便通过坦诚的集体讨论，才知情境创设出了偏差：运用手影，固然能激发学生兴趣，活跃课堂气氛，但与课文“付出爱与享受爱”这一主题不相吻合，无法促进解读，反而转移了学生的注意力。真正的“情境创设”必须符合李吉林老师提出的“形真”“情切”“意远”“寓理其中”四大原则，“从教材中心出发，由教材内容决定情境教学的形式”，“创设一个或一组围绕教材中心展现的具体情境”。于是，他懂得了，“为了激发学生的思维，必须有一个实际的经验情景，作为思维的开始阶段”（杜威语），更懂得了创设情境必须与教学目标、教学内容、教学对象等要素相匹配。只有互为联系，相似性越高，情境才越有价值，才能充分呈现知识的形成背景，营造有效学习的情感氛围，进行有意义的学习。后来，他作了改进，先让学生闭上眼睛在桌椅间走，再请另一位同学扶着他走，第三次是他自己睁开眼睛大步走。这样，从担心，到宽心，再到放心，人在境中，境在人心，感同身受，学习情境紧扣主题，也与“课文描写的那个情境”浑然一体，为有效解读文本打下了良好的基础。

（三）确定优先目标

《义务教育语文课程标准》强调三维目标：知识与能力、过程与方法、情感态度价值观。这是正确的，也是教师教学设计、教学展开的基本标杆。但有些教师理解过于僵化，以为凡设计都必须体现这三个维度，缺一不可。其实，宏观认识与微观操作毕竟是有差异的，教师不可能也完全不必在每个课时中都唯命是从，而应该根据教学进度、学生需要，作出科学的选择与分配。正确选择目标的优先级，将决定着教师在教学中的定位，决定着教师能否愉快、顺利地实现既定目标，更决定着教师能为“教”与“学”做出何种贡献，以及能够获得何种回报。对于具体课时而言，教师应该聚焦于少数几项优先执行的重点上，力求简明务实，让每个学生清楚地理解、掌握与运用。

有位教师上《罗布泊——消逝的仙湖》。导入新课后，他用多媒体出示了三组问题：

1. 以前的罗布泊是什么样的？现在的罗布泊是什么样的？
2. 罗布泊为什么发生这样的巨大变化？你还知道哪些类似事例？
3. 罗布泊发生变化的深层原因是什么？面对这种状况，你会怎样做？

作为中轴线贯穿整个教学的这三组问题却有两个不足。其一，偏重于信息筛选。信息筛选很重要，它是阅读的先决条件。没有信息筛选，或信息筛选不当，就无法正确解读。但阅读的终极目标并非信息筛选本身，而是对信息的整合、提炼、概括、鉴评。其二，问题设计并未完全归位于语文学习，而是基本指向自然知识、社会知识、人与自然和谐发展的世界观等，与语文学习有交叉，更多的却是游离。如果抛开语文书，拿一本相关的自然杂志，或凭已有的知识，学生照样能回答得头头是道。优先确定的目标显然不太妥当，存在着语文教学泛化的倾向，许多本来并不属于语文学科的内容，有意无意间由教师煞费苦心地包揽了。

教师不必想着样样都去做，样样都负责，宁肯多讲一万，不敢放过一个，要是什么没给学生讲到，便潜滋暗长了“误人子弟”的犯罪感。教师不妨换个角度，从语文学科本位出发，深入考虑哪些内容教师不多讲、不多做，效果反而更好些。如果重新定位这三组问题，以字词句篇为基础，以熏陶涵养为目的，“养成阅读书籍的习惯，培养欣赏文学的能力，训练写作文章的技能”（叶圣陶先生语），语文学习也许更有效一些。

（四）充分注重细节

执行无小事，细节之处才能看出真功夫。课堂是由一个个具体而微的细节构成的。细节处理不当，很可能“一颗老鼠屎坏了一锅粥”，产生不良的蝴蝶效应，影响整个教学。对教师而言，教学的技巧并不在于能预见到课的所有细节，而在于根据具体情况，巧妙地作出相应变动。当然，注重细节并不代表事必躬亲，这会使学习失去意义，学生很难有成就感，更严重的是他们得不到教师的信任，长此以往，容易钝化学习的能动性与创造力。

细节大致分两种。

一是静态的，多指文本。教师要像探寻金矿一样，善于发现文本中不易觉察的细节，以生成富有教学意义的资源，让学生主动探究，发现真知。教学《乡愁》时，我发现诗中“小小的”“窄窄的”“浅浅的”几组词语运用反衬手法，突出诗人乡情之浓、之大、之深，但“矮矮的”是否也起着相同作用？思索良久，发现窗前柳丝轻拂，心中豁然开朗。我问学生：“我们这儿的清明节有哪些风俗？”学生说：“上坟。”我说：“上坟时经常做什么？”学生说：“给坟头添一把土。”我顺势而下，说：“诗中用‘矮矮的’一词表明什么？”学生说：“诗人长久没上坟了。”我进一步启发：“诗人远离了家乡，小时候，可以写封信向母亲倾诉思念；长大后，可以买张船票时时回家，与妻子共享欢乐；而现在，不但与母亲阴阳永隔，而且连回乡上坟添一把土都无法做到，其情之悯、其悲之切，不让我们读者产生强烈的震撼？”学生的阅读情感由此得到了充分激发。

二是动态的，多指师生活动。教师要多元、立体地展开思维的整个过程，有机渗透学法，促进学生语文能力的发展。做到这一点，教师必须精通学科知识，熟练掌握学科技能，培养自身的课堂教学艺术，包括教学语言、教学组织、教学技巧、教学机智。同时，克服急躁与浮躁，给予学生尽量多的希望与等待。所有的方法，必须依附于具体语境的理解和运用之中，无法单独剥离出来，因而展开过程的唯一目的，就是让学生全面、深刻地了解知识、方法产生和运用的全部过程，从而获得能力的迁移与强化。

有位教师上《散步》，给予了下列任务：“从文章中找出你认为最精彩的地方，读一读。”然后出示例子：“对‘我们在田野上散步，我、我的母亲、我的妻子和我的儿子’一句话，人们有很多种理解：A. 点明故事中的地方、人物；B. 一家四口一个一个罗列出来，说明谁都很重要，流露出浓浓的亲情；C. ‘我’排在第一个，表明‘我’的家庭责任感很强；D. 句式优美，体现出庄重的色彩。”由于目标指向、操作方法不够明确，缺少认知形成的过程与方法，学生从人物到景物，从情感到词语，东拉西扯，过于随意，效率不高。其实，例子中的四个结论可以分为内容、形式两大模块：内容方面，包括主题、细节、人物等；形式方面，包括语言、修辞、结构等。通过梳理整合，分门别类，形成一个比较周全的知识体系，学生就容易掌握。

（五）及时诊断矫正

准确地说，课堂教学不是一个过程，而是一个流程。过程，在于一个“过”，表现的仅是一种时间状态，而“流”则强调一种动态生成。不仅教师运用各种方法技巧，引导学生启动思维，探疑求解，而且学生也在能动地沿着教师指导的方向，自由展开思维，有时愤悱、激荡起来，思维超越了教师的指导，独立发现了一片美丽的新境界。师生之间互为促进，互为提升，随着学习进程的充分展开，更加趋于流畅，开阖自如：学生技能在增强，情感在丰富，思想在成熟，呈现一种斑斓的变化，一种持续的发展，一种质的提升。

这个流程也难免出现曲折、停顿、回转；或者学生的思维发生偏离，陷入迷茫、混沌状态。教师就要及时诊断，了解原因，是学生自身知能不足造成的，还是教师自身教艺不精造成的？如果是教师造成的，结局也许危险得多，因为很多教师不愿主动揽下责任，而喜欢推诿给别人，埋怨学生不用功，缺乏正确方法。这种教学态度，势必进一步使得教学流程向着更加危险的方向发展，直至不可收拾。因此，遇到教学流程不够顺畅，教师要把学习任务的着眼点放在学生的真实能力上，把教学流程的推动力放在学生成长的实际需求上，把影响学习的阻碍力归咎于自我的执行水平上。

曾听一位教师上《云南的歌会》。他从题目入手，以当下的歌星演唱会为参照，要求学生默读课文，找出云南歌会的具体场景。大约四分钟后，学生一一回答，教师归纳并板演：山野、山路、村寨。接着，教师要求学生"用一个词语概括这三个场景的不同特点"，孰料课堂陷入了寂静，学生都低头不语，或者左顾右盼。教师费尽九牛二虎之力，仍不见多少起色，只好赤膊上阵，在多媒体上直接呈现"山野对歌""山路漫歌""山寨传歌"的标准答案。课后，我问一位学生："'漫歌'的'漫'是什么意思?"那位学生眨巴着眼，支吾了一阵，仍说不清楚。后来，与这位教师一起分析，才知道问题出在自身教学理念的模糊与教学行为的偏差上。教学目标绝不等同于教学计划，更非教师一厢情愿的理想彼岸，而是学习者通过学习以后预期产生的行为变化。也就是说，教学目标的达成不是教师所能完全控制的，它建立于学生的学习行为之上，并由学生学习行为的改变而改变。

提高教学执行力，无论如何要把学生的发展需求放置于第一重要的地位。如果没有顾及学生文本解读的实际情况，没有考虑思维活动的内在逻辑，一下子提高问题的难度，跳一跳也摘不到，就会影响学习的效率。其次，关注教学行为的导向性、连续性、整体性，是教学诊断的基本方法。教师在目标的正确引导下，寻找重点、难点、能力训练点，分清解读的渠道与层次。教师应该心知肚明：问题设计的基点是什么？问题的指向又是什么？各个问题怎样在点线面之间建立必然的意义联系，才能防止前后脱节的现象，并逐级建构，生成更高一级层面上的新知识、新能力，并在各模块之间实现有效的迁移与强化？

(六)评价促进发展

评价的目的、功能众说纷纭，但归纳起来只有一句话：评价为了发展。教师可以创设良性竞争的机制，在矛盾发生、冲突与解决的过程中，鼓励师生之间、生生之间的评价乃至争辩，触发学生学会反思、能动反思，形成多元认知、多维对话，激活创新思维。即使看似错误的生成，也要及时做出合理的价值判断与有效引导，使生成在评价的推动下，凸显其中的思想财富。这是课堂教学的最高价值体现。

上《音乐巨人贝多芬》时，我问：“‘贝多芬穿着十分陈旧，似乎很长时间没有洗’这个细节表现出人物思想性格方面的哪些特征?”有位学生语出惊人，说：“贝多芬有音乐大师的风度。”全班同学立刻哄堂大笑。哲学家柏格森认为：直觉是实在的绵延、瞬间的体验。我不想轻易放过这个生成，就追问道：“凭什么做出这样的判断?”那位学生振振有词：“没看见娱乐界凡称‘大师’的，哪个不是头发长乱，胡子拉碴，穿着怪里怪气的？他们常以此标榜自己有风度。贝多芬这副打扮，想来也是这个原因吧?”我说：“推断需要证据。”于是，大家再次仔细阅读文本，找到了“失效的助听器”这个细节，体会到贝多芬这身穿着，并非为了摆显，而是贫困所迫。由此可见，教师不能利用自身“权威”作简单处理，而应发挥主导作用，沟通认知桥梁：一方面，尊重学生已有的认知、态度、情感、价值观；另一方面，妥善运用方法，引导学生关注文本本身，关注千变万化的社会生活，辩证看待历史，学会正确评价。

评价既不是简单的肯定、赞扬，也不是武断的否定、讽刺，必须掌握分寸。任何事物都有两面性，给予一部分学生肯定性评价，意味着另一部分学生将得不到肯定性评价；给予简单而又没有充分理由的评价，也意味着这种评价的唯一意义只是给课堂增加一些浮浅的热闹。有人说，那些经常没能得到肯定性评价的学生，往往会认为自己“不够好”“很差劲”，这种不良的自我心理暗示会给他们带来潜在的伤害；教师意识到这一点，转过来对全体学生给予过分慷慨的肯定、赞扬，却依旧适得其反，学生照样能看出其中的实质，把不自然的、不应得的或华而不实的肯定与表扬和真相鉴别开来，并逐渐产生反感：教师是在别有用心，是在冷嘲热讽。这样，对学生学习，对教师完成教学任务，都是相当危险的。

提高教师课堂教学执行力的因素还有很多。不管怎样，教师都要虚怀若谷，无论何时何地，始终抱着这样一种心态：我不是权威，我不是真理；我只是学生接近真理的帮助者。提升课堂教学执行力的根本，只能来自于用心学习，留心积累，记取自己以往的经验，接受他人经验的传授，不断增厚思想文化底蕴。

四、基于文本预解读的教学设计

决定教学设计的有教师素质、学生学情、教学资源和教学环境四大因素，而教学设计的立足点是文本预解读。所谓文本预解读，是指教师运用一定的教育理念、教学思想、学科经验、人文素养，预先对文本积极感知、理解、评价、创获的过程，其价值在于教师预先获得对文本的建设性体验，把握文本的多元价值、本质意义。预解读之于教学设计，有着极其重要的作用，其角度、深度、广度、精度往往影响着师生共同解读的效度。

对于文本预解读，教师或多或少地存在着认知与实践上的误区，有研究者将之概括为以下四种类型。首先是模式化。文本作者不可能为了迎合受众的思想价值和审美取向，而牺牲自身的独立品格。他们往往通过个体意识来体悟普遍的生命意识，因而文本中倾注了极为强烈的个性色彩。这种个性化的文本具有强烈的穿透力和生命力，并根植于文本的精神骨髓之中。然而，一般的读者接触文本，多半凭借曾经的阅读体验和方法，或者由于思维定势，简单地用以往的阅读经验指令新的阅读行为，进行模式化的解读。如《斑羚飞渡》一文，多以为是在歌颂老斑羚特别是镰刀头羊的自我牺牲精神，却忽视了文本对漠视生命、将残忍当壮美的丑恶人性的批判。其次是浮躁化。教师“由于对教材的解读不深，教学时还是带着自己的简单理解”，仅仅满足于文本的表象，却忽略了文本的本原性、内隐性，没能准确把握文本实质，没有深刻领会文本主旨，体味言下之意、言外之意。有位教师上《紫藤萝瀑布》一文，课后研讨时，有人问：“课文一共写了几棵紫藤萝?”开课教师一时回答不上来。其实，整篇课文只写了两棵紫藤萝：一棵是作者眼下的充满生命力的那棵，另一棵则是作者记忆中的曾经蓬勃而又被毁损了的那棵，两两对比，深刻揭示了作者对生活的切肤感受与哲学思考。再次是功利化，上《金色花》《荷叶》时，教师强调两文都运用了比喻，以形象生动地歌颂母爱，然后让学生记住，以备考试，而没有随机上升到一种情感之美、伦理之美、人性之美。最后是政治化。凡解读，习惯于往政治上靠，往“高、大、全”靠，做无谓的拔高，仿佛越政治越正确，殊不知生硬的政治图解容易于无形中消弭了更为可贵的人类所共同珍惜的普遍的道德品质。如讲《孔乙己》，言必称当时的社会是“一个势利、冷酷、虚伪的阶级对立十分严重的社会环境”，小说“揭露了封建科举制度、封建等级制度对人性的摧残”。事实上，鲁迅先生自己也认为这无非“是在描写一般社会对苦人的凉薄。”正因为预解读的种种偏差，致使教学设计出现偏差，导致教学的低效、无效甚至负效。

那么，怎样进行预解读，以提高教学设计的效度呢?

（一）揣摩文本，把握精髓

王荣生教授指出，从稍微狭窄一点的意义上来说，阅读意味着它是对某一特定文本进行解码和解释的具体而自愿的行为。好的阅读教学，基于合适的文本预解读，即依据体式的文本预解读。有了这样的预解读，教师才会胸有成竹，教学设计才是合理的，是真正指向文本阅读取向的。

例如，《台阶》一课。有位教师通过预解读，发现"父亲"并不仅仅为了造一幢新屋，起一个九级台阶，而是一种基于精神的冒险与挑战。透视"父亲"的毕生追求，我们看到了人生与命运的搏斗——在生存的困境面前，人类精神上的自我超越，必然遭受各种外在因素的凝滞与干扰。这是"父亲"的尴尬，也是中国农民个体生命乃至群体生命的尴尬。于是，这位教师设计了三个问题，既追本溯源，又延伸拓展，使学生的阅读既植根于文本，又充满强劲的张力。第一问：准备是漫长的，动工是兴奋的，完工是喜悦的。文中哪个细节令你感动，读懂了一个什么样的父亲？学生的生成丰富多彩，如"一个艰难辛苦的父亲""一个目标明确、行动执着的父亲""一个不甘人后的父亲""一个一丝不苟的父亲"等。第二问：面对这样的父亲，你产生了怎样的情感？学生纷纷回答：是"佩服""尊重"，"还有感激，感激父亲告诉我们如何生活"。第三问：你日常生活中有无这样的体验？请回忆一下自己父亲的日常生活画面，说说哪些细节让自己感激？教会了你什么？学生思维更加活跃，打开记忆闸门，调动已有的默会知识，说道："父亲教我骑自行车""父亲带我去看病""父亲教我学游泳""父亲帮我解答奥数题，一直奋战到半夜"。在这样的展开过程中，学生丰富了对文本的体验，加深了对父亲的认识。

（二）走进作者，由人推文

刘勰《文心雕龙·知音》篇说："夫缀文者情动而辞发，观文者披文以入情，沿波讨源，虽幽必显。"文本是作者思想情感的外化，无论叙事写人，怀古伤今，都寄寓着作者强烈的思想感情，或张扬外显，或含蓄内蕴，凝结成文本的灵魂。然而，由于作者际遇、情趣以至对人事景物观察角度、思考层次的不同，感受也自然不尽相同。只有触摸了文本的灵魂，我们才可以说是"与作者精神独往来"了。一个好的读者，应该懂得"人生得一知己足矣"，尊重隐藏于文本背后的作者，享受"思接千载，视通万里"而触发的阅读快感，而不会仅凭自己的主观臆断去篡改、阉割。这就要求教师进行必要的准备，了解作者身世，准确领会作者的情感内核。

例如，通过预解读，我们发现曹操的《观沧海》与杜甫的《望岳》很有比较的点。两者大气磅礴，境界高远，洋溢着一种昂扬奋发的精神。但细细品读，仍觉察到两者的微妙差异。曹操是杰出的诗人，更是杰出的政治家，有“王者气概”。建安十二年(公元 207 年)，曹操北征乌桓，大获全胜，踌躇满志之际，途经碣石，策马上山，遥望渤海，回想自己功盖寰宇，意气风发，于是挥毫写下《观沧海》。杜甫只是一名纯粹的诗人，虽担任过左拾遗、检校工部员外郎，但多为虚职。他身上透露的是一种天赋的“诗人气质”，面对草木山川，多的是一种欣赏，一种陶醉，一种青年人与生俱来的澎湃热情。教师不妨这样设计：一、找出两首诗中同样表达胸襟开阔、志向高远的诗句。前者是“日月之行，若出其中；星汉灿烂，若出其里”，气吞山河，志满意得，体现了普天之下非我莫属的雄心壮志；后者是“会当凌绝顶，一览众山小”，表达了对大好河山的赞美，暗含对自己未来人生的热切企望。二、他们登上山巅了吗？哪些诗句中可以体会出来？从“东临碣石，以观沧海，水何澹澹，山岛竦峙”，我们看出曹操已登山巅；从“会当凌绝顶，一览众山小”，看出杜甫并未登上山巅。三、结合诗人生平，说说这样的描述，流露出他们思想情感方面的哪些差异。已登山巅，说明曹操写作此诗，是一种壮志得遂、睥睨环宇后的恣意宣泄；而杜甫未登山巅，只在表达为景触情、即将踏上人生旅途时的一种尚较模糊的人生愿景，基调不可相提并论。

(三)还原时代，正确认知

文学作品的创作，都源自于特定的历史与社会环境。什么样的历史社会，就产生什么样的文学作品。文本中的人物事件与其所处的时代背景有着极为密切的关系，只有论其世，了解特定的时代背景，才能正确把握作品的思想内涵。任何简单粗暴的以今推古、以古证今，都是机械、片面、僵化的思维方法，也是文本阅读的忌讳。

例如，冯骥才的《好嘴杨巴》，写的是民国时期的天津卫。与北京相比，天津少了皇家贵族气，多了市井俚俗气。冯骥才在《〈俗世奇人〉序》中说：“天津卫本是水陆码头，居民五方杂处，性格迥然相异。然燕赵故地，血气刚烈；水咸土碱，风习强悍，近百余年来，举凡中华大灾大难，无不首当其冲，因生出各种怪异人物，既显耀上层，更在市井民间。”由于旧中国统治阶级的高压政策，尽管杨巴“这种嘴上的功夫和应对的机敏，也是手艺人在旧时代复杂的权力关系和时局中能够存身立足的必需”，但是，“以牺牲自己的人格做代价，此刻泥人张为代表的手艺人那种孤高、耿介、自尊的人格已荡然无存，有的只是生存空间遭到挤压之后的人格扭曲，有的只是面对生存困境时的顺时应变”，使得人的“本性”更多地变成“奴性”，“逢场作戏、八面玲珑、看风使舵、左右逢源”。如果教师不认识到这一点，反而津津乐道，并且灌输给学生，岂非与现在的构建和谐社会、民主平等思想背道而驰？教师可以如下设计：一、杨巴的嘴"好"在哪里？目的是体会杨巴的嘴"好"在敢说、会说、巧说。二、辅以两个材料：温家宝总理阐述两岸关系、于丹教授妙说夫妻关系，要求学生进行比较，说说自己如何评价杨巴这张"好"嘴，从而培养批判能力，树立正确的人生观、价值观。三、完成小作文：过年时，杨七和杨巴燃放烟花爆竹，杨七燃放的鞭炮斜冲到对面店里，歪打正着正在吃饭的杨九。杨九的新衣服破了，手上的碗也掉到地上，碎了。面对此情此景，杨九会怎样？杨七和杨巴又会怎样？写一个片断。这三个设计，由文本拓展至社会，富有时代性、生活性、情景性，在强化学习目的、学习能力的同时，有效渗透了情感态度价值观教育，使学生认识到国家、民族、社会构建和谐的重要性。

（四）涵泳境界，提升文化

仁者见仁，智者见智。视野狭隘者，只能狭隘地解读文本，思想肤浅者，只能肤浅地复制文本内容。没有文化底蕴的技巧，充其量是中看不中用的花拳绣腿，暴露的恰恰是教师内心的空虚；没有文化底蕴的教师，往往奉教材、教辅资料为天经地义的金科玉律，鲜见大开大阖之气，一旦完全脱离，很可能连课都没办法备、没办法上。武学的最高境界，乃是修炼至二脉贯通，三花聚顶。教师需要不断涵泳，以自己的才学，对语文进行独特而深刻的体悟，跳出教材、教辅资料，跳出陈旧方法，跳出思维定式，跳出鲜明的个人风格，跳出一个语文教学崭新的天地。

上《吆喝》一文时，很多教师常常把注意力集中于吆喝的模仿，以体察文本的京韵味，却忽视了吆喝声中北京底层百姓的生存状态，忽视了文本内蕴的对传统文化日渐式微的追念与惋惜。若要鸟瞰式地预解读文本，把握精髓，教师可以这样操作：一、课文为什么引用两位外国友人的评述？因为只有中国的，才是世界的。这种富有中国传统文化特色的民风民俗，是整个世界文化中不可或缺的一部分，应当引起大家的高度重视，切实给予保护和传承。二、从文末"现在北京城倒还剩一种吆喝"的"剩"字中，你能体会出怎样的感悟？一个"剩"字，看似信手拈来，实则匠心独运，大智若愚。它像一位渐行渐远的风语者，在荒凉的大地上，留下一道长长的孤独背影，散发出无穷的怀念与惋惜。三、结合"只要兜里还有个制钱，一听'烤白薯哇真热乎'，就非买上一块不可。一路上既可以把那烫手的白薯揣在袖筒里取暖，到学校还可以拿出来大嚼一通"这个细节，你怎样感受这种独特感情？我们针对"只要""一……就""非……不可""烫手""揣""大嚼一通"等重点词语，咂摸烤白薯的热香、"我"快意咬嚼的模样、对烤白薯的钟爱，便能印证"过去的一切都会成为亲切的怀恋"的道理。教师还可以引入萧乾《北京城杂忆》中的几段议论，如"我是站在今天和昨天，新的和旧的北京之间，以抚今追昔的心情，来抒写我的一些怀念和感触”，“近来我又想：一个城市要赶上时代，有些东西就得忍痛牺牲掉。什刹海吃不着河鲜了，七月节也不再放荷灯。要现代化，就得扔掉些东西。然而也不能全扔光了啊!”以帮助学生深刻体会一个良知未泯的作家从心底呐喊出来的对传统文化的大声“吆喝”!

（五）领会编意，整体统领

文本与文学作品既有共同点，也有不同点。进入课本，成为教学文本，并不因其文采出众，而是因为符合了编者的某种意图，接受了编者的预解读，渗入了编者的体验与思考。课堂于是成了不但与文本本身、作者、作品时代背景等元素共同对话的“场”，也成了与编者对话的“场”。特别是人教版采用主题式单元编写模式，选定这篇而舍弃那篇，确定这一篇为精读而另一篇为略读，包括文本前的导读语、文本后的练习设计，无不烙有编者的主观倾向。这也是文本解读多元化的重要成因。所以，解读文本，决不能忽视编者的存在。

例如《女娲造人》一课的练习设计：

> 课文是作家袁珂根据《风俗通》里的两则短文改编的，下面是这两则短文的译文：“通常说天地开辟以后，还没有人类。女娲揉团黄土造成人。这项工作太费力了，女娲忙不过来，就把一根绳子放到泥浆中，拉出来，溅出的泥点子就成了人。”“女娲在神祠里祷告，祈求神任命她做女媒。于是女娲就安排男女婚配。”
>
> 看看课文丰富了哪些内容，哪里最能见出作者的想象力。

有些教师缺少对所有资源的整合贯通，仅仅为了练习而练习，没有把它作为文本预解读的重要资源，影响了课堂教学的有效性。教参中的“编者意图”说得明白：筛选出联想想象的内容，与《女娲造人》进行对比，以获得对于联想想象方法、思路的启示。所以，教师可作如下设计：一、熟读这两则材料，与文本比较，找出两者间的异同。显然，文本在原来的基础上增加了以下内容：女娲造人的具体过程；人造出来之后欢欣喜悦的场面；女娲像人一样具有心理活动和喜怒哀乐等情绪；作者的评述。二、情节上为什么会有这些不同？按照马克思的观点，神话是“以通过人民的幻想用一种不自觉的艺术方式加工过的自然和社会形式本身”，其魅力在于通过想象和夸张，形象地解释自然、社会的某些现象和规律。三、请发挥你的想象，给文本作一些补充，以丰富内容，凸显神话魅力。这样的设计，既让学生了解了神话的特点，感受了女娲这位人类母亲的人格魅力，又强化了想象能力。

作为教师，只有不断提高自身的理论素养、思想文化底蕴、实践经验和预解读能力，才能逐次迈入预解读的三重境界：正确的预解读、准确的预解读、有创意的预解读。这应当成为教师提高专业水平、提升课堂教学效益的重要前提。当然，我们也要防止让文本预解读成为某种外在的雕虫小技，更不能靠投机取巧；而且，并非所有的预解读都能够、都有必要成为学生学习的内容。

五、课堂生成的价值判断与有效引领

基础教育课程改革背景下的课堂教学，与以往的最大不同，就在于它具有活泼的生成性，正如苏霍姆林斯基说的那样，“上课并不像把预先量好、裁好的衣服纸样摆到布上去，问题的全部实质在于，我们的工作对象不是布，而是有血有肉的，有着敏感而娇弱心灵和精神的儿童”。教师在尊重学生主体意识、主动能力的前提下，运用各种手段，让他们在自主合作探究的过程中，开放、多元、流动地展开思维活动。另一方面，学生也不再唯教师是从，唯教材是从，迷信于教师居高临下式的说教，而是大胆质疑，挑战权威。他们热情澎湃，有活力，有冲劲，遇到问题，往往不假思索或未等思想充分酝酿成熟，就畅所欲言。于是，我们看到了众多的课堂生成。有时，这些生成确实成为一个个精彩亮点，点燃了课堂激情，催化了学习目标的有效达成。叶澜教授指出，“要把教学过程看作师生为实现教学任务和目的，围绕教学内容，共同参与，通过对话、沟通和合作活动，产生交互影响，以动态生成的方式推进教学活动的过程。”关注课堂生成，驱动教学的有效展开，确实是我们教师教学的核心任务之一。

我们也看到，有些教师矫枉过正，认为生成越多，课堂活力就越强，学习效果就越佳，片面遵循尊重学生、爱护学生的理念，不惜花费大量的时间、精力加以引导，而不去分析一下这些课堂生成是有意义的还是无意义的，重要的还是不重要的。这种对待课堂生成的态度，只不过从一个极端走向了另一个极端，变以往的单向灌输为眼下的一味肯定，都是因为教师缺少必要的怀疑精神，缺少独立的价值判断与有效引领所造成的。

（一）课堂生成价值的正确判断

有价值的课堂生成应具备两个条件：一是生成的过程就是学生自主探究的过程，课堂上即时生成的内容、生成的角度、生成的方法、生成的过程，都是在开放而非封闭、自主而非束缚、灵活而非机械、流动而非僵化的学习环境中自然产生的；二是即时的课堂生成始终在为达成学习目标（包括阶段性目标）服务，凡蕴含有利于学习目标达成，有利于学生思维能力提高的，就是有价值的；背离或干扰学习目标，影响学生思维发展、思想情操的，就是无价值的。一句话，生成的价值与特定阶段内的学生活动、学习目标息息相关。

有位教师执教《杨修之死》时做了一些拓展，目的是“引发学生对历史现象分析的兴趣，也让学生具体感受杨修介入曹氏家族的危险性，同时，把《读〈史记〉之汉武帝》介绍给学生”。她列举的是钩弋夫人这一史例。然而，讲述过程中发生了意外，待老师再三追问，学生才“拼命屏住了笑，老老实实地说：‘我们在计算钩弋夫人是几岁生的孩子’”，而且“全班同学都暧昧地笑了”。显而易见，这样的生成，游离了本节课的既定目标、既定学习内容。学生没有关注封建统治集团内部的政治斗争，这种斗争是这样残酷，以致亲情沦丧，骨肉相残，而暗地里对当时妇女几岁生小孩津津乐道。教师的“断喝”可谓当机立断。不管价值如何，凡是生成，都赞一赞，导一导，实际上是对生成的误解、曲解，极易导致教学内容远离主题，喧宾夺主，有可能将语文课上成“什锦课”“资料课”。

我们可以进一步思考：对于类似的课堂生成，教师的一味肯定，将对学生情感态度价值观的形成产生怎样的负面效应？学生之所以脱口而出，大多说明他们对待事物、对待问题，仅凭直觉作出反应，而不太考虑这种直觉是否符合事物的本质属性，是否符合社会伦理道德，并与自己的知识水平、人生经验保持一致，有时那样幼稚，几乎令人无法完全排除其道德认知的浅薄与庸俗。对于中学生而言，他们应该具备相应的价值判断能力，对自己的思考及其呈现出来的言行负责。教师无原则的肯定，势必造成他们自我感觉良好，并使这种不良倾向越来越严重，从而丧失掉独立而准确的自我评价与自我评价权。

一次，学习艾青的《我爱这土地》。第一句“假如我是一只鸟”，我问学生，这只“鸟”是怎样的一个形象。学生思考后答道：“是一只‘用嘶哑的喉咙歌唱’的鸟。”这样诠释，虽也讲得通，但过于肤浅，仅在字面上转悠，没有深入到文本当中，更没有触及诗的本质内涵。这就需要教师的相机引导了。我接着问：“‘用嘶哑的喉咙歌唱’中，哪个词最关键？”学生答：“嘶哑。”我问：“为什么？”学生说：“伤风感冒了。”我注意到很多学生在窃窃地笑。鸟哪会伤风感冒？显然，这位学生在故作惊人之语。我笑着说：“不必我多说吧，大家的笑声，就是对你回答的评价。不过，仍肯定你一点，就是善于运用生活经验来理解词语含义，说明你头脑灵活。这种思路是正确的，应该为大家学习。现在，让我们顺着他的思路，利用各自的生活经验，一起分析‘嘶哑’的原因。”这个横生的意外成了引导学生有效探究的切入口，真可谓“踏破铁鞋无觅处，得来全不费工夫”。

学生继续思考，踊跃发言。有位学生说：“歌唱得多了，喉咙就会哑。音乐课有时就这样，唱了一节歌，嗓子几乎冒烟。”另一位学生说：“唱的时候，用力太猛，喉咙也会哑掉。我曾经模仿阿宝的唱法，拉高调，却一下子发不出声了。”我说：“用个什么词语形容？”好多学生齐声说：“声嘶力竭。”我说：“为什么用力太猛？”这个学生说：“唱得太投入，像疯了一样。”我说：“我帮你稍微改一下，别说‘像疯了一样’，而说‘用所有的情感乃至整个生命在歌唱’，这样听起来顺耳些，是在夸，在赞，而不是‘像疯了一样’的有自我嘲讽的味道。”大家点头赞同。

对“嘶哑”的解读还没达到既定目标，仍需进一步引导。我发觉学生调用的生活经验，基本上来自自己的现实生活，忽略了更为广阔的现实生活、历史生活。这样的调动生活元素以支撑文本理解，未免眼界狭隘，坐井观天，影响到他们的思维广度和思维质量。教师必须进一步帮助他们打破藩篱，将思维触角伸向各个地方。我问：“大家学过朱自清的《春》吧。回忆一下，朱自清用怎样的笔墨来形容鸟叫。”学生大多面面相觑。也难怪，《春》是小学六年级的课文，隔了三四年，忘了也正常。我便流利地把《春》中“春风图”片断从头到尾背了一遍。在他们瞪大眼睛唏嘘不已中，我说：“朱自清为什么用‘卖弄’‘清脆’‘宛转’来形容鸟的叫声？”学生说：“那是在春天，生机勃勃，春意盎然，一切都那么令人高兴。”我说：“看看诗人创作这首诗的年代，你们发现什么？”学生说：“这首诗写于1938年11月，也就是抗日战争全面爆发的第二年。”我说：“1938年，日本侵略者大举入侵中国，他们的铁蹄在中华大地上恣意践踏，他们烧杀抢掠，无恶不作，残害中国人民。中华民族处于生死存亡的危急关头。生活在中华大地上的人民，是这样的饱受苦难，甚至连一只鸟儿也无法幸免。杜甫不是有首《春望》吗？其中一句是：‘感时花溅泪……’”学生齐声跟道背下去：“恨别鸟惊心。”我有些激动，说：“杜甫的诗、艾青的诗都写到了战乱中的‘鸟’。‘鸟’的遭遇一样，人的遭遇也一样，都饱受着苦难。苦难中的鸟儿，能唱出‘清脆’‘宛转’的歌声来吗？”学生大声说：“不可能。”最后，我请一位学生把刚才的探究做一个小结。他的陈述是：“这只鸟，是一个饱经苦难、拼尽全力、用自己整个生命歌唱的形象，也是诗人自己的真实写照。”

教师必须对课堂生成及时做出合理的价值判断，防止出现肤浅乃至虚假的生成。教师要让学生懂得这样一个道理：思考、探究，必须在一定的价值驱动、目标指向下进行，这样而来“生成”，才能真正提高自己的思维水平，促进语文综合能力的进一步发展。

（二）课堂生成的有效引导

建构主义理论告诉我们，学习是学生在原有知识的基础上，通过自主建构，形成新的认知和能力的过程；学生是教学资源的重要生成者。教师必须将语文课堂营造成“生成——引导——建构”的统一场，根据生成，灵活调整策略，使课堂处于不断发现、不断建构、不断完善的过程中，以满足学生的学习要求。但是，这并不代表课堂生成对于教学过程有着天然的唯一重要的地位，并不意味着教师总该让课堂生成牵着鼻子走，而应该通过科学引导，帮助学生改变和完善他们自己原有的认知结构和思维方式，逐步达成既定的学习目标。

有位教师执教《诗经·关雎》。即将结束时，老师问学生还有什么疑惑可以提出来，大家一起探讨。有个学生站起来问：“课文注释得很明白，‘雎鸠，一种水鸟，一般认为就是鱼鹰。’据我所知，鱼鹰最擅长捕鱼了，那么我想，诗中是否包含这样一层意思：‘窈窕淑女’是条鱼，‘君子’是只鱼鹰。鱼鹰想方设法追求鱼似乎太残忍，说不定什么时候一口吃掉了鱼。”教师并没有立即否决，而是肯定了学生的解释比较形象生动，再问大家诗歌描写雎鸠的真正用意。有位学生说：“写雎鸠是为了提供一个背景，就像放电影一样，先出现背景，再出现人物。”教师再次引导：“既然是创设背景，为何非选择雎鸠不可？想象一下雎鸠鸣叫的情景，猜猜河边会有几只雎鸠？”学生议论纷纷，最后达成一致，说可能有两只鸟，而且一雌一雄，正在欢快唱歌。于是水到渠成，教师道：“以‘关雎’为题，写雎鸠和鸣，是因为男子来到河边，听到‘关关’的鸟鸣，看到鸟儿成双成对，也看到了一位窈窕姑娘正在采荇菜，爱慕之情油然而生。这就是《诗经》特有的艺术手法，叫起、兴。”教师并没在“残忍”上纠缠不清，而是铺设台阶，因势利导，将目标巧妙引导到“背景设置”与“起、兴”手法的运用上。这样，课堂生成的价值得到了充分发掘，切实帮助学生理解了《关雎》中环境描写的作用，加深了对文本的感悟。

《那树》这篇名作，寄寓深刻，不仅是一棵老树的悲歌，也是人类文明对大自然肆意侵犯、破坏的悲歌，字里行间，感慨万端。人教版“教学建议”指出：“本课的教学，应充分挖掘课文的各方面的资源，也就是说，既要把课文当作语文学习材料来学习，又要把它当作认识自然、透视人与自然关系的教科书来学习。其中有许多价值，如思想价值、情感价值、审美价值、文学艺术价值、语言文字价值……都值得认真学习和运用发挥。”对中学生来说，透彻理解这一主题，还存在着一定的难度。光从概念到概念，讲“天人合一”“和谐发展”，恐怕无法收到很好的效果。在理性升华之前，教师必须先调动学生的生活经验，引入生活源泉，呈现感性材料，避免空洞说教。换言之，就是善于将语文学习融入学生的实际生活，学生的认知才会有建构的牢固基础，才能增长语文能力，并同时了解社会，体会人与自然的辩证关系。

文中有这样一段话："所有原来在地面上自然生长的东西都被铲除，被连根拔起。只有那树被一重又一重死鱼般的灰白色包围，连根须都被压路机碾进灰色之下，但树顶仍在雨后滴翠，有新的建筑物衬托，绿得更深沉。"我请学生大声朗读，并问："大家仔细回忆一下，我们武原镇上，哪个地方有这样一棵类似的树?"学生想了好长时间，仍没吱声。我说："去过绮园吗?"很多学生说："去过。"我问："靠近绮园西大门的马路中间有一棵大树，大家见过吗?"有学生说："噢，是有一棵挺大的树，好像很老了。"我问："叫什么树?"学生纷纷摇头。我叹息一声，道："看来大家不太留意生活，缺少观察哦。绮园，从小到大，我们去过好几次了，竟然没注意那棵树，也不知那树叫什么名字。真应了那些话：'熟悉的地方没有风景'，'生活并不缺少美，而是缺少发现美的眼睛'。那叫楸树，树上有块牌子，写得明明白白，还是棵古树名木呢。"学生这才恍然大悟，转来转去，激动地和邻桌说着什么。

我请了一位学生描述楸树以及它的生长环境。那位学生想了想，说："这棵树孤零零地长在路中央。东边是水泥路，车来人往，从树下经过；西边是人行道，小学生背着书包，说说笑笑，也从树下走过。这棵树很老了，夏天，好多枝条光秃秃的，好像只有东面的枝上挑着些零星的叶子。"我表扬了这位学生，说："你们看，这棵楸树，其实比课文中的'那树'更加老态龙钟。可是，楸树仍好好地站在那里，并得到人们的保护，而'那树'却被交通专家'宣判''要偿命'，'电锯从树的踝骨咬下去，嚼碎，撒了一圈白森森的骨粉'，'为了割下这颗生满虬须的大头颅，刽子手贴近它做了个陷阱，切断所有的动脉静脉。'对比一下，你们对作者描写的'那树'的命运有了怎样的感触?"教室里响起了一片嗡嗡声。

看着学生热烈讨论的场面，我实在不忍心打断，但下课铃声清晰地响了起来。我做了个手势，待学生安静下来，布置了课后作业：结合"研讨与练习"一、二，作进一步思考，并把思考内容写在练习本上，不限篇幅。第二天，批改着这份作业，看到学生的独特感悟，我很高兴，因为引入生活"活水"，滋润了学生智慧。

这里摘录其中的一小部分：

《那树》一文中，人类为了自身的发展而肆意破坏自然，使老树惨遭毁灭。如今绮园门口的楸树被保护起来，说明人们越来越重视环境保护问题，已经认识到人与自然是相互依存的，人类想要长久发展，就必须保护自然，与自

然保持和谐的关系，也就是实现可持续发展。所以，那树的悲剧将不会在楸树身上再次上演。（刘芷翠）

那棵楸树孤单地立着，摆出笑来迎接人们。可能由于老态，样子被人们逐渐忘记，只有几个细心的人证明它曾经绿过。它仍是老去了，只希望人们能珍藏它残存的几片绿叶。它沉闷地咳嗽着，直到有一天，一群孩子突然停下来，摸着它干枯的身体，那一刻，它的心很绿！（王菁）

“那树”让人辛酸。伐树者的无情、自私、残忍，更警示我们要与自然友好相处。而绮园门口的楸树，有人一直保护着，似乎对树很友爱，其实并没有真正地爱，像爱一个人一样的爱它，否则它也不会成为今天这个样子。可见，人们所说的与自然和谐，仅仅只是一种形式，或只是头脑中的观点罢了。（姚怡然）

《那树》中的树，生长茂盛，默默地为人们奉献着，最终却还是被砍掉。绮园门口的楸树，虽然一半已经死去，但人们并没有抛弃它，而是一直让它立在绮园门口，为大门增添一点韵味。我们应该与自然和谐发展，友好相处，像对待那棵楸树一样，去爱护自然，保护自然。（袁梦）

绮园门口的那棵树，孤零零地站在那里，叶子一片一片地往下落，没有人去和它做伴。它十分孤独。人们有时径自走过，有时也许拍张照片。但它还是伸出它的手臂，撑开一点绿意。（金依婷）

绮园门口有棵老树，我小时候天天从它身旁走过。然而，时光渐渐过去，那树也不是从前的样子了：绿色消退了，身躯不再挺拔了，肢体看上去苍老而脆弱。这使我想到了《那树》。我害怕，有一天，它也会遇到这样的命运。人类的文明在发展，社会在进步，生活水平在提高，身边的绿色却越来越少。如果人们再不保护绿色，保护树木，总有一天，所有的绿色都只能属于回忆，在岁月中沉淀，在叹息中消逝。（程逸菲）

图 6　与任教班级学生一起共享学习的进步

建构主义理论还告诉我们，学生遇到学习障碍的时候，教师应努力创设情境，把教学任务建立在富有感染力的真实事件之上，并向学生提供所需的援助，鼓励他们有效借助直觉，尽可能接近问题的内核。这一问题情境或真实事件，最好是与文本学习指向一致的生活材料，通过生活素材的中介，去真实感受，深刻体验，获取直接经验，激活思维枢纽，掌握学习方法，完成学习任务。这节课，立足文本，又不拘泥于文本，帮助学生把目光移向更为真切的生活，引出绮园门口的楸树，然后请学生描述楸树的生长状况，使更多学生在头脑中形成一个与之适应的真实的问题情境，再把这个情境与文中'那树'的生活情境类比。一个个"锚"抛出来，激发了学生自主探究的兴趣，也催化了对文本的解读，从感性中归纳结论，实现了有效的智能转移，教学难点便迎刃而解，学生有这么多的精彩见解，就不足为奇了。

叶澜教授说："课堂应是向未知方向挺进的旅程，随时都有可能发现意外的通道和美丽的图景，而不是一切都必须遵循固定线路而没有激情的行程。"在这"挺进的旅程"中，教师要采取灵活有效的方法，达成语文教学的最优化。千万不要把自己禁锢于狭小的教室之中、书本之上，而要睁开一双慧眼，面向丰富多彩的生活，引入最具价值的教学资源，让学生学会观察，学会迁移，学会整合，学会学习，并懂得这个道理："到处是生活，即到处是教育；整个的社会是生活的场所，亦即教育之场所"。

也有的教师，由于教育思想、文化素养不够丰厚，无法激活课堂，即使遇到生成，或者将其抛置一边，或者翻来覆去，讲了半天仍不得要领，丧失了许多宝贵的学习资源，造成不必要的浪费。例如，有位教师上《致女儿的信》，临近下课，他出示了几句名人表达各自爱情观的句子，其中有陶行知先生的"爱情之酒甘而苦，两人喝是甘露，三人喝是酸醋，随便喝要中毒"。学生当即哑然失笑。可惜，教师没有意识到这是一个很好的生成，随便一闪而过了。根据这节课学习目标之一的"如何合理表述自己的观点"，教师应该几乎出自本能地捕捉到这个生成，并加以引导，以明确语言训练的要求，让学生感受语言的魅力，例如问学生："你们为什么感到好笑？看得出陶行知先生的语言有什么特色吗?"学生是能说得出一两个理由的：如修辞方法的运用，比喻、排比大大增强了语言的生动形象；又如语言的诙谐幽默，让人在开怀一笑中明白了爱情的真谛，也达到思想上的教育。

教师对课堂生成的价值判断和有效引领，目的就是尽可能放大这些生成对于语文学习的内在价值。而能做到这一点，教师必须不断积累教学经验，提高思想文化素养，把先进的教育理念有效转化为教学行为，提高教学效率。苏霍姆林斯基说："真正的教学技巧和艺术并不在于能预见到课的所有细节，而在于根据当时的具体情况，巧妙地在学生不知不觉之中做出相应的变动。”这应是对教师如何正确发掘课堂生成价值的最佳阐述了。

六、点评，就为了学生发展

随着基础教育课程改革的不断深入，学生这一主体得到了广泛尊重，自主、合作、探究的学习方式得到了普遍应用。他们踊跃发表观点，而且不乏新颖独特；课堂气氛越来越活跃，越来越洋溢着生命活力，呈现一派“红杏枝头春意闹”的喜人景象。但是，面对学生富有创意的思维过程、思维成果，有些教师点评时往往苍白无力，不得要领，甚至产生负面效应，损害了本应具有的引领作用，影响了学生学习效果。这就涉及了一个全新概念，叫发展性评价。发展性评价是针对传统课堂教学评价而提出的一种新的评价思想和理念。这是针对传统课堂评价“忽视评价的激励、改进功能而提出的一种以促进评价对象发展为根本目的，重过程、重评价对象主体性的教学评价”。也就是说，评价的真正意义，在于关注学生，尊重学生，抓住他们思考当中的缺漏、肤浅、盲目、停顿，予以即时激励、唤醒、鼓舞以及指导，使思维向纵深发展，从而推进学业发展与个性发展。

怎样的点评才能激发学生学习动机，增强教师的引领作用呢？

（一）真诚宽容

中学生都有强烈的自尊心，希望得到老师充分、肯定的点评，而强烈的自尊又必然衍生强烈的敏感与脆弱。教师必须真诚对待对任何一位学生，这种真诚，不仅体现在点评好学生的时候，更表现在点评“沉默的中间层”与“自卑的学困层”的时候。无论如何，教师都不能说有辱学生人格的话，不能做有辱学生人格的事，哪怕所说的、所做的多么含蓄，多么曲折——请相信，实际上学生是能感觉到的。唯其如此，才能让他们大胆放飞思维，说出独到见解，不断给课堂注入生命活力，闪耀创造的火花，真正实现“教”与“学”的互动和双赢。

俗话说，“金无足赤，人无完人”，更不必说尚处于“心理断乳期”的中学生。教师应有一颗宽容的心，允许他们犯错误，有缺点，只要循循善“评”，宽容他们思维过程中一时的模糊、错误和荒谬，在和谐融洽的气氛中进行师生互动，使学生真切感受到老师确实是在引领他们不断进步。这样，学生的心理就会得到安全保障，自然畅所欲言，知无不言，言无不尽了。

案例一：上完《唐雎不辱使命》，老师请学生上黑板写一个能概括唐雎性格特点的成语。一位学生写了“大义凌然”，老师说：“这个‘凌’字写错了，应该是……”便板书“大义冽然”四字。学生顿时一片哗然。老师笑了笑，说：“呀，我也写错了，看来粗心大意害人不浅哪。”

知道学生错了，怎样既明确指出，又保护学生自尊，这位老师给了我们一个很好的范例。他不是直白地批评学生，而是似乎不经意间也写了错字，然后以自责式的点评，揭示粗心大意的危害，让犯错的学生默然心会，体会到老师的真诚宽容、良苦用心，从而心存感激，警醒自己。

（二）声情并茂

课堂点评有别于书面点评，它以口头表达(即口语)为主要形式、主要流程，而口语本身既是承载传递信息的声音，也是传递说话人思想情感的工具，并且与说话人的表情、体态等非语言因素紧密相关，构成一个多维、即时、动化的“交流场”，全方位地作用于被点评对象和其他相关受众。

想取得良好的点评效果，教师不仅要注意词语的准确、得体，注意声调的高低、强弱，语气的轻重、缓急，还要注意自己的一笑一颦，一举一动，使点评显出浓浓的人性关怀。比如，肯定学生时，声音宜响亮、清脆；指出学生不足时，声音要柔和、恳切。又如，教师可以走到学生身边，用鼓励的眼神、得体的手势，拉近与学生之间的心理距离，使之从内心深处生出强劲的亲和力。这样的点评，既容易为学生接受，又能充分激发学生的表达欲望，活跃课堂气氛，和谐引领过程。

当然，教师不能一味使用“好”“真棒”“不错”“给点掌声吧”等类似的话语。偶尔为之亦不妨，过多过滥，往往会引起学生心理上的刺激疲劳、迟钝，不能再有效激发积极的学习兴趣、学习动机。关键在这种点评缺乏思维的内涵、厚度，既没有交代赞扬的理由，也无法承载特定的学习方法，不能引起中学生思想、情感上的共鸣，也便不太能达到点评所应起的引领作用。

（三）抑扬转侧

点评的艺术性常常体现在迂回纵横、旁敲侧击之中。如果学生思维出现了固滞、定势、中断、旁逸，教师不能导而硬牵，强而硬抑，开而硬达，而要善于根据特定情况，从学生实际学情、已有经验出发，“塞者凿之，陡者级之，断者架木通之，悬者置梯接之”，采取扬抑、迂回、假设、侧启、反推等点评法，保证学生思维的流畅。

案例二：我上《桥之美》时，要求学生抓住文中优美的语句，谈谈自己独特的体验，以提高语言感悟能力和审美能力。话题之一：体味“无论是木桥还是石桥，其身段的纵横与桥下的水波协同谱成形与色的乐曲”的情趣。然而，学生手头参考资料众多，就一字不落地照搬答案。我似乎不屑一顾，说：“我觉得参考资料不过如此，无非强调两点：一是桥之横与水之纵，构成线性冲突；二是桥之形与水之色，构成点块异化，从而突出桥与水的和谐之美。如果联系我们曾经的生活体验，好好思考，难道会比不上参考资料吗？看哪位同学能巧用机智，别出心裁，给大家一个惊喜！”结果学生的生成精彩纷呈，妙不可言：“桥是无声的，水是有声的，构成多种感官的综合之美”，“桥是静态的，水是动态的，构成了动静之美”，“水是永远在流动的，像时间一样，一去不复返，而桥却永远站在那里，亘古不变。这流动与亘古构成变化之美”，“桥是凝重的，水是轻盈的，构成质感差异之美”，“桥之刚与水之柔，形成刚柔兼济之美”，“美是不能孤立的。桥之美不只在桥本身的结构美，更在于与周围环境衬托之后的和谐美”，“这一画面生动表现了‘小桥流水’般美丽意境，符合中国传统的审美观点、审美心理，如诗如画，如痴如醉”，“桥的人工美与河水的自然美，相辅相成，相得益彰”，“桥像一位老人，水像一位儿童，便具有了老年的历史感和少年的青春气息，给人美的享受”，“即使一座桥也有不同情趣，如木桥的古色古香，石桥的朴素浑厚”，“桥和水分别具有严肃与活泼之美”，“水孕育了生命，桥可以沟通人与人的心灵，两者的和谐相处，给人以生命之美、希望之美”。

碰到学生偷懒，很多教师会大发雷霆，动辄批评，使课堂气氛更加压抑、沉闷，学习更显负面效应。这里却巧妙采用抑扬结合、假设推定的点评方法，故意“贬损”参考资料，再合理推断学生能力，以此激发学生自主探究，展露才华，收到了良好效果，课堂气氛渐渐活跃，学生思维呈现开放的态势，一个个精彩的思维火花在迸射，一个个新颖的探究果实在摘取。

案例三：《故乡》一文中写道：“（闰土）分明地叫道：‘老爷！……’”针对这个细节，我要求学生说说这反映了闰土怎样的思想感情。一位学生抢着回答：“说明闰土尊重‘我’，讲礼貌。”我说：“敢于发表自己的观点，很好。可是，与‘老爷’对应的会是哪种人？”这位学生说：“奴仆。”我又说：“真正的尊重都发自内心，非常真纯，就像你尊重父母、尊重老师一样；而奴仆与老爷是一种什么关系？他们之间会有真正的尊重吗？”这位学生恍然大悟，道：“噢，我明白了，这只是闰土的自卑。”

当点评不能正面切入时，教师需要另辟蹊径，采用反推法，从反面归谬推导，以毒攻毒，把错误的认识一步一步推向穷途，使学生茅塞顿开。

（四）指向目标

学生受自身知识、经验、心理特点等诸多因素的制约，常常不能一下子准确把握问题的症结、核心，造成学习的低效、无效、负效。这时，就需要教师科学点评，把学生混沌的思维进行合理清理、纠偏、深化，使学习流程指向既定的目标，提高目标达成度。

案例四：老师要求学生分析《故乡》中闰土的变化。立即有学生举手发言："闰土最主要的变化是外貌。"然后朗读了有关语段。老师说："'我'离开故乡多少年了？"学生齐答："二十余年。"老师说："隔了如此长的时间，闰土也从少年进入中年，外貌能没大的变化？一般人也会变的。所以这种变化是最主要的吗？"

学生对人物思想性格的理解只停留在表面，没有深入探究下去，把"最明显"的当成了"最主要"的变化，犯了浅尝辄止的毛病。于是，教师巧加点评，引导学生从前后事件的相隔时间入手，又不直截了当揭出底牌，让学生产生一种箭在弦上不得不发的冲动，激发起追探的强烈冲动，从而逐渐逼近认知对象的本质核心，提高感悟文本的敏锐性和穿透力。

基础教育课程改革倡导的自主、合作、探究学习方式，在课堂中也得到了较多应用，学生表现得主动、活泼，参与度高，发言不乏新颖独特，体态、表情等非智力因素亦呈正态反应。但是，我们也应该看到，面对学生的思维过程、思维成果，以及即时生成的资源，教师往往不能很好点评、引导，并且于不经意间忽视了，浪费了即时资源所应有的作用。

案例五：上《致女儿的信》时，有位教师设计了这样一个学习任务："找出你最关注的问题，并说说理由。"问题设计的本身很好，让学生在筛选信息、感知文本的同时，直截了当，直奔目标。而这一问确实达到了预期目的，起来回答的一名女生认为，"上帝三次来到人间时态度的变化"是她最为关注的。从陈述内容看，她不仅准确把握了相关信息，还做了比较具体到位的分析，言之成理，从容不迫。然而，教师追问道："请哪位同学再清晰地表达一下？"全班学生于是陷入茫然，不知如何回答，场面顿时冷清下来。

这一案例中的教师，思考不够成熟，提问比较随意。这样追问，既暗示发言的同学表达不够清晰，容易挫伤她的主动性，又人为地为后来同学的解答提高了门槛，出现一时的冷场也在情理之中：无人主动举手；请了一位学生，他无言以对；再请一位同学，仍是简单重复前面女同学的话，有些地方还不如一些；教师只好自己包办。其实，教师追问的真正目的，是让学生概括女同学的发言要点，但由于措词不当，模糊了思考方向，阻滞了思维流程。教师应该换一种方法，或从另一角度入手，帮助学生重新建构，如“这位同学分析既准确，又很完整，说明她认真、细心，思路清晰。大家能否用三个词语(或短语)提炼这位同学的主要内容?”从而将学生思维引向深度，提升学习质量。这样做，还可以省却后面的一个环节：小结“爱情是什么”，使课堂结构更加严谨。

(五)指导学法

学生的分析、理解、感悟，往往存在“知其然而不知其所以然”的状况，并且不太善于实现知识、能力的迁移。关键在于他们缺少对学习规律的必要认识、把握以及合理运用。在这种情况下，教师的点评，就必须注重学法指导，使之成为学生开启知识大门的“芝麻”“金钥匙”和“铺路石”。

案例六：也是上《致女儿的信》。有位学生提问：“都是教育子女，为什么傅雷是讲道理而苏霍姆林斯基是讲故事呢?”老师高兴地说：“提问很有创意。把两篇课文结合起来，进行比较分析，这是一种行之有效、值得推广的学习方法。说明××同学的语文学习登堂入室啦!”

平时的教学实践中，教师常常困于、苦于学生因缺少正确的学习方法而使学习效率不高，但又轻易流失课堂生成的资源。事实上，学习方法就在身边，只要教师善于发现，即时点评，将学习方法显性化、系统化，不愁语文学习质量不提高。

案例七：对鲁迅小说《社戏》的结尾应怎样理解，老师要求学生解答。一位学生答道：“那夜的豆因为刚摘下来，新鲜，所以比较好吃；可那夜的戏实在不好看，要不，为什么双喜、阿发他们会呵欠连连，中途回船呢？这样写，其实是相对‘我’自己以前在城里的两次看戏经历而言的。”老师惊讶地说：“你怎么知道这个‘我’以前在城里看过了两次戏?”学生答道：“是从《社戏》原文中看来的。”老师高兴地说：“××同学这种学习方法非常好。老师就把这种方法隆重推荐给大家：读作品，应当读原作，读全文(板书强调)。这样，我们就会避免单纯阅读选文也许带来的误解，从而得到一个尽可能正确、全面的认识。”

这一点评，既肯定了学生，又不失时机地指导了良好的阅读方法。他让学生明白：学习不能仅仅盯住课文，课文之外的文学世界更加精彩；想真正走进语文的殿堂，必须努力扩大视野，从更大范围里汲取有用知识，提高语文素养。

基础教育课程改革既重视学生的主体作用，也强调教师的主导作用，而点评恰恰是“导”的最佳方法。

七、写作教学的前提与组合

作文教学历来是一个颇让教师头疼的话题。钱理群教授在《关于中小学写作教育的断想》一文中指出，目前的作文教学存在着三大问题：一是学生不愿意甚至害怕写作；二是学生觉得没什么可写的；三是学生不知道怎么写。它们分别指向写作态度、写作内容、写作方法这三个写作教学的核心模块。吴勇、谭玉兰也撰文指出，“今天的写作教学走入了两个困境：一是教师无所作为，写作教学无方；二是技术主义占据写作教学的主流，扼杀着写作教学的生命，忽视或有损学生生命的成长。”

出现这些问题，在于教师对写作的本质缺乏应有的认识。要提高写作教学的效能，必须搞清三个基本面：写作是什么？写作教学的前提是什么？有效的写作教学是什么？

（一）写作是什么

当代写作学将写作定义为：“人类运用书面语言文字创生生命生存自由秩序的建筑的行为、活动。”所谓“生命生存自由秩序”包括两层意思：一是指“语言结构秩序”；二是指“情感思想秩序”。如果要探寻写作教学、作文的终极理想，就是建筑这种“生命生存自由秩序”，而建构“语言结构秩序”则是一种中介性、手段性、途径性理想。

以语文学科性质而言，写作作为一种交流工具，自然包含了很多技术元素，这是可以通过教师的有效教学来传承和移植的，但写作更是一种心灵的坦诚与对话，是人们对自我、自然、社会、精神世界的认识，也必然包含更为丰富的情感、思想，这又是很难操作的，往往通过教师自身或者文学作品的感染、熏陶而发挥作用。注意上述阐述中的两个关键词，一是坦诚，就是真实地表达自己的内心，“敞开心扉给人看”，像卢梭、鲁迅等众多前辈，他们毫不留情地解剖自己，已经给我们做出了很好的榜样；二是对话，就是积极寻求与外在的交流，在彼此的心灵碰撞中，实现情感的分享、思想的增值。

由此得出结论：写作是一种冲动，一种沟通，一种带有强烈个性色彩的生命状态。

（二）写作教学的前提是什么

1. 激活兴趣。

兴趣是最好的老师。华南师范大学扈中平教授打过一个有趣的比方。一副百来斤重的担子，装的假如是土，挑担的人必定苦不堪言，举步维艰，这满筐的土对他来说实在毫无意义，毫无兴致；但换作黄金，而且告诉他，如果挑回家，这一百斤黄金就全属于他，他一定兴高采烈，脚下生风，一点也不会觉得苦和累。这就是心态。积极的心态催生积极的效率。写作教学也一样。最大的障碍并不在于无物可写，无情可抒，而在于学生没有想写的兴趣和冲动。

由于多种原因，很多教师正在慢慢消磨着学生的写作兴趣。比如，没有充分考虑学生思维、个性的品质特征。女生大多情感细腻，情感类作文往往得心应手；男生大多擅长抽象思维，写这种作文就相形见绌了。比如，教师的写作方法过多，写作要求过高，把习作等同于文学创作，从而束缚了学生手脚，令他们无所适从。比如，教学过程中，教师缺少应有的主体意识与参与意识，搞一言堂，居高临下，使学生处于"被写作"的状态之中。比如，教师对学生缺少积极的激励，使学生丧失了写作的成就感和进取心。比如，写作教学脱离学生生活实际，向壁虚构，反映父母关心孩子，一定是主人公深夜病重，恰好雨雪纷飞，叫不到出租车，父母背着自己，一步一步上医院，把自己感动得稀里哗啦。比如，教师自身的品位和魅力。有些教师自己从来不曾写过一篇文章，却"以其昏昏，使人昭昭"，竟也大讲特讲写作之道；批改作文同样敷衍了事，这怎么能催生学生的写作兴趣？只有将作文指导建筑在学生兴趣之上，方法、技巧才会体现出价值来。一旦学生有了浓厚的兴趣，那么，不待教师"教"，他们也会找米下锅。

2. 学会观察。

美国教育家华特指出："语文学习的外延与生活的外延相等。"叶圣陶先生也说："生活如泉源，文章如溪水，泉源丰富而不枯竭，溪水自然活泼地流个不歇。"教师应时时反省自己：有没有真正激活学生潜在的知识储备？有没有真正帮助学生打开"生活之窗"？有没有真正拨动学生的心灵之弦？缺少对丰富多彩的生活的观察，必然无法写出充满生活气息的优秀作文。

明代东林党领袖顾宪成有副对联："风声、雨声、读书声，声声入耳；家事、国事、天下事，事事关心”，拿来作为学生观察生活的基本要求，真是再贴切不过了。叶圣陶先生还说：“要叙述事物，必须先认识他们，了解他们，这唯有下工夫去观察。”生活中固然不乏沧海横流，惊天动地，可歌可泣，但更多的是平凡，是琐碎。只要不嫌其“凡”，不厌其烦，认真观察，发掘它们其中的意义，就能以小见大，“于细微处见精神”，“于无声处听惊雷”，为我所驱，为我所用。思想家韩非子的“圣人见微以知萌，见端以知末”指的便是这个道理。《童趣》里的“观蚊如鹤”“鞭打蛤蟆”原是很普通的两件事，却写得风生水起，让读者在莞尔一笑中，感受到无穷的童真、童心、童趣。《背影》描写了“我”父亲的一个背影，简单得像一眼透明的泉水，也因那个特定时代的特定情结，而浸渍了浓浓的父爱，读来令人唏嘘。契诃夫更是抓住一件鸡毛蒜皮似的“小事”，极尽讽刺之能事，通过奥楚蔑洛夫乱断“狗咬人”的案子，揭露了他媚上欺下、见风使舵、反复无常的走狗嘴脸。他们，因为善于观察，以一个“局中人”的视角，把握这些别人也许熟视无睹的细节，作为倾注情感、表达思想的载体，写出了一篇篇寓意深刻的佳作。

观察有两个层面。一是目之所及，要求学生具体观察、准确观察、有序观察。《从百草园到三味书屋》的第二自然段，就是一个指导学生观察的范例。菜畦“碧绿”、石井栏“光滑”、皂荚树“高大”、桑葚“紫红”，蝉“鸣”、黄蜂“伏”、叫天子“轻捷”，无论静态、动态，都有具体的观察对象，且都准确把握住了事物特征，而不是一片模糊印象；第一个“不必说”是从低到高，第二个“不必说”是从高到低，两者又与“单是……就有……”组合起来，从整体到局部，最后聚焦于泥墙根一带，观察有条不紊；又善于调动视觉、听觉、触觉、味觉等多种感官，使整个画面别开生面，童趣盎然。二是心之所触，要求学生全面观察、深刻观察、综合观察。唐代禅宗大师青原行思说过，参禅有三重境界：参禅之初，看山是山，看水是水；禅有悟时，看山不是山，看水不是水；禅中彻悟，看山仍是山，看水仍是水。我们很难进入第三重境界，但应该努力向第二重境界进发，即用心体悟，透过表面现象，发现事物本质。

有一次，我和学生上街捕捉写作素材。在步行街口，发现一个女孩子跪在那里，面前铺着一张写满字的白布，诉说着女孩的不幸遭遇：父亲离开江西，到杭州打工，不幸病故，女孩赴杭料理完父亲后事，已身无分文，只好求好心人资助，能重回家乡，安葬父亲；旁边还有她父亲的住院治疗证明、死亡证明、火化证明，以及一个小小的骨灰盒。大家很伤心，摸出口袋里的钱给了女孩。离开一会儿，我问学生，有没有发现女孩的蹊跷。大家一时答不上来。我说，海盐在杭州的什么方向？江西又在杭州的什么方向？大家一下子恍然大悟：“这女孩是骗子，哪有越讨钱，离家越远的？”当一个人缺少心思、缺少热情，就会出现作家柳青说的那种情况："你在生活中或工作中也许观察不到多少东西，观察到的也许并不深刻，并非本质，在写作时也不免嗟叹创作的困难。"

3. 提升思维品质。

北京大学语文教育研究所特约研究员、特级教师邓彤说过一段话：

> 语文教师必须清醒地认识到：思维是作文的第一要素，是作文的前提。我们不反对作文技巧，但我们必须明确，诸多作文技巧其实都是思维的外化。例如，写作中的层次其实就是思维连续性的"中断"，在思维行程中，每一环节告一段落，就成一层次，一前一后就显出了层次来，而"线索"则表现为作者的一种纵向的思维经脉。哪里还有脱离了思维抽象的形式或技巧？至于词语的调整、句式的选择、修辞方法的运用，等等，莫不如是，哪一种表达离开得了思维？

孟子说："心之官则思"。大脑这个器官，就是专门用来思维的。没有思维的人，与没有人的思维，都是无法想象的。写作是一个发现信息、整合信息、表达信息的动态过程，处处充满了思维活动。即使获得了写作的第一手材料，仍需要深入研究，去粗取精，去伪存真，由此及彼，由表及里，全方位、多角度地触摸事物本质。审题、立意也离不开思维。思维能力较弱的学生，无法从材料或题目中发现真正有价值的东西，造成下笔千言，离题万里的尴尬局面。有一年嘉兴市中考，作文题是"________也美丽"，很多学生立意为"关爱也美丽""帮助也美丽""种花也美丽""读书也美丽""劳动也美丽""成功也美丽""追求也美丽"等。其实，一个"也"字已经表明了所填词语与"美丽"之间存在着转折关系。它暗示考生，行文立脚点不能停留于"美丽"本身的表面描述上，而要揭示本来并不美丽的事物，因为某种生活体验、某段情感经历，才让人觉得美丽。至于框架结构、语言表达，同样离不开思维。语言是思维的外壳，结构则是这一外壳的具体形式；抓住了纲，一切便迎刃而解。教育家乌申斯基说："谁要想发展学生的语言能力，首先要发展他的思维能力，离开了思维，单独发展语言是不可能的。"

总之，提高学生的写作水平，必先提升学生的思维品质。没有高质量的思维活动作保证，学生写出高质量的作文几乎是天方夜谭。当然，不是所有的思维活动都产生积极的效应。我们要努力避免惯性思维、线性思维，克服思维定势，积极提倡发散性思维、创造性思维，写放胆文，让学生爱思、多思、善思、深思。

（三）有效的写作教学是什么

什么是有效的写作教学？就是切合学生个性特点、成长需求，通过科学引导，以唤醒学生的思想情感，培养学生的观察能力、想象能力和书面表达能力，重视发展学生的思维能力，特别是创造性思维能力；鼓励学生自由地表达、有个性地表达、有创意地表达，为学生的生命活动提供广阔的文字空间。我们反对技术主义占据统治地位，但并不反对传授一些行之有效的写作方法。一般教师能有所作为的，也就是教好可以教的，即写作方法，让学生实现操作层面上的梯级提升：从愿写，到能写，再到善写，直到乐写。如果学生掌握了更多的方法乃至技巧，就能更好地表达自己的思想感情了。

1. 横看成岭侧成峰——寻找序列。

凡是可以操作的东西，都有一个序列，一个基本可循的内在规律。找到这个序，并付诸实践，就能提升写作教学的有效性。郑桂华老师说的“筛选出对中学生的作文可能有实际影响的一些关键点——知识点、训练点，构成作文教学的基本要素；将这些关键点按照一定的顺序进行排列，构成相对系统的课程知识框架；围绕这些关键点，设计步骤明晰、相对稳定的教学流程”，已为建构写作教学序列提供了一个很好的模式。

以人物描写为例，一个点为一个子项目，分项推进。第一课时，《来个精彩亮相》，主要学习人物的外貌描写；第二课时，《让人物动起来》，主要学习人物的动作描写；第三课时，《什么人说什么话》，主要学习人物的语言描写；第四课时，《心理交锋》，主要学习人物的心理描写。在此基础上进行整合，《就是这一个》，综合运用所学的各种描写方法，比较全面地刻画人物的性格特征。这样，由分到总，由易到难，循序渐进，帮助学生理解和掌握人物描写的一般方法。

我们不要寄希望于通过一节课或一个教学任务，就立刻彻底解决所有问题。这是不切实际的空想。在系统论的指导下，把复杂问题化解成前后有序、易于操作的小问题，重新组合，走一步再走一步，反而能获得意想不到的成功。

2. 半亩方塘一鉴开——读写结合。

课文无非一个例子，一个引子，它在于作为一个样本，为“具体的学生”“依了自己的经验”，“在与特定的文本交往过程中”形成怎样写的方法或能力。模仿课文，读写结合，不失为提高写作教学效率的一种良策。美学家朱光潜先生说：“我们不必唱高调轻视模仿，古今大艺术家，据我所知，没有一个不经过模仿阶段的。第一步模仿，可得规模法度，第二步才能集合诗家的长处，造成自家特有的风格。”

我提出以下四个建议。第一，寻找内容的拓展点，以强化认知。如学完《变色龙》，让学生续写《邂逅》，叙述奥楚蔑洛夫离开广场，巧遇出来寻狗的弗拉基米尔·伊凡里奇的故事，进一步刻画主人公的奴才本质。第二，寻找情感的激发点，以引发共鸣。如学习《我的母亲》，读到胡适的母亲竟伸出舌头舔儿子眼翳的情节，学生无不为之感动，立即与父母关爱自己的点点滴滴形成了对接，深刻地理解了什么才叫爱，并形诸文字，表达这种感恩之心。第三，寻找方法的迁移点，以提供模板。《走一步，再走一步》中，许多地方值得好好发掘，让学生模仿："杰利看来好像有点不放心，但还是和大家一起走了"和"这时，树林里有一道手电光照来照去。我听到了杰利和我父亲的声音!"告诉我们怎样伏笔、照应；"……我顿时有了信心……我的信心大增……我产生了一种巨大的成就感"，告诉我们怎样分阶段地刻画心理活动；"我曾屡次发现"这最后一段，又告诉我们怎样以小见大，卒章显志，等等。第四，寻找思维的深化点，以丰厚思想。《送东阳马生序》阐述了"'勤且艰'是一个人取得成功的必要条件"这个道理。然而，教师也可以提醒学生，勤奋出天才吗？其实华罗庚、爱迪生早就告诉我们，"勤能补拙是良训，一分耕耘一分收获"，"天才是百分之九九的汗水加上百分之一的灵感，但是，这百分之一是最重要的"。

3. 绝知此事要躬行——渗透方法。

教练员对于运动员，并不只是提出要求，而是对他们的每一个动作做出指导，给予具体方法，并通过实践，让运动员得到巩固、提升，使之成为一项技能。写作教学中，教师也必须明确方法，让学生在模仿、创生中实现强化，提高写作能力。

有位老师上心理描写指导课，以毕淑敏的《剥豆》为用件，设置了三个任务，分别落实了三种方法指导。

第一个任务：找出表现母亲心理变化的地方，顺便标一下序号。

"让儿子赢，使他以后对自己多些自信。①"如是想，手不知不觉地慢了下来，借拾豆的机会稍停了一下。

"在外面竞争靠实力。谁会让你？让他知道，失败成功皆是常事。②"剥豆的速度分明快了。

小儿子手不停，眼却时时在两个容器中睃。见他如此投入，我心生怜爱："学校的考试名次，够他累的了……③"剥豆的动作不觉中又缓了下来。

"不要给孩子虚假的胜利。④"节奏自然又紧了许多。

这样，学生就明白了第一种写法：心理描写必须形成一定的矛盾冲突。

第二个任务：如果将原文改成下面的文字行不行？为什么？

“让儿子赢。”如是想，手不知不觉地慢了下来，借拾豆的机会稍停了一下。

“不让他赢。”剥豆的速度分明快了。

小儿子手不停，眼却时时在两个容器中睃。见他如此投入，我心生怜爱：“还是让他赢算了。”剥豆的动作不觉中又缓了下来。

“不能给他赢。”节奏自然又紧了许多。

于是，学生明白了第二种写法：必须交代清楚心理矛盾的原因。

第三个任务：母亲的这些心理变化表现为怎样的行动？也请画出相关的语句。

“让儿子赢，使他以后对自己多些自信。①”如是想，手不知不觉地慢了下来，借拾豆的机会稍停了一下。

“在外面竞争是靠实力。谁会让你？让他知道，失败成功皆是常事。②”剥豆的速度分明快了。

小儿子手不停，眼却时时在两个容器中睃。见他如此投入，我心生怜爱：“学校的考试名次，够他累的了……③”剥豆的动作不觉中又缓了下来。

“不要给孩子虚假的胜利。④”节奏自然又紧了许多。

这样一来，第三种写法水到渠成：必须辅之以相应的外在表现（动作、神态……）。

当方法基于具体的学习情境、学习内容，又能有效分离、抽象出来，形成一定的思维模型，这样的学习才是有价值的。单纯的方法指导就无法产生这种效果。学生在方法运用上出现偏差是再正常不过的事，唯因如此，才需要教师正确引导。无论如何，教师要从最棘手的地方切入，思考如何设计教学环节，驱动教学任务，凭借教学机智，巧妙重组，传递给学生正确的写作方法，让他们获得“山重水复疑无路，柳暗花明又一村”的喜出望外。

我始终强调这样一个观点：之所以能成为优秀教师，就在于他善于洞察学生会在什么地方、什么时候出现错误，为什么出现这种错误，更知道采取哪种策略早做防范，妥善纠正。写作教学还有很多未开垦的处女地。如果教师是一个有心的人、有志的人、有能力的人，就不会将这些处女地视为可怕的险境，而恰恰当作自己尽情施展才华的舞台。

第三章 在思想的课堂里呼吸

——崇思教育的教学观

『半亩方塘一鉴开，天光云影共徘徊。』朱熹写出这样的诗句，不仅是他透过寻常景物，领略了大自然静默纯厚之中的活力与美丽，更由于他触景生情、生思，联想到了他所挚爱的教育事业。小小的书屋，宛如半亩方塘，那样澄澈，那样和谐，在慢慢荡漾开来的一圈圈涟漪上，叠映着博大深邃的思想文化苍穹。教师，学生，都是『方塘』里的一条条鱼儿，往来翕忽，自由呼吸；他们思考着、探索着、成长着、快乐着，从遥远的杏坛，穿过清幽的白鹿洞，一直游到当下，给其他无数的『方塘』增添了思想的张力与生命的热度。没了鱼，『方塘』还在那里；没了『方塘』，鱼就失去了赖以生存的环境。从这个意义上说，没了思想，教师、学生以及由他们共同发起的所有教学活动，也就失掉了任何存在的价值。

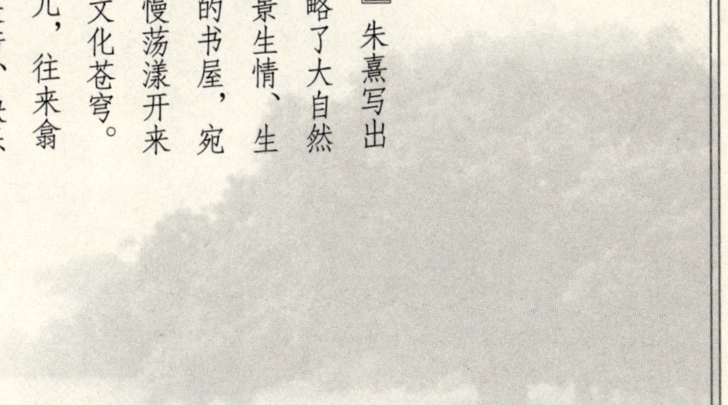

一、简约而不简单

——《故乡》课堂录评

上海市著名特级教师陆继椿老师主张“一课有一得，得得相联系”，由此形成了别具一格的语文教学流派“得得派”。一课一得，就是项目推进，以一课为基本单位，把每一项学习任务都合理分解成前后有序、难度递进、能力提升的几个子项目，集中目标，明确指向，巧妙设计，扎实推进，以有效提高达成度。得得相联，就是在系统论的关照下，教师真切了解学生现有的认知基础、个性特长、发展需求，特别是他们的语文情感、语文思想，然后，不是强加，也不是替代，而是有意识地，分阶段，按步骤，帮助学生将一课之一得串联起来，构成一个相对完整的知识体系，实现学业和生命的同步成长。任何企图通过一次两次的项目推进就解决所有的学习任务，是做不到，也是违背教学规律的。

通俗地说，这就是既简明教学目标，简省教学环节，又建立一种意义联系，构成一个相对完整的学习体系。这样的课堂，因为创造了学生演绎才情、自由思想的更多时空，就变得简约而不简单了。

浙江外国语学院汪潮教授说过：“简约不是简单，它是一种课堂感受；简约不是随意，它是一种精湛设计；简约不是低能，它是一种高效整合；简约不是无为，它是一种教学境界。”一条简简单单的阴阳鱼，直到今天，仍叫人参悟不尽。智者阐述深邃哲理的时候，并不总是玄而又玄，高谈阔论，而是通过一些寻常的话语、故事、寓言，让人迷途知返，大彻大悟。蹩脚的演说家才会把一个简单的道理说得云遮雾障，如苏东坡先生打趣的那样，“两个黄鹂鸣翠柳——不知所云，一行白鹭上青天——不知所终”。一个水分子，由1个氧原子和2个氢原子构成，无数个水分子又凝结成水，化成云雨，成为再熟悉不过的自然现象，可为什么人们常说“一滴水能折射太阳的光辉”？因为，简单的物象中蕴藏着天地至理。

删繁就简三秋树，立异标新二月花。在教学日益浮躁、奢华、功利的今天，教师更应该追求简约的课堂，思考一下，怎样以最少的投入，获取最大的产出。

第一，最为关键的，当属主问题的设计。

经验丰富的教师都善于思考，善于整合，设计出适合教学、适合学生的主问题。有位老师教汪曾祺《端午的鸭蛋》。教材后面有这样一道题：“汪曾祺是一位非常讲究语言艺术的作家，他曾经谈到自己在语言上的追求：平淡而有味，用适当的方言表现作品的地方特色，有淡淡的幽默。”教学参考仅仅把

“平淡而有味”作为学习语言的一个重点，一般老师也照此执行，这位老师却大而化之，把它作为解读整个文本的一个突破口，牵一发而动全身，使全文的主旨、内容、语言特色以及学法指导都归拢一处，大大提高了学习效度。

首先，教师单刀直入，把“平淡而有味”这一点评直接呈现出来，让学生说说文中何处见“平淡”。经过点拨、讨论，学生基本上整理了出来：一是素材平淡，所叙之物不过一枚“平淡”的鸭蛋、一枚“平淡”的咸鸭蛋，价格也不高，就算名声响当当的高邮鸭蛋，终究比不上山珍海味。二是语言平淡，通篇没有华丽的辞藻，好像一位老人搬了个小竹凳，倚靠在洒满融融阳光的院墙下，絮絮叨叨地拉着家常。接着，教师带领学生向文本深处细细探究、品味，让他们于“平淡”之中感受意韵的悠长，像嚼橄榄一般的“有味”。同时强调回答的要求：说清楚这是什么味？为什么感受到这种味？学生再次细品课文，独立思考，继以小组合作，使思维逐渐清晰、丰富起来，有的说，鸭蛋有滋味，尤其高邮咸鸭蛋，双黄，油多，“筷子的一头扎下去，吱——红油就冒出来了”，读到这儿，口水差点儿滴下来了；有的说，作者小时候能挑鸭蛋，挂鸭蛋络子，吃鸭蛋，还把萤火虫装进鸭蛋壳当灯点，特别有童趣童味；有的说，作者的家乡过端午节，风俗习惯、吃喝用玩，花样百出，令人心驰神往，充满了乡土韵味，也体现了作者心头浓浓的家乡情味。教师顺势小结，板书“鸭蛋滋味”“童年趣味”“家乡情味”，突出了学习重点，并进一步启发，“将所有这些整合起来，便再次印证了一个道理：看似平淡的生活，如果用一颗心、一双慧眼，去真切体验，细致感悟，生活就更加‘有滋有味’了；写作也一样，不必感叹生活的平淡，只是我们缺少一份应有的感动。”

第二，主问题的操作。

曾听过一堂《我的母亲》的公开课。教师围绕“文章围绕母亲写了哪几件事”“从这些事中可以看出母亲怎样的品质”这两个主问题展开教学，深入文本，感知内容。这种尝试是可行的，特别对于篇幅较长的文章，确实能起到纲举目张的作用。但是，这两个主问题的操作尚可改进。这是两个不同层面的问题，第一问属于信息筛选，第二问属于信息提炼。杂在一起重复了三到四次：先概括一件事，再分析母亲的思想性格，这使得信息支离破碎，教学流程扁平化、单一化，思维始终在同一平面上作简单的波浪形起伏，导致课堂气氛沉闷，学生大多只见树木，不见森林，影响了教学的活力与效率。

其实这可以分两步走：先筛选信息，解决“写了哪几件事”，并附带一个条件：“用简洁的语言回答”。不作强调，学生的回答也许冗长，影响概括能力的培养。等这一环节全部结束，再综合探究人物品质，解决“从中看出母亲怎样的品质”。这样，课文成了一个能力训练的例子，环节简明，操作方便，一步一步，搭建台阶，帮助学生掌握良好的学习方法。

首先，教师要深入研究教材。《我的母亲》中，把握母亲这一人物形象是学习的重点。围绕这个重点，指导学生学习方法：如何筛选信息？如何分析信息？如何把这种方法运用到实践中去？譬如，在了解内容的基础上，让学生明白，只有通过典型事例，关注细节，才能刻画人物独特而鲜明的形象。这就教会了学生如何从日常生活中发现材料，审视材料，运用材料，既落实情感态度价值观，开展感恩教育，又有效帮助学生提高写作能力。再具体一点，文中的六件事也可以整合为两大类型，一为母亲对“我”直接的关心与教育；二为母亲在与别人交往过程中对“我”潜移默化的影响。

其次，教师要研究学生学情。教师的作用，就是积极引领学生深入文本。上《我的母亲》这节课，教师对于具体事情“沉”得不深，没能落到细节上，落到重点词语上，讲到“罚跪”“舔眼翳”等处，不注意让学生即时联系生活，激发情感共鸣，读一读，品一品，说一说。其实，备课之前，教师就该具备这样一种意识：学这篇课文，不光是解读文本本身，知道课文写了什么，而是以课文为样本，掌握学习方法，或者语言方面的，或者选材方面的，或者写法方面的。教学的出发点在于“用教材”，而不是“教教材”；着眼点在于学生将得到什么，而不是教师自己是否完成了教一篇课文的任务。

再次，教师要研究教学方法。教师不妨作逆向的思考和推进，引导学生从文本末尾找到表达母亲对“我”影响深远的语句，如“好脾气”“和气”“宽恕”“体谅”等，再反推回去，筛选出与此相关的内容，进行阅读验证。这种选点突破的模块探究，或许“柳暗花明又一村”，更能提高阅读效率。主问题一旦确定下来，相关的子问题也要细心推敲，特别是一些过渡性问题、程序性问题，也不能随心所欲，脱口而出，无谓地增加学生的思考难度，造成“冷场”。像《我的母亲》执教老师的“‘老子不老子’是什么意思”的发问、“母亲割自己腿上的肉给她妹妹治病”的大段补充，节外生枝，纠缠不清，结果喧宾夺主，严重影响了主问题的顺利解决。

最后，教师要善于做“减法”，根据主问题的要求，根据学生的需求，断然割舍无关紧要的材料，哪怕它们很有趣，很能体现教师的学识。有人讲过一句话：什么叫雕塑？就是把不是脸的地方凿去，剩下的就是脸。面面俱到，什么都想讲，结果什么也讲不透。退一万步说，课堂出现“冷场”，教师也要凭借教学经验、教育机智，创造条件，重新激活、沟通、整合、引导，生成新的触发点、增长点，而不能“自说自话”，一“倒”了之。否则，学生容易形成思维惰性，泯灭创造动力，“反正老师会讲，还费力费神干吗？”

附我的《故乡》课堂实录：

师：同学们，我们小学六年级时曾学过鲁迅先生的哪篇课文？

生：《少年闰土》。

师：时隔多年了哦。当年学习的时候觉得闰土是怎样一个人？回忆一下，哪位同学来说？

生1：闰土是活泼开朗的小英雄。

生2：闰土想象力十分丰富。

师：举例说明。

生2：捡到的那些贝壳，根据不同形状，他都起了有趣的名字，像“鬼见怕”“观音手”等。

生3：他很贪玩。

师：哪里看出来？

生3：雪地捕鸟，看瓜。

师：看瓜是不是贪玩？好像不能算吧？

生3：(点头)是劳动。

师：同学们的回答说明，隔了这么多年，我们对少年闰土仍有着比较鲜明、深刻的印象。少年闰土确实活泼开朗，想象丰富，爱劳动，也有些淘气。但是，大家注意一点，《少年闰土》是不是鲁迅当年写的那篇文章的全部？谁能告诉我们？

生4：不是。仅仅是小说的前半部分。

师：或者说是其中的一部分。整篇小说叫什么？

生4：《故乡》。

师：今天，老师要给大家推荐一种学习方法，这种学习方法比较好。作家作品的节选部分当然要看，因为节选部分大多是精华。浓缩的都是精华。但要注意，大家最好去看原作的全部，节选毕竟不能代表全部。仅仅看节选部分，往往会犯以偏概全、断章取义的错误。而看原著的全部，才能以自己的眼光，全面、中肯地了解原著的真正用意。下面，我们学习鲁迅先生《故乡》的全文。(出示画面)猜猜看，这个画面的原地在哪里？

生5：绍兴。

师：你怎么知道？能否说得具体一些？

生5：河里有乌篷船。

师：对，乌篷船是绍兴的名片。

生6：是鲁迅先生母亲的娘家。

(众生笑)

师：那个村叫什么？

生6：忘了。

师：哪个同学帮他回忆回忆？（指着画面）你们看，村前有条河，上面有座石桥，桥面是平铺的。唉，对了，就叫平桥村。这是作者的故乡，那是不是作品中“我”的故乡呢？

生7：不是，因为这是一篇小说。

师：小说中的人物是虚构的，或者叫艺术加工的。虽然它带有真实生活中的人物的影子，但毕竟不能等同于人物原型。好，大家先把课文从头到尾默看一遍，把有关闰土的信息找出来，包括少年闰土、中年闰土的信息。请用不同的符号表示，这符号可以根据自己的爱好选择，但一定要前后一致。

（学生默看、圈画，教师巡视指导）

师：原文除了少年闰土（出示少年闰土的图片），很明显地增加了中年闰土（出示中年闰土）的信息。两者之间最明显、最容易被人察觉的变化是什么？

生8：外貌。

师：哟，两人一见面，你又长胖啦。确实，外貌最容易引起别人注意。你把有关的句子找出来，先少年闰土的。

生8：少年闰土是（读）“紫色的圆脸，头戴一顶小毡帽，颈上套一个明晃晃的银项圈”。

师：与之对应的中年闰土呢？

生9：（读）“他身材增加了一倍；先前的紫色的圆脸，已经变作灰黄，而且加上了很深的皱纹；眼睛也像他父亲一样，周围都肿得通红，这我知道，在海边种地的人，终日吹着海风，大抵是这样的。他头上是一顶破毡帽，身上只一件极薄的棉衣，浑身瑟缩着；手里提着一个纸包和一支长烟管，那手也不是我所记得的红活圆实的手，却又粗又笨而且开裂，像是松树皮了。”

师：仅从这外貌，你看出闰土发生了怎样的变化？少年闰土脖子上有一个银项圈带带，现在水生脖子上还有吗？（学生摇头）没有了，说明原先的生活应该比较可以的。然而，中年闰土戴的是什么？

生10：一顶破的毡帽。

师：衣服呢？

生10：薄的棉衣。

师：“薄”的前面还有一个字。

生10：“极”。

师：对，是极薄的棉衣。说明生活条件怎样？

生10：生活贫困。

师：这就是少年闰土与中年闰土之间最明显的变化。与“最明显”对应的是“最深刻”，那么，闰土最深刻的变化又是什么？外貌仅仅是人的表面，我们要透过外貌，深入人物的内心世界。而人的内心世界能一下子看透吗？不能，我们必须要通过人物语言、神态、动作，听其言，察其色，观其行，捕捉他们内心世界最隐秘的真实。老师举个例子，少年闰土有个显著特点，就是说话滔滔不绝，口若悬河，问他一句，他会答上一大串。

生11：(读)“我们沙地里，潮汛要来的时候，就有许多跳鱼儿只是跳，都有青蛙似的两个脚……”

师：你来评价一下，刚才这位同学读得如何。

生12：很活跃，兴奋，喜悦。

师：符合人物当时的心情。

生13：(读)“须大雪下了才好。我们沙地上，下了雪，我扫出一块空地来，用短棒支起一个大竹匾，撒下秕谷，看鸟雀来吃时，我远远地将缚在棒上的绳子只一拉，那鸟雀就罩在竹匾下了。什么都有：稻鸡，角鸡，鹁鸪，蓝背……”

师：语速该如何处理？

生13：适当快一些。

师：快一些才可以体现一种喜悦、活泼、热情。你来再读一遍。

生14：(读上文)

师：这是少年闰土留给我们的印象。可是，中年闰土呢？你也选一段，读一读，品一品，说说自己的感受。

生15：(读)“他回过头去说，‘水生，给老爷磕头。’”说明对老爷的尊敬，讲礼貌。

师：与“老爷”对应的会是哪种人？

生15：奴仆。

师：凡尊重都是发自内心，非常纯真，就像你尊重父母、尊重老师一样；而奴仆与老爷是一种什么关系？他们之间会有真正的尊重吗？

生15：噢，我明白了，这只是闰土的自卑。

师：说起话来应该？

生15：声音轻一些，语速慢一些。

师：那你再读一遍。

生15：(重读上文)

师：还是有些快，好像没能充分表现闰土的自卑啊。来，再读一遍。

生15：(重读上文)

师：估计这句话太短，无法充分表现你的才能。(学生笑)挑段长一些的。

生 15：那就读“非常难”这段吧。

师：这段话长一些，中间有许多省略号，说明闰土说话慢，还断断续续，这增加了朗读的难度。我们拭目以待，欣赏这位同学的表演吧。

生 15：(慢读)“非常难。第六个孩子也会帮忙了，却总是吃不够……又不太平……什么地方都要钱，没有定规……收成又坏。种出东西来，挑去卖，总要捐几回钱，折了本；不去卖，又只能烂掉……”

师：有感觉了哦？

生：有。

师：再念一遍。

生 15：(酝酿一下感情，重读上文)

师：这时的闰土已变成怎样了？

生 15：木讷。

师：文中哪一段最集中地表现了中年闰土深刻变化的？

生 16：第 62 页。(读)“他站住了，脸上现出欢喜和凄凉的神情；动着嘴唇，却没有作声。他的态度终于恭敬起来了，分明地叫道：‘老爷！……’”

师：你要读出这样的效果来：似乎闰土就站在自己身边。

生：(惊愕)啊！

生 16：(酝酿一下感情，重读上文)

师：很好啊，念出了闰土那种自卑、沉重、压抑、痛苦，少年时是称兄道弟的哥们，现在却形同陌路。“老爷”这两个字要念好，确实很不容易，要念出闰土内心复杂的矛盾冲突。所以，从语言、神态上，我们可以窥探人物的内心变化。我们再来看看，“脸上现出欢喜和凄凉的神情”，这“欢喜”“凄凉”是否矛盾？

生 17：没有矛盾。“欢喜”是因为久别的朋友重逢了，“凄凉”是闰土想到自己生活太艰难，太贫困。

师：“他的态度终于恭敬起来了”的“终于”能否去掉？

生 18：不能，“终于”说明闰土有个心理变化过程，想亲近“我”，又因为尊卑观念而造成人与人之间的隔阂的心理矛盾。

师：经过激烈的思想斗争，闰土的封建尊卑观念战胜了他们儿时的纯真友谊，最后的结论是叫“我”“老爷”。我们看到，闰土的语言、动作、神态都发生了巨大变化，从少年时的情同手足，到现在人与人之间隔着一层可悲的厚障壁，这个厚障壁，就是封建等级观念、封建尊卑观念造成的隔阂。闰土觉得，“我”是老爷，自己是仆人，一个高贵，一个低贱，这种差异永远无法改变。课文就是这样，通过对比，通过外貌、语言和神态描写，深入发掘人物的内心世界，这也是小说塑造人物的基本方法。现在，我们对闰土的认识，与小学相比，更加深刻、更加全面了吧。请问，你怎么重新评价闰土？（稍停）可以将你的思考成果与周围同学交流。

（学生交流，教师参与）

师：交流后有没有更丰富的、更深化的体会。

生19：闰土是一个无奈的木偶人。

生20：闰土是一个没有生气、没有活力的人。

生21：闰土是一个深受封建尊卑观念毒害的旧中国的农民。

生22：闰土是一个生活困顿、令人同情的人。

生23：闰土是一个善良的人。他很穷，却还要带上一包干青豆送我。

师：以前的那份感情毕竟铭记在心。现在我们明白了，鲁迅先生写这篇小说，并不在于刻画少年闰土的形象，他的真正用意是什么？

生24：是对封建压迫、封建尊卑观念的批判。

师：有这样一句名言，“环境决定一切”。在那个扼杀美好人性的封建社会，我们这些普通的农民，包括闰土，只能无奈地接受黑暗残酷的现实，从一个热情开朗的少年英雄，逐渐沦落为一个木偶人。这是闰土的悲剧，也是社会的悲剧，更是旧中国的悲剧。所以，作者最后决心要“改造旧社会，创造新生活。”接下来我们完成这样一个任务：那一天，闰土带着五岁的女儿来送“我”。“我”是怎样离开故乡的？

生：坐船。

师：闰土在码头送“我”，该是怎样一幅情景？请发挥想象，紧扣人物性格，运用语言、神态描写，写一段文字。

（学生写作）

师：请展示一下你的成果。

生25：（读）闰土向我走来，慢慢抬起头，摘下他那顶破毡帽，紧紧捏在手中，动着嘴唇，轻轻地说：“老爷，您走好……”我也说不出话，只是向他挥挥手告别。

师：你来评价一下。

生26：说声“再见”也许更好。

师：哦，分别是为了再见，并且多了一份牵挂；人已去，情犹在。

生27：（读）闰土心情格外沉重，呆呆地看着我，好几次张着嘴想说，却什么也说不出来。我尤为不快，心中愁绪万般，却难以启齿，说出来也难以改变。今夕一别，何时相会？闰土依旧戴着那顶破毡帽，穿着那件极薄的棉衣，在秋风中瑟瑟颤抖。汽笛响了，我该走了，我要去寻找一条通向新的生活的道路。

师：你也评价一下。

生 28：此时无声胜有声，于无言处更见深情。

师：也可以说是千言万语无从说起。今天的交流暂时到这儿，大家写在纸条上的内容，下课后可以深度交流，也可以交给我，让我欣赏你们的才情。“我”挥一挥手，与闰土再见了。这个再见，我想，不仅是“我”，更应该是闰土，以及像闰土这样的生活境遇，像闰土这样被封建尊卑观念、封建等级观念毒害的灵魂，我们应该去创造更新、更美好的生活。

【张孔义教授点评】

观摩了朱老师执教的《故乡》一课，给人的感觉是既简约又深厚。

简约，首先是教学目标集中。语文教材是选文式的课文，每篇课文不管长短，都包含着语文教学所有方面的因素，从语言形式到思想情感，从篇章结构到表现形式，真是麻雀再小，也五脏俱全。经典的名家名篇值得教的内容更是丰富多样，难以取舍割爱。于是，有的教师一节课希望把课文所包含的语文教学内容全部教给学生。殊不知，一节课 45 分钟，什么都想教，结果是教什么都蜻蜓点水，浅尝辄止。朱老师教《故乡》，则是根据课文特点和学生实际，恰当地确定了一个教学目标：运用比较阅读方法，分析闰土的形象。教学目标集中，教学才可能深入。

简约，还表现在教学环节的简洁。整堂课就设计为三个环节：以学生小学时学过的内容作为导入、引导学生就课文前后内容进行深入比较阅读、启发学生发挥想象进行补写。简洁的教学环节使重点内容得到充分的展开，确保学生能够深入理解和掌握。

简约的第三个表现是教师的语言简练。教师往往有一种职业毛病：说话拖泥带水。有的教师唯恐学生听不清、听不懂，一句话能说清楚的，也会翻来覆去、颠来倒去说几遍。这就造成教学节奏拖拉，语言单调而陈旧，容易形成学生的听觉疲倦。我们来看看朱老师的指导语，在要求学生默读课文时，朱老师说：“大家先把课文从头到尾默看一遍，把闰土的有关信息找出来，包括少年闰土、中年闰土的信息。请用不同的符号来表示，这符号可以根据自己的爱好选择，但一定要前后一致。”这样的指导语简明清晰，让学生即刻知道接下来的学习活动做什么和怎么做，为学生后面的学习活动指明方向，保证学习活动的有效开展。我们再来看看朱老师的讲授语言，在学生对课文有一定理解后，他对理解中所包含的规律性知识进行总结归纳，说："我们看到，闰土的语言、动作、神态都发生了巨大变化，从少年时的情同手足，到现在人与人之间隔着一层可悲的厚障壁，这个厚障壁，就是封建等级观念、封建尊卑观念造成的隔阂。闰土觉得，'我'是老爷，自己是仆人，一个高贵，一个低贱，这种差异是永远也无法改变的。课文就是这样通过对比，通过外貌、语言和神态描写，深入发掘人物的内心世界，也是小说塑造人物的基本方法。"短短几句话，言简意赅、提纲挈领，突出知识的核心内容。我们还可以看看朱老师对学生学习活动所作的评价语："你念出了闰土那种自卑、沉重、压抑、痛苦的感觉。少年时是称兄道弟的哥们，现在却形同陌路。'老爷'这两个字要念好，确实很不容易，要念出闰土那种极其复杂的矛盾冲突。"这样的评价语，三言两语，却具体指明了学生学习结果的优缺点，给学生提供及时的反馈。

需要指出的是，教学的简约不等于简单。简约的教学需要的是深厚的教学内容作为支撑。我们可以设想，如果教学目标众多，教学环节纷繁，每个教学目标和每个教学环节只需要简单涉及即可占满一节课的教学时间。如果教学目标单一、教学环节简洁而教学内容又简单，这节课会有大量的时间不知道干什么。因此，简约的教学需要有内涵，需要有深度，才能支撑起整堂课。

朱老师怎样开展课堂教学而把教学内容处理得深厚、有内涵呢？

一是激活学生的原有知识经验，使之成为学生解读课文的基础。建构主义认为，阅读的过程是运用已经具有的知识经验来解释文本所呈现的信息，进而建构起新的意义。因此，阅读教学要注意激活学生的原有知识经验，要把所学的新知识和学生已经学过的知识联系起来。朱老师上课伊始提问学生："我们在小学六年级的时候曾经学过鲁迅先生写的一篇课文，叫什么？""当时学的时候感觉到少年闰土是怎样一个人？"就是采用激活学生原有知识经验作为导入，把学生以前学过的和现在要学的联系起来，成为解读文本的契机。

二是反复品读体会。阅读教学离不开对重要细节的品读。品读不是简单地反复读，而是在品的基础上读出内涵。我们来看看朱老师怎样引导学生品读的：

师：这是少年闰土给我们的印象。可是，中年闰土呢？你也选一段，读一读，品一品，说说自己的感受。

生15：(读)"他回过头去说，'水生，给老爷磕头。'"说明对老爷的尊敬。

师：对老爷的尊敬，也就意味着对自己的？

生 15：自卑。

师：说起话来应该？

生 15：声音轻一些，语速慢一些。

师：那你再读一遍。

生 15：（重读上文）

师：还是有些快，好像没能充分表现闰土的自卑啊。来，再读一遍。

（生笑）

生 15：（重读上文）

从上面的例子可以看出，品读首先是引导学生确切体会文本内涵，然后反复尝试，读出相应的感情，从而具体形象地感悟到这种感情。

三是从具体到抽象、从简单到复杂，引导学生深入理解文本。要求学生比较《故乡》中人物前后的变化，如果没有很好的引导，学生会随意地寻找一些句子进行杂乱的比较分析，这样的分析比较缺乏一定的思维条理性。朱老师要求学生进行分析比较时，做了很好的思路引导。先提示学生：少年闰土与中年闰土“最明显、最容易被人察觉的变化是什么？”这是引导学生集中比较人物外貌变化。然后再提示：“外貌仅仅是人的表面，我们要透过外貌深入人物的内心世界。而人的内心世界能一下子看透吗？不能，我们必须要通过人物语言、神态、动作，听其言，察其色，观其行，捕捉其内心世界最隐秘的真实。”这是引导学生分析比较人物的行动、语言。最后，水到渠成地理解人物的心理、个性以及造成人物变化的社会根源，认识到作家塑造人物的意图。这样的引导学习，内容由浅入深，思路逐层递进而明晰，既理解了文本，又训练了思维。

四是读写结合。在教学将要结束的时候，朱老师要求学生发挥想象，紧扣人物性格，运用语言、神态描写，写一段文字，描述闰土在码头送“我”的情景。这样的练习，给学生提供了运用知识的机会，既检验了学生的理解，也深化了理解。

形式简约而不简单，内容深厚而不繁琐，这需要高超的教学智慧和丰厚的教学思想。

二、对崇思课堂的自觉追求

——《湖心亭看雪》磨课实录

我以为，语文教学一般可以分成三种类型：知识教学、方法教学、崇思教学。知识教学，是指以讲授字词、语法、修辞等学科知识为主的教学，它构筑了学习的基座；方法教学，是指通过文本解读、习作训练、综合实践等形式，帮助学生掌握必需的方法技能，进行能力建构、学业提升，它组成了学习的框架；第三种是站在思想的高度，在强化学生语文素养的同时，有机渗透情感态度价值观，使之具有宏大的视野与丰厚的底蕴，不断提高其学科思想的内涵，实现更高意义上的发展，它构成了学习的灵魂。知识教学、方法教学、崇思教学中，崇思教学属于最高层级，是语文教学的核心价值和终极理想，也理所当然成为语文教师自觉的不懈追求。

浙江省第二期高端班一次以《湖心亭看雪》为课例的研磨活动，较好地体现了这样一个逐级提升的过程。

下面是我和几名学员围坐一起进行磨课的整理稿。

马春娥老师：我的教学理念是“真实的阅读”，即以学生的初感为起点，教给学生一种合适的阅读方式，让学生自主运用。事实上，学生与文本之间存在着阅读落差，我希望通过点拨，帮助学生消除这种落差，提高阅读效率。因此，我不想步步设套，而是直接带学生去看雪了。因为是文言文，就让学生谈谈自己的阅读印象，但对语句、内容、情感没有十分明确，显得比较杂乱。本来想进一步引导学生思考：作者写这些内容时有什么特色？这有一定难度。经过点拨，学生仍然不行。没办法，我只好自己挑了“湖上影子”这个句子来分析。至于课堂比较沉闷，我想，主要有以下几个原因：一、预习不够充分，学生只稍微看了一下文章，书上也没什么记录；二、话题应该来自于学生，而且教师的话题目标不太明确，导致学生理解出现凝滞。三、开放性的课堂，设计一个好的话题至关重要。特别是关节点的设计，会影响课堂流程。四、教师的理解怎样转化为学生的学习行为，这需要教师重视，也就是说，要教给学生方法，使学生懂得这种方法。其实学生很投入，很用心的，能够沉下心来。这令教师很欣慰。

陈鲜艳老师：教师顺着学生的思路，一步步引导，这很好。但课堂要有清晰的主线、合理的环节。我来上这节课的话，大致分三个模块：雪之景、雪之情、雪之理。先品读句子、翻译，了解雪之景，再品读雪之情，最后推敲雪之理，探究作者去看雪的原因，如不愿做清朝的顺民。“理”多指民族气节、文人气节。

范剑萍老师：要在真实阅读的基础上提炼一个主问题。不过，这个“理”有些牵强。

马春娥老师：如果设计一个“为什么要去看雪”这个话题，是否更恰当？

陈忠文老师：我有一个习惯，就是“看学生”。我认为，这节课闷的原因有两点：一是句子翻译，这是理解的基础，学生并没有很好地理解，影响了对文本的探究，因而必须老老实实做好。这种独特的文人世界，初二学生本来就无法很好理解。二是缺少一个拎得起来的主问题。“印象”这个词比较模糊，很难把景和情都拎起来。三是领悟张岱的性情时，需要呈现一些背景资料，“金陵”“客”等不讲清楚，学生就难以理解。

图7　在教研室学习会上发言

我的点评：从好的方面说，马老师注重了朗读指导、朗读体悟，譬如通过把握语气节奏，体会“湖中人鸟声俱绝”中作者深藏着的丰富情感，也通过“与”“而已”的增和删，品味西湖雪后那种天地混沌、空阔、迷茫的特殊境界，很到位。同时能尊重学生独特的体验，如“给自己印象最深刻的句子是哪一句”“要不要讨论一下”等发问。从教学环节上看，抓住了“惟长堤一痕、湖心亭一点、与余舟一芥、舟中人两三粒而已”“是金陵人，客此”“痴”等重点语句，采取比较法、知人论世法，调动学生的默会知识，帮助学生搭建台阶，进行有效解读。但是，以简约课堂的要求来衡量，缺少一以贯之的主问题，以及这一主问题掌控下的子问题包，整个过程比较零碎、重复、模糊；以更高层面的文化课堂的要求来衡量，对文本有自己的思考，对学生的生成也有引导，然而提升的层次不够明显，钻入文本基本到位，跳出文本未到火候，过于注重方法的操作，缺少了文化的熏陶感染。

课堂是得有一个主问题，一条主线，起到纲举目张、一以贯之的功效。它源自于文本，立足于学生，牵动于教师，指向于思想文化，达成于智能情感的发展，又决不穿凿附会，而是顺势而生，仿佛本该如此，使课堂变得顺畅、高效，充满活力。由此，我想到了一个词：课脉。中医学里，脉是一个常见的概念，指人体气血运行的管道，拿来比喻语文课堂是再恰当不过了。

脉，是静态的，更是动态的。脉络相对于人体，位置固定不变；但脉络本身却始终处于动态之中，表现为脉搏或脉象，其大小、形态、幅度、紧张度、频率和节律等变化，都符合生理规律：运作混乱，表示人体患了疾病；停止运作，意味着生命的消失。要让更多学生的思维动起来，就必须借助主问题的合理设计和操作。主问题略高于学生的认知水平、生活体验、情感思想，并且形成一个子问题包，环环相扣，稳步推进，就越能够发挥激活、活化的功效。

脉，能约束和促进气血按照一定轨道和一定方向运行，不至于出现一丝丝的偏差。维果茨基的"最近发展区"理论认为，学生现有的认知水平与可能达到的水平之间就是"最近发展区"，每个"最近发展区"都是相对的、变化的，已有的"最近发展区"往往是下一个"最近发展区"的新的起始点，周而复始，螺旋上升。在这个过程中，学生的认知、情感、能力并不在同一平面上滑行，而是得到了持续不断的提升。

脉，与心的关系最为密切。气血之所以顺着脉络周行人体，全赖于心的有力搏动。语文课堂的核心是思维活动，其推进力主要来自于以下几个方面。一是学生的自我需求。有疑则问，有问则探，有探则解。课前检查预习，制定学案，了解学生的第一手学情资料，激发他们的自我发展意识，才能为师生间思维的生成、碰撞、提升打下良好的基础。二是教师的智慧。教师本身有着比较先进而独特的教学理念、教学思想，又适时优化品读法、演读法、仿写法、比较法、质疑法、合作法等，辅以精心设置的多媒体手段；同时，即时引导，当学生思维陷入凝滞的时候，或单刀直入，或旁敲侧击，或曲径通幽，各尽其妙。另外，适当引入课外材料，帮助学生强化对文本、对生活的真切感悟。

脉，能输送精华以涵养生命。工业革命以后，夸美纽斯提出了班级授课制的主张，课堂越来越处于一种工业化的状态。张文质先生说，"日复一日，所有的行政架构，所有的学校建制，所有的教育行为，需要的只是权力的程序化和授受过程的流水线运作，在这种不断以毫无个性的模式整合的框架中，所需要的不是个人的智慧、教养、个性、激情与创造力，而是面目模糊的操作者。"我们有必要提倡一种回归农耕时代的自由蓬勃的生命化教育，以文化的认识高度来培养学生的人文素养，激荡学生的人文情怀。

教师应该像一位高明的中医，准确把握课脉，以小见大，让学生通过文本，审视自我，感悟生活，涵泳文化，书写生命的意义，那么，我们的语文教学才算真正实现了“工具性与人文性的相互统一”。

以下是我执教《湖心亭看雪》的实录，可以看作践行崇思教学的一个例子。

师：老师先说一句名言，看哪位同学知识广博，知道是哪位作家说的。“秋天到了，冬天还会远吗？”

生1：雨果。

师：不是。

生2：罗曼·罗兰。

师：也不是。

生3：雪莱。

师：嗯，有点意思。老师再说一遍，仔细听哦。“秋天到了，冬天还会远吗？”

生4：老师，好像是你自己说的吧。

师：何以见得？

生4：雪莱说的是“冬天到了，春天还会远吗？”

师：(笑)这才正确！老师告诉大家一个道理，对于听到、看到的，都要开动脑筋，独立做出思考与判断，盲目跟从只能造成止步不前，提升不了真正的语文能力。今天，我们大家就来学习一篇与冬天有关的课文，去独立探究，发现作者所要表达的真正内涵。同学们，读课文尤其文言文需要注意些什么？

生5：读准字音。

生6：读通顺，不能读破句，注意节奏、停顿。

生7：读出感情来。

师：对，朗读的基本要求就这些。对于一篇刚刚拿到的课文，首先读准字音，读通文句，但要读出感情来似乎有些困难，因为这份感情必须建立在充分理解文本的基础上。因此，老师现在的要求是：读准，读通。行不行？

生：行。

(学生朗读课文)

师：请同学们评价一下，刚才的朗读有没有达到要求？

生8：没有。

师：举个例子。

生8：“湖中人/鸟声俱绝”读错了。

师：按道理该怎么念？哪里停顿？你念给大家听听。

生 8："湖中/人鸟声俱绝"。

师：正确，请大家也念一遍。

（学生齐读此句）

生 9："雾凇沆砀，天与云与山与水，上下一白"应该读得慢一点。

师：为什么？

生 9：有点绕口，把"与"字拿掉后读起来更顺。

（学生笑）

师：同学们的笑，是认同他，还是不认同他？

生 10：我觉得去掉后不好，缺少一种意境。

师：什么意境？你把"与"字去掉后读一遍，不去掉也读一遍，比较一下看。

生 10：（读）

师：不去掉的话，会让人眼前呈现出……

生 10：（沉默）

师：哪位同学帮她一下？她是茶壶里煮饺子——倒不出，有了感受却表达不清楚，是吧？

生 11：去掉"与"字，觉得湖上的景色是彼此分开的，而加上"与"，是说天、云、山、水融合在一起，给人迷茫的印象。

师：所以，它不是读起来顺不顺的问题。我们一起把这个句子再朗读一遍，读出迷茫、空阔、混沌的特点，"雾凇沆砀……"念！

（学生齐读此句）

师：我们一起把课文再读一遍，效果肯定比第一遍好。要有这份自信哦。

（学生齐读课文）

师：念得确实比第一次要好。请大家考虑，（出示课件）文中哪个词语最能概括作者看雪的心境？看哪位同学找得快、找得准，才思敏捷？

生 12：应该是"痴"。

师："痴"什么意思？

生 12：痴迷、入迷。

师：有不一样的吗？

生 13：我找的是"雾凇沆砀"，写出了雪景的广阔、迷蒙，表达出作者悠远脱俗的性情。

师："雾凇沆砀"是不是写心境的？

生 13：写景的。

师："雾凇沆砀"能反映作者的心情，但毕竟是间接的。

生 14：我觉得应该是“独”字，它强调作者是一个人前往湖心亭的，他怀着一种超凡脱俗的心态。

师：我们比较一下“痴”和“独”，哪个更好？

生 15：“独”字更好，因为《江雪》也有这个“独”。

师：我们要利用文章本身来证明。《江雪》里是有个“独”，但与张岱的“独”一样吗？

生 16：我个人认为“痴”更合适，这篇文章写看雪，并没表现出悲伤、悲哀的心情，而是一种宁静、安详，与自然融为一体，非常享受下雪天带给他的一种意境，所以，我觉得“痴”更好。

师：“独”是“痴”的一种表现。文中还有很多地方可以印证“痴”的。

生 17：“大雪三日，湖中人鸟声俱绝。”湖中一个人也没有时，作者偏偏去了。

师：“俱绝”什么意思？

生：都消失了。

师：都销声匿迹了。

生 18：“是日更定矣，余挐一小舟，拥毳衣炉火，独往湖心亭”。“更定”是晚上八点左右，张岱坐着小舟，穿着毛衣，带着炉子，深更半夜到湖上去看雪，说明他非常“痴”。

师：古代八点钟的时候会有什么景象？有没有路灯？

生：没有。

师：有没有月色？

生：没有。

生：有。

师：要从文中找根据。文中写出怎样的天色？

生：都是云、雾、雪。

师：我们不是读过“天与云与山与水，上下一白”吗？满天都是云，而且雾茫茫的一片，不可能月色一片。人家不去，他要去；白天不去，他晚上去，都说明他“痴”。去了以后，他又看到怎样的景色？

生 19：“余挐一小舟，拥毳衣炉火。”

师：这是他看到的景色吗？

生：不是。

生 19：“雾凇沆砀，天与云与山与水，上下一白。湖上影子，惟长堤一痕、湖心亭一点、与余舟一芥、舟中人两三粒而已。”

师：我们一起读一遍。

（学生齐读上句）

师：这几句话好在哪里？写出了西湖怎样的特点？

生20：我欣赏后面一句。

师：你把它读一遍，再进行分析。

生20：（读此句）这句话十分有次序，有层次。这时候，大雾迷漫，人看过去，景物由模糊到清楚，先看到湖堤、亭子，再看到舟，最后看到人，写出了天地茫茫，万事万物都融于整个天地之间。

师：从哪些词语中看出来？

生20："一痕""一点""一芥""两三粒"，都把景物写得很小。

师："痕"给人什么印象？

生21：模模糊糊的。

师：同样道理，"一点"也说明小。"一芥"呢？

生22："芥"是小草的意思，文章把小舟比作"小草"，说明它的小。

师：如果改成"湖上影子，惟长堤一横、湖心亭一座、与余舟一艘、舟中人两三个而已"（出示课件），用了这"横"字会怎样？看，后面同学笑了，说明他已经默然心会。

生23："横"说明景物庞大。

师：比如说"人民解放军百万大军横渡长江"，给人的感觉是……

生24：气势磅礴。

师：用在这里行不行？

生24：不行。

师：后面的"一座""一艘""两三个"呢？

生24：都过于庞大。

师：用了这些词，景物就显得庞大，整个天地反而变小了。其实湖中天地小不小？

生：不小。

师：哪个句子写出来？

生25："天与云与山与水，上下一白。"

师：这是一种什么写法？

生：对比。

师：天地之大，眼前景物之小，形成了对比。作者水平高在哪里？这段文字，只寥寥几笔，却把别人难以描摹的景色清晰地呈现在我们眼前。我们可以闭上眼睛想象一下，上面是满天的云，下面是满地的皑皑白雪，景物若隐若现，一片迷茫。读文章，一定要发挥自己的想象，钻进去，才能读出味道来。我们再把这个句子读一遍。

（学生齐读此句）

师：到了湖上，作者遇到了一件意外的事件。

生26：有两个人也在湖中看雪。

师：作者心情如何？

生27：很高兴。

师：哪里看出来？

生27：“大喜”。

生28：不对，“大喜”是那两个人的，“有两人铺毡对坐，见余，大喜曰”，是他们见了“我”，才非常高兴，要和“我”“强饮三大白”。

师：“我”的心情？

生28：也很高兴。因为“余强饮三大白而别”。

师：“强”什么意思？

生28：尽力，说明“我”原先不太会喝，现在因为开心，便尽力喝了三大杯。

师：这叫什么？叫志同道合。大家都有同样的兴趣，深更半夜到湖上来看雪，因此，彼此很高兴，多喝了几杯。也可以用一句老话来形容，是什么？

生：酒逢知己千杯少。

师：这里倒不是“千杯”，应该是“酒逢知己三杯少”。几个人初次见面，该打个招呼吧。所以，“我”便“问其姓氏”。然而，这两个人怎么回答？

生：“是金陵人，客此。”

师：“客此”怎么理解？

生：客居于此。

师：“客”本来是什么意思？

生：客人。

师：这里呢？

生：客居。

师：不能理解为现在的“做客”。“客”一般指漂泊在外。按道理，“问其姓氏”，对方该回答“我姓张”“姓李”“姓王”之类，他们却不说，只答“是金陵人，客此”，其中有什么微妙之处呢？我们暂且来看“金陵”。为什么要特别提到它？它指现在的哪个地方？这需要我们有点历史知识哦。

生29：指南京。

师：南京曾是哪个朝代的国都？

生：明朝。

师：作者是哪个朝代的人？

生 29：明朝。

师：现在生活在哪个朝代？

生 29：清朝。

师：作者生于明朝，后半生生活在清朝。你怎么知道的？

生 29：注解中有。

师：你能根据注解来理解课文，这是很好的学习方法。提到“金陵”，作者就想到了明朝。我们知道，西湖是在杭州，那两个人是金陵人，张岱是绍兴人，大家离开故乡，漂泊到了杭州，都成了“客”。你是客，我也是客，有着共同的兴趣爱好，萍水相逢，“同是天涯沦落人，相逢何必曾相识”。为什么成了“沦落人”啊？

生 30：他们在国家灭亡之后成了难民。

（学生笑）

师：换个更贴切的词语。

生 31：遗民。

师：大家都经历了国破家亡之痛，漂泊在外。我们看，（出示课件）张岱出身于官宦世家。明朝时，他生活极其豪奢放纵。明朝灭亡后，在清朝统治下，他又做了四十年的遗民，虽生活贫乏，却心甘情愿。《陶庵梦忆》中自序道：“陶庵国破家亡，无所归止，披发入山，駴駴为野人。”陶庵，是张岱的字。他国破家亡了，没有一个归所，只好披散头发，进入深山老林，成为令人惊骇的野人一般的人了。他为什么披发？就是反抗清朝的剃发令，不愿脑后拖一根辫子。因而，写“是金陵人，客此”，更多的是表示什么？

生 32：对明朝的怀念。

师：也就是故国之思。（板书“故国之思”）老师想起了南唐后主李煜的词，“小楼昨夜又东风，（学生接念）故国不堪回首月明中”，“梦里不知身是客，一晌贪欢”。张岱偏知身是客，怎忍贪欢？所以，我们理解他为何要将“湖上影子，惟长堤一痕、湖心亭一点、与余舟一芥、舟中人两三粒而已”与“雾凇沆砀，天与云与山与水，上下一白”进行对比，其实暗含了这样的意思：天地如此之大，却不是明朝的天地，而是清朝的天地；把自己写得这么渺小，是告诉我们，这天地不再属于我的了。我们还可以看看另一则材料：1935 年，日寇加紧了侵华步伐，中华民族面临着生死存亡的威胁。“一二·九”运动前夕，清华大学党支部书记、北平市西郊党委委员蒋南翔，在为游行做准备的过程中，完成了《清华大学救国会告全国民众书》，其中有：华北之大，已经放不得一张平静的书桌了。对于张岱而言，则是……

生：天下之大，已经没有我的立身之地了。

师：老师将课文改写成了一首诗：(出示课件)“湖影朦胧堤一痕，小舟一芥渡孤身。雪中天地何其大，悲怆无容漂泊人。”张岱家破国亡的悲痛充塞于《湖心亭看雪》的字里行间啊。我们一起把这首诗读一遍。

(学生读诗)

师：请大家用“好个________的张岱”的句式来概括自己对张岱的认识。

生 33：好个喜欢看雪的张岱。

师：似乎还没有深入到人物的内心世界。

生 34：好个爱国的张岱。

生 35：好个思念故国的张岱。

生 36：好个情趣盎然的张岱。

生 37：好个遗世独立、孤傲不屈的张岱。

师：同学们，张岱身上是有文人的闲情逸致，但更多的是亡国之痛、故国之思，是吧？(学生点头)下面，我们再把课文一起读一遍，读完就下课，不过，这次一定要准确地把人物的思想感情读出来。好，一起读。

(学生齐读课文)

【张孔义教授点评】

初中文言文教学主要教什么？通观真实的课堂教学，不难发现其有四种类型。一种是以教古代汉语为主，注重字词句落实，强调古汉语的虚词与句法。确定这样的重点教学内容，能够扎实学习文言文的基础知识和基本技能，适合目前文言文检测的要求，但往往会演变成古代汉语知识的教学，教学略显枯燥乏味。二是以教文体样式为主，如教《湖心亭看雪》，注重引导学生学习描绘景物的方法等。确定这样的重点教学内容，符合文类特点，但会出现把古代名篇的教学等同于现代名篇的教学的现象。三是重点体会作者的思想感情，确定这样的教学重点，符合“披文入情”的阅读规律，但有时会出现就事论事的局限视野。四是重心移到理解古代文人的情感背后所反映的一个时代的思想文化精神特征，确定这样的教学重点，似乎和第三种教学重点相类似，其实不然，从具体教学内容的选择看，第三种教学目标局限于理解作者此时此地的感情及其变化，这是理解个人的暂时性的、偶然性的情感，而第四种教学目标则是理解作者的历时性、必然性的情感，并由这种感情上升到一个时代的文人所共同具有的一种思想文化精神。这样的教学定位显得视野更为高远。我们知道，《义务教育语文课程标准》在“课程总目标”中对文言文教学规定了两条相关目标：“能借助工具书阅读浅易文言文”，“认识中华文化的丰厚博大，汲取民族文化智慧”，前者是基础目标，后者是终极目标。朱老师执教的《湖心亭看雪》的教学中心正是着眼于后者。

由于朱老师执教的《湖心亭看雪》的教学重点放在较为深远的思想文化内涵上，因此，其教学难度也就更大。其实，前面所分析的四种教学重点反映了四种教学深度，即从文言文语言学习，到文类特点学习，再到文内深层感情的感悟，最后到时代思想文化精神的领会。应该说，前三种教学目标更接近学生的原有知识水平，属于“跳一跳，摘果子”的水平，教师教学和学生学习都会比较顺畅。第四种教学目标则有点远离学生的知识水平，一般的教师教学很难达到。那是长在树顶上的果子，站在树下的学生有可能看不到，即使看到了，教师如果采取“鼓动学生跳起来摘果子”的策略，学生再怎么竭尽全力也是够不着的。但是，那些果子确实是最鲜美的，最值得去摘取。这就需要教师选择与教学内容相适配的教学策略，以便帮助学生摘到树顶上的果子。朱老师教学最难能可贵的地方，正是在于设计了与教学内容非常适配的教学策略，那就是搭建从学生现有的知识水平通到古代名人高远心灵的桥梁，让学生通过这座桥梁，能够接通先哲们的灵犀。用通俗的话来说，那就是为学生搭建梯子，让学生通过梯子，摘到树顶上的果子。我们来看看朱老师在教学中是选择什么教学策略，怎样建桥搭梯的。

一是朗读品味，积累语感。阅读文言文离不开朗读。朱老师朗读指导的可贵之处在于，不是简单要求学生反复朗读，而是在朗读时反思“该怎么念”。在这样的引导下，当读到“雾凇沆砀，天与云与山与水，上下一白”时，有的学生就自己感悟到“应该读得慢一点”，还有的学生感悟到一个句子中连用三个“与”字，描绘出“天、云、山、水融合在一起，给人迷茫的印象”。这时候，老师再要求学生把这个句子朗读一遍，读出那种迷茫、空阔、混沌的特点。正是通过这样的朗读、品味、反思，帮助学生逐渐积淀文言文的语感。

二是披文入情，领悟文意。刘勰在《文心雕龙》里首次提出“披文入情”。他强调“夫缀文者情动而辞发，观文者披文以入情”。这里，“披文入情”就是要拨开表面的文字，深入到作者的心灵世界。“沿波讨源”意思是要沿着水流去探索源头。“披文入情”由此成为一种研读作品的方法，即阅读文学作品，要从其语言入手，探讨作者在作品中所表达的情意。我们来看看朱老师在教学中是怎样一步一步地引导学生由文面深入到文心讨得“源头”的。以朱老师引导学生研读“雾凇沆砀，天与云与山与水，上下一白。湖上影子，惟长堤一痕、湖心亭一点、与余舟一芥、舟中人两三粒而已”为例，朱老师首先提问：“(这几句)好在哪里？写出了西湖怎样的特点？”学生分析道：“这句话十分有序，有层次。这时候，大雾迷漫，人看过去，景物由模糊到清楚，先看到湖堤、亭子，再看到舟，最后看到人，写出了天地茫茫，万事万物都融于整个天地之间。”学生的思维由具体到抽象，领会到了作者写景时的感受。朱老师再追问：“从哪些词语中看出来?”把学生的注意力引到了对“一痕”“一点”“一芥”“两三粒”这些词语所表现的含义。为了加深学生理解，朱老师又把原文改写为“湖上影子，惟长堤一横、湖心亭一座、与余舟一艘、舟中人两三个而已”，让学生对比阅读分析。这时，学生的思维又从抽象回到具体，深刻感受到了作者写景的深层含义。最后，朱老师根据学生断断续续的分析理解，进行了归纳总结：“作者水平高在哪里？这段文字，虽只寥寥几笔，却把别人难以描摹的景色清晰地呈现在我们眼前，我们甚至可以闭上眼睛想象一下，上面是满天的云，下面是皑皑的雪，景物若隐若现，一片迷茫。读文章，一定要发挥自己丰富的想象，钻进去，才能读出味道来。”“披文入情”的“情”是蕴含在文字之间的，作者不直露地表白，留给读者想象的空间。教师引导学生解读文本，就是要引导学生从文章的语言入手，探讨捕捉作者在作品中所传达出的“情意”。

三是知人论世，卒章显志。知人论世，是孟子在《万章下》提出来的：“诵其诗，读其书，不知其人可乎？是以论其世也。”意思是说，要结合作者的生平思想及其所处的时代来对作品进行考察，才能正确把握作品的内容。这成为古人研读作品的又一重要方法。中学教文言文，不是为了学习古汉语知识，而是通过阅读文言文，了解古代思想文化，通过分析批判，传承优良的思想文化传统。因此，仅仅掌握文言文的字词句的种种含义以及文章所写的内容和感情还是不够的，应该进一步结合作者的生平、思想主张、作品的写作背景等来解读作品，从而透视出作品所反映的那个时代的思想文化特征。在实际教学中，语文教师也都经常介绍作家作品以及时代背景。可惜，不少教师把作者生平和时代背景作为一种独立的知识介绍给学生，而不是将其纳入解读文本的框架之中。朱老师是在学生基本理解文意的基础上，巧妙地引入了作者的生平、思想、时代背景，并把这些内容作为探求作者写作意图的把手。其巧妙在于：首先，不是固守成法，开头就介绍作家作品和写作背景，而是在解读作品需要时，也就是在引导学生分析理解“是金陵人，客此”的含义时，才将这方面的内容引入。其次，不是面面俱到地介绍，而是选择有助于解读文本的相关内容。例如，从“金陵人”联系到明朝，从明朝联系到作者生活在清朝而解读出“遗民”的心态，由此而凸显出“故国之思”的思想文化情结。一点一点地导入相关背景知识，使学生从“是金陵人，客此”这寥寥几字，窥探到了远离学生生活时代的古人的内心秘密。再次，不是抽象罗列，而是重感性描述。能够打动中学生心灵的，往往不是抽象的阐述，而是形象描述的感受。朱老师介绍作者的生平、联系相类似的人物事件，都是采用事例描述的方式，让学生很容易地感受到其中的思想情感。正是得益于以作者生平思想和写作背景来深入解读作品，学生才能真切理解到作品所蕴含的作者的思想以及所反映的那个时代的思想文化特征。

从积累语感，到领悟文意，再到把握作品所蕴含的文化精髓，学生在教师的引导下研读古文，获得了对古人思想情感、古代文化的理解，这是思想文化传承所必需的基础。

三、“实”而“活”

——《两小儿辩日》课堂录评

文言文教学有它的特殊性，一是词义难以理解，二是句法难以掌握，三是内容难以领悟。因而，在教学实践中，一般都先解决语句翻译，扫清阅读障碍，再深入文本，引导学生把握其中的思想情感。然而，有些教师过于重视字字落实，一字一词地抠，一句一节地译，把文言文当成了第二门“外语”，加上学生认知、经验、兴趣、个性等诸多因素的影响，使教学难以得到创新发展，甚至时时陷入误区，不能自拔，出现“满堂灌输”“冰冷解剖”“涣散刻板”的种种状态。这样就出现了一种怪象：我们其实在教着已经现代汉语化了的“文言文”。钱梦龙老师在《文言文教学改革刍议》中指出：“文言文教学是语文教学改革的一个‘死角’，即使在语文教学改革很红火的年代，文言文教学这块‘世袭领地’上仍然是一派‘春风不度玉门关’的荒凉景象。”

教学的过程是师生交往、共同发展的互动过程，教师要发挥学生的自主精神，引导学生质疑、探究、解疑，使学习成为在教师指导下的主动而富有思想个性的发展过程。文言文教学必须“实”而“活”，不仅注重字词翻译，掌握必需的文言词法、句法，还要进行合理的探究、欣赏、体验、运用，既掌握字词之用，又体味文中之情，想象文中之景，感悟文中之道，把握文中之思，运用文中之法，使文言文课堂教学既体现语文学科的特点，学会文言文阅读的基本方法，又有机渗透传统文化思想，实现“文以载道”。

以本人执教《两小儿辩日》的实录为例，作一番阐述。

师：同学们，这里有两幅图片，分别是早晨、中午的太阳。请大家结合生活经验，说说哪幅图中的太阳要离地球近。

生1：早上的近，中午的远。

生2：我赞成他的说法。早上，太阳刚从海里升起来，比较大，也比较红；中午时，太阳就小了，颜色也淡了。

生3：老师，不管什么时候，太阳离地球是一样近的。

师：何以见得？

生3：小学里的科学老师告诉过我们，地球总绕着固定的轨道绕太阳旋转。

生4：不一定。地球绕太阳转，不同的季节，距离也不一样的。

师：后面两位同学为什么说得正确？对，因为他们掌握了一定的科学知识。看来，学好知识，学好文化很重要啊。两千多年前的古人可没你们这么幸运，他们对大自然也充满了好奇，也在不断思考、探索。他们遇到了这种天文现象，会怎样解释？他们的所作所为，又告诉我们什么道理？今天，我们一起学习《两小儿辩日》这篇文言文，寻找其中的答案。课文出自哪本书？

生5：《列子·汤问》。

师：这是一本怎样的书？

生6：(捧着参考资料读)列子，名寇，又名御寇，相传是战国时期的道家人物，是老子和庄子之外又一位道家思想代表人物，郑国人。课文通过两小儿辩日，孔子不能判断谁是谁非，说明宇宙之大、知识之广，虽智者也不能事事尽知。(抬头看老师)

师：看来你作了非常充分的预习，这种精神是好的，希望坚持下去。但是，对于参考书，也要有自己独立的看法。送你一句话，“尽信书则不如无书。”孟子说的，他的意思是：完全相信书，倒不如没有书。是吗？

生6：哦。

师：老师先把课文读一遍。不过，你们必须认真听，待会儿我要请你们点评一下的哦。(范读课文)

生7：“及日中则如盘盂”的“盂”要读第二声。你读成第一声了。

生8：“此不/为远者小/而近者大乎”要读成“此/不为/远者小/而近者大乎”。

生9：“孰为汝多知乎”的“知”读错了，要读第四声。

师：为什么？

生9：“知”是通假字，通“智”，聪明，就要读第四声。

师：哎呀，老师竟然读错这么多，太不应该了。看来，书要认认真真读，不然会闹笑话的啊。我相信同学们一定比老师认真，读得更好。来，大家一起把课文朗读一遍。

(学生朗读课文)

师：同学们，学习文言文要做的第一件事是什么？

生：翻译。

师：那好，老师就提出翻译的要求：先自己翻译；有不懂的，圈画出来，打上问号，请同座帮助；仍有不懂的，再提出来让全班讨论。不过，能自己解决，就尽量自己解决。对于不懂的文言词语，我们可以借助什么工具？

生10：查字典。

生11：利用课文下面的注解。

生12：以前学过的，也可以尝试着用。

师：这些都是学习文言文的基本方法。接下来就翻译课文吧。

（学生自主翻译）

师：有没有不理解的词语？看来大家都胸有成竹了。那我来考考大家。“孔子东游，见两小儿辩斗”中的“东”什么意思？

生13：到东方。

师：本来是“东方”的意思，这里解释成“到东方”，这叫词性活用，名词作状语。再问一个：“我以日始出时去人近”的“去”什么意思？

生14：离开。

生15：不是“离开”，是“距离”。

师：和现在的“去”意思一样吗？

生15：不一样，现在的“去”是“到，往”的意思。

师：这一句中的“以”呢？

生16：认为。

师：“问其故”的“其”呢？

生16：其中。

师：难不倒我们的同学啊。下面我们该理解课文内容了。我想知道的是：两个小孩的看法各是什么？为什么会有不同？

生17：（读）“一儿曰：‘我以日始出时去人近，而日中时远也。’”

师：用现代汉语怎么说？

生17：一个小孩说：“我认为太阳刚出来的时候距离人要近，到中午的时候就远了。”

生18：（读）“一儿以日初出远，而日中时近也。”

师：你也翻译一遍吧。

生18：一个小孩认为太阳刚出来时离人远，中午时就离人近了。

师：翻译很顺畅，说明你们对文言文有很好的感觉。他们的理由各是什么？

生19：（读）“日初出大如车盖，及日中则如盘盂，此不为远者小而近者大乎？”

师：先问一下，“及”和“为”是什么意思？

生19：及，“到”的意思；为，“是”的意思。那个小孩说，早上太阳像车盖那样大，到了中午就像盘盂一样小了。

师：知道车盖吗？

生19：（摇摇头）

师：我们看过古装电视剧吗？皇帝出巡时坐的车子，上面张着一顶伞一样的东西，就像现在的遮阳伞，但它的柄是朝前弯曲的。当然，皇帝老儿并不仅仅拿它遮阳，主要用来显示皇家威仪、皇家派头的。另一个小孩的理由呢？

生20：（读）“日初出苍苍凉凉，及其日中如探汤，此不为近者热而远者凉乎？”

师：也问你几个词。“汤”什么意思？

生20：热水。

师：这个词其实现在仍在使用，特别在乡下，倒了一杯热水喝，就说是喝汤；千万别以为请你喝肉汤、菜汤哦。

（学生笑）

师：这两个小孩为什么产生分歧？

生21：一个是看太阳的大小，一个是看太阳的冷热。

生22：他们观察的角度不同。

师：也就是一个从视觉的角度，一个从触觉的角度，对吧？

生：对。

师：这倒难了，公说公有理，婆说婆有理。正好，来了救星孔夫子。我们学过《〈论语〉十则》，知道孔子这个人吗？

生23：孔子是我国古代伟大的思想家、教育家。

生24：孔子懂得很多知识。

师：用个词语，叫……

生24：学识渊博。

师：很好。孔子是古代的圣人，他最后做出了评判吗？

生：“孔子不能决也。”

师：孔子，中国著名大教育家，泰斗级人物，怎么“不能决”？大家思考一下，仍然解决不了的，可以小组讨论。

（学生讨论）

生25：这个问题太难了。

生26：当时科学技术落后，人们对自然界知道得很少。

生 27：知识无穷无尽，大学问家也不是什么都能知道的。

师：孔子毕竟是个有学问的人，凭他的本事，糊弄一下两个黄毛小孩，还不是小菜一碟？

生 28：孔子实事求是，不懂就是不懂。

生 29：知之为知之，不知为不知，是知也。

师：你活学活用啊！想象一下，孔子该是怎样一副表情。

生 30：孔子很惭愧。

生 31：尴尬。

生 32：内疚。

师：那好，我们请三位同学上来。干什么？

生：表演。

师：(分派角色)同学们，拍电影电视的，演员权力大，还是导演权力大？

生：演员，明星。

生：导演。

师：应该说是导演权力大，他想让谁演就谁演，他想让演员怎么演，演员就怎么演，他想让哪个演员出名，哪个演员就出名。现在，大家想不想过一把导演的瘾，指点指点这三位演员，让他们火一把？

生：想。

生 33：演孔子的，应该摸摸胡子，甩甩长袖，因为孔子是个有学问的人。

生 34：孔子说话要慢条斯理，手里拿着一本书。

师：春秋战国时期有书吗？纸什么时候发明的？

生 34：纸是东汉蔡伦发明的。

师：那么孔子手里该拿什么？

生 34：竹简。

师：对啦。

生 35：两个小孩说话要奶声奶气一点。

生 36：两个小孩子瞪大了眼睛，说起话来要快，像在吵架。

生 37：孔子最后还要仰天长叹。

师：同学们的建议很好，(对着三位演员)看你们的表演才能啦，大家欢迎！

(学生表演)

(表演完毕，学生自发鼓掌)

师：通过这个故事的学习，我们懂得了哪些道理？

生 38：知识是无穷无尽的，我们要不断探索大自然的奥秘。

生 39：要实事求是，不能不懂装懂。

生 40：要善于观察。

师：看来大家对这则故事的内容、主题有了一个比较深刻的理解了。现在，我们来完成一个练习，看是不是真的理解，能灵活运用了。(出示课件)

昔者共工与颛顼争为帝，怒而触不周之山，天柱折，地维绝。天倾西北，故日月星辰移焉；地不满东南，故水潦尘埃归焉。

【注】颛顼(zhuān xū)：传说中的上古帝王名。　潦(lǎo)：积水。　归：聚拢。

(学生自由朗读)

师：请同学们翻译短文中加点的词语。

生 41：为，做。触，撞。

生 42：绝，断绝。

生 43：故，所以。

师：与课文比较一下，这个故事在解说什么现象？

生 44：解说自然现象。

师：什么自然现象？

生 44：日月星辰往西北方向移动，江河都往东南方向流淌。

师：古人对大自然不够了解，又很想了解，怎么办？他们只好想象，编个故事来自圆其说，于是，美丽的神话故事就诞生了，如嫦娥奔月、夸父逐日、盘古开天、吴刚伐桂、精卫填海、刑天抗争等。大家有兴趣的话，课后可以找来读一读。鲁迅的《故事新编》也有写这方面的。回过头来，这个神话故事与课文都体现了古人一种什么精神？

生 45：都体现了探索的精神。

生 46：他们都热爱大自然。

师：希望大家像那两个小孩一样，时时发扬可贵的探索精神，不断发现问题，解决问题，取得更大进步。

(一)给予学生自主学习空间——避免“满堂灌输”

针对文言文教学容易走入“满堂灌输”这一误区，教师必须转变教学理念，摆正位置，确立以学生为中心的思想，指导学生进行自主、合作、探究式学习，阅读课文，发现问题，寻求策略，找到结论。

《义务教育语文课程标准》强调，“学生是学习的主体，语文课程必须根据学生身心发展和语文学习的特点，爱护学生的好奇心、求知欲，鼓励自主阅读、自由表达，充分激发他们的问题意识和进取精神，关注个体差异和不同的学习需求，积极倡导自主、合作、探究的学习方式。教学内容的确定，教学方法的选择，评价方式的设计，都应有助于这种学习方式的形成”。文言文教学中，教师不必过多考虑诸如上课时间是否来得及、教案上准备的没讲到或者讲不完怎么办、学生提些古里古怪的问题是否影响教学进度、万一回答不上学生的提问怎么办等，关键是看学生的思维是否发挥了、能力是否形成了、人文体验是否丰富了。况且，学生的自读也不会是盲目的，而是有针对性的，或多或少体现出一种质疑的精神。有人说过：“自读、质疑的过程是学生主动探究的过程，讨论的过程是使主动探究形成结论的过程。”学生在主动探究、讨论过程中，往往会有老师意想不到的新发现。这样的教学才是生成性的，才能最大限度地调动学生的学习积极性，变被动学习为主动学习，获得可持续发展。

《两小儿辩日》中两个环节的处理，我就着眼于此：一是新课导入。利用多媒体出示图片后，我问道：“同学们，这里有两幅图片，分别是早晨、中午的太阳。请大家结合生活经验，说说哪幅图中的太阳要离地球近?”学生议论纷纷，各抒己见。由于贴近学生实际生活，他们的兴趣迅速被激活，为自主学习创设了良好的心理环境。其二是字词翻译。我让学生利用工具书、课文注释，自主理解词义，疏通文义；遇到仍不理解的字词，圈出来，打上问号，请其他同学帮助。在此过程中，我时刻观察学生的进展，根据需要，用“考一考”的方式查漏补缺，提示要点，强化巩固。这样，气氛活跃起来了，学生好胜心上来了，个个跃跃欲试，效果非常好。

我努力避免着“满堂灌”的做法，强调师生之间、生生之间的互动。这种互动是那样自然、和谐：解答正确了，同学报以微笑；回答错误了，却是善意的辨析。教师不再是一名辛苦的“知识搬运工”，学生也成了富有自主精神的“人”，一个富有鲜活思想力的“人”。

(二)引导人文情感走进学生心中——避免“冰冷解剖”

人教版初中教材选用的文言文多为名篇佳作，千百年来，它们滋养着一代又一代炎黄子孙的精神家园。文言文所具有的丰富的人文内涵，决定了文言文教学不能仅停留于字词句的诠释上，而要像《语文课程标准》说的那样，“重视情感、态度、价值观的正确导向”，“培养学生正确的思想观念、科学的思维方式、高尚的道德情操、健康的审美情趣和积极的人生态度，是与帮助他们掌握学习方法、提高语文能力的过程融为一体的，不应该当做外在的附加任务。应该根据语文学科的特点，注重熏陶感染，潜移默化，把这些内容渗透于日常的教学过程之中”，让人文情感走入学生内心世界，使学生对课文产生强烈的情感和思想共鸣，成为自身成长中不可或缺的精神营养。譬如《童趣》《夸父逐日》《咏雪》《陈太丘与友期》等，其盎然的儿童情趣，完全可以作为文言文教学的向导，消除学生可能存在的“怕”文言文的心理误区，增强文言文教学的亲和力。

在《两小儿辩日》中，我设计了三个层次分明的问题：(1)两个小孩的看法各是什么？为什么会有不同？(2)孔子是古代的圣人，他也“不能决”，说明了什么？(3)读了这则寓言故事，你有什么启迪？第一问，主要是筛选信息。第二问，主要是探究理解。第三问，主要是迁移升华。其中孔子的“不能决”最令人回味。孔子，中国著名大教育家，泰斗级人物，他怎么“不能决”？这一问题触及了文言文的人文情感，教师不该敷衍了事。教学中，我让学生独立思考，然后组织小组合作，请学生各抒己见。学生的思维很有力度，见解独到，如“知识无穷无尽，大学问家也不是什么都能知道的”，“孔子实事求是，不会不懂装懂”，“知之为知之，不知为不知，是知也”，“当时科学技术落后，人们对自然界认知甚少”等等。这样，解读自然不再是“冰冷解剖”了。

需要指出的是，从教材中深入挖掘人文因素，对教师的自身素养提出了更高要求。“要想知道梨子的滋味，你就必须先亲口尝一尝。”教师必须对教材深入钻研、反思，把握教材的人文内涵，才能很好地在教学中呈现出人文情感来。而这一过程，实际上也是一个在教师的引导下，启发学生对课文内容进行探索、研究的学习过程。它鲜明地带有学科综合性的特点，能有效培养学生的创新精神和实践能力。

(三)运用丰富灵活教学方法——避免“涣散刻板”

俗话说：“正确的方法是成功的一半。”培养学生阅读文言文的兴趣与能力，教师必须灵活运用多种教学方法，拉近学生与文言文的情感距离，促使文言文知识技能的类化、内化、迁移。《语文课程标准》指出，要在“教学中努力体现语文的实践性和综合性”，“努力改进课堂教学，整体考虑知识与能力、过程与方法、情感态度与价值观的综合”，“重视启发式、讨论式教学”，“积极开发、合理利用课程资源”，努力“沟通课堂内外”，“拓宽学生的学习空间”。

常规的教学方法较多，如诵读法、贯讲法、归纳法、比较法等，但法之运用，在于综合，更在于心，所谓“法在于心，得乎其妙”。这里主要讲两种方法。

1. 比较拓展法。

首先比较词法、句法。如“孔子东游”的“东”，作状语用，意为“到东方”，属词性活用；“我以日始出时去人近”的“去”，是“距离”的意思，与现在的“到，往”属古今异义；“孰为汝多知乎”的“知”，通“智”，“聪明”的意思，是一个通假字。特别是常用的“为”“以”“其”“而”等，一定要认真比较，使之清楚。

但更要比较思想感情和写作特点。例如《岳阳楼记》《醉翁亭记》，作者因同一事而被贬谪，范仲淹“不以物喜，不以己悲”，“先天下之忧而忧，后天下之乐而乐”，不甘沉沦，昂扬奋进；而欧阳修则表面上娱情山水，“与民同乐”，实则深含着抑郁衰颓之情。平时备课，教师要重视这一点，积极查寻与教材有关的各类素材，作为“教学资料平台”，分门别类，积累下来，每学期装订成册，随时调用。

在《两小儿辩日》的教学中，我设计了“拓展训练”这一环节——用多媒体出示文字材料：“昔者共工与颛顼争为帝，怒而触不周之山，天柱折，地维绝。天倾西北，故日月星辰移焉；地不满东南，故水潦尘埃归焉。”要求学生回答：(1)翻译短文中的加点词。(2)与课文一样，这个故事解说了一种什么现象？(3)你认为这个神话故事与课文都体现出古人的一种什么精神？三个问题，三个不同层面的比较拓展：字词翻译的、阅读理解的、触发感悟的，知识与能力的覆盖面比较全。从学生自主活动的状况看，因有前面分析探究的基础，也有比较的横向关联，效果十分满意，目标达成度较高。

2. 模拟表演法。

参与学习活动，是提高学生素质的需要。教师要争取让每个学生都自觉投入进来。模拟表演符合初中学生争强好胜、自我表现的心理特点，能充分调动学生的参与度、积极性，使能力、智力等各个方面都得到锻炼和提高。

《两小儿辩日》人物集中，内容简明，场景单一，又相对完整，有对话，有神情，具备一定的想象空间，适合学生模拟表演。因此，在充分理解文本的基础上，我安排了一场模拟表演。表演之前，先作启发铺垫：“不能决”时，孔子的表情会怎样？学生有说“惭愧”的，有说“尴尬”的，也有说“内疚”的。再让学生做导演，提出表演的建议。这让更多的学生调动默会知识，设身处地，揣摩孔子的一举一动，体验孔子的情感变化，深刻把握文中的人文精髓。学生表演惟妙惟肖，赢得了满堂喝彩，如演孔子的学生，摸摸“胡子”，甩甩“长袖”，说明他有了一定的人文理解和生活体验。在思辨中，在活动中，孔子的窘迫、两小孩的率真，都融入学生头脑，产生了思想的碰撞和情感的共鸣。这种通过模拟表演以客观评价历史人物，能使学生具体而深刻地体味到文言文教材中人文精神的博大精深。

文言文教学是语文教学中一个特殊而重要的部分，教师要走出误区，积极探索，做到“实”而见“效”，“活”而见“妙”。

附文：

感受朱益群老师的教学智慧

邱荣珍　浙江省长兴县水口中学

在成长博客的“特级教师家园”里，有一位特级教师被誉为“有思想的教师”，他就是朱益群老师。这个家园的特级教师各有特色，如上海的程红兵是“人文书生校长”、成都的李镇西是“爱心民主教育”，这些称谓也许都体现出了该特级老师的教育教学思想和风格。当我在特级教师的家园里看到朱老师这样的美誉后，心里想：人都是有思想的，但是，他却特别突出“有思想”，看来，此人该有与众不同的思想吧。

他的独特“思想”是什么呢？

2007 年 4 月 27 日，在长兴县首届初中语文骨干培训班上，我非常有幸地听了朱老师的《两小儿辩日》和他有关“课堂教学”方面的案例分析，领略了朱老师的教学智慧。

（一）美丽的“错误”

朱老师通过两幅图片，一幅是早上的，一幅是中午的，引导学生通过观察，谈感想，得出有关“远”和“近”的结论。接下来，朱老师说：“两千多年前的人遇到了这样的现象，会怎样解释呢?”很自然地引导学生进入了课文。

范读课文（普通话不是很标准）时，我们注意到朱老师“读错”了几个重要的字，当时，我就在纳闷，特级教师怎么可能连通假字都读错了呢？当老师读完全文后，老师的一句发问让我们刚才的疑问顿时消逝了，心里的第一反应是，老师故意读错了几个重要的字，目的是要让学生挑老师的毛病。心里这样想，马上在听课笔记上记下了“教师的智慧”几个字。试想，当听到老师叫他们挑老师毛病的时候，尤其是发现老师读错了几个字，学生是多么兴奋呀：我居然能发现老师的错误。学生能不高兴吗？有了老师这样一个美丽的错误，学生和老师的距离马上拉近了许多，为下面课堂的和谐奠定了一个很好的基础。

（二）鼓励的智慧

教学中经常有这样的事情发生：当老师问到一个问题时，学生就不加思考地将教学辅导书上的答案说一遍。我往往有两种做法：一是给予很好的评价，说什么“很好”“很会思考”之类的，然后就是大家给他以热烈的掌声，这种情况往往发生在公开课上；二是对学生照念答案的行为进行批评，这种情况往往发生在常态课上。

朱老师在请学生回答《列子·汤问》的有关知识时，有一位学生拿着资料，非常认真地“回答”了，将与课文有关的（包括内容解读以及思想内容）都做了详细解答。我注意到，当时就有不少听课老师发出了细微的笑声。我在想，朱老师会怎样评价呢？学生回答完毕后，朱老师首先对他的“预习精神”给予了肯定，稍微停顿了一下，又对他进行了一些学习指导：对于参考书，也应该有自己的意见。都是鼓励的，即使是批评，也是用带有激励性的语言进行指导。

我看到这里，心里受到深深的启发，什么才是真正的“以学生为本”思想，什么是真正的和谐课堂。

后来，我注意到，这个学生在整个学习过程中都非常认真，举手发言的次数也比较多，表现出了积极的学习状态。试想，假如没有对他的回答加以艺术的点评，这个学生可能就没有这么好的状态投入学习。

（三）授渔的智慧

文言文的学习，对于初一年级的学生来说，方法的掌握远比知识的掌握更重要，这就要求老师有较高的“授渔”能力。朱老师在说自己的教学设想的时候也谈到，要注意“让学生知道怎样学好文言文”。

在教学中，教师没有直接告诉学生该怎么怎么学习，而是问学生“文言文学习所做的第一件事是什么”。当学生回答了“翻译”后，老师就提出了自己的翻译要求：先自行翻译，然后同座互相帮助，仍有不懂的，再全班讨论。之后，老师又问：对于不懂的文言词语，我们可以借助什么工具？让学生明确学习文言文的基本方法。

可以说，整篇文言文翻译，都是由学生自主完成的。老师只是起好点拨的作用。教会了学生充分利用默会知识，温故而知新，学会了翻译文言文的基本途径：借助注释，借助工具书，运用默会知识。这就真正培养了学生学习文言文的能力。

本节课结束时，老师又安排了一出“课本剧”表演。应该说，这样设计也是很正常的，没有什么特别的地方，很多老师都会。但是，在平时的教学过程中，往往是在布置学生表演时，老师自己就充当了导演，指导学生应该如何如何。朱老师没有这样，他在安排好演员后，并没有急于叫学生表演，而是问学生谁想当导演，然后让他们谈该如何拍这部戏。“导演”们都谈到了一些注意点：熟悉台词，准备道具（比如孔子可以手捧一册竹简），注意人物的身份与性格等等。学生当导演，给我们留下了深刻的印象，学生的记忆也会更加深刻。

在这个环节里，老师设计“表演”的目的，不在于学生演得多好，而是利用这样一个平台，让更多的学生参与活动，教会学生如何表演、如何了解课文背后深沉的历史文化。

这里，朱老师为我们带来了一个全新的理念：要提供学生自主学习的空间，避免满堂灌输；引导人文情怀走进学生心中，避免冰冷解剖；要丰富教学方法，避免涣散的教学。

总之，听了朱老师这堂课，我真正领略到了一个“有思想”的特级教师的风采，他的思想是深邃的，是充满智慧的。

四、从说明文中学什么

——《生物入侵者》二次备课实录

什么是说明文？按照传统的说法，就是以说明为主要表达方式来解说事物、阐明事理而给人知识的文章。它通过揭示概念，说明事物的特征、本质及其规律性。说明文一般介绍事物的形状、构造、类别、关系、功能，解释事物的原理、含义、特点、演变等，它的实用性很强，包括广告、说明书、提要、提示、规则、章程、解说词、科学小品等。

然而，目前的诸多问题，严重影响了说明文教学的有效性。

其一，文章归类不尽合理。

现在有人还在重申“淡化文体”的观念，认为文本阅读存在共同的指向、一致的规律、相通的方法，中学生只需学会信息的筛选、整合、提炼、运用就可以了，不必分门别类，去一一掌握各种文体的阅读方法和写作方法。我们也常常看到考试中“文体不限，诗歌除外”之类的要求。事实上，各种文体自有独特的阅读规律和阅读方法，不能一概而论，这是由文体特性决定的。从本意上说，“淡化文体”应是为了减少不必要的条条框框，以迎合学生个性发展需求的。有时候，基于文体特征的阅读或写作的方法越多，反而越束缚住学生手脚，使他们顾虑重重，难以下笔。而且，“不限”不是不要文体，削弱文体特征，而恰恰强化了文体色彩，指令学生必须从各种文体中任选一种展开学习行为。

受这种观念影响，说明文单元编排出现了众多不和谐的地方。陈忠文老师说，《说“屏”》并非在说明“屏”这种物件，而是在谈作者发现的一个关于“屏”的美学观点，因而“归到文化散文也许更有合适的教学内容”。特级教师王君认为，《敬畏自然》是一篇议论性散文，“涉及很多非常前沿的生物学乃至哲学理论，颇具争议性，初二学生如果要深入理解还有相当的困难。”其他如《桥之美》，是一篇美学随笔（偏重议论的散文）；《化石吟》是一首以化石为特定抒情阐理对象的诗歌，展开丰富的联想，进而生发无尽遐思；《喂——出来》是一篇科学幻想小说，反映的是对生态环境的忧患意识；《恐龙无处不在》则是一篇科普论文，着重阐述对于科学研究方法的一个独到观点。

可喜的是，越来越多的教师已经发现了这一点，并通过不懈探索，正在努力矫正。陈红军、董水龙两位老师在《构建科学文本的阅读图式》一文中指出："'说明文'的文体概念，混淆了实用类文体(说明书等)和科学作品的界限，不利于对学生进行文体辨认，从而对实用类文体和科学作品的阅读与写作教学产生不利影响；而且，由于把科学作品限定在'说明文'即主要是科普作品的范畴内，严重制约了学生真正的科学素养的提高——即培养学生通过学习科学言语，造就学生养成逻辑思维、辩证思维能力和科学论证的严密性的思维习惯。"应当肯定一点，无论阅读还是写作，文体感至关重要，它是语感中的一个必备元素。离开了文体感，也就失去了相应的文体思维。适合记叙文的，未必适合说明文；适合说明文的，也未必适合议论文。随着学历的增长，学生的文体意识理应不断得到强化。

其二，偏离说明文学科知识。

说明文教学中，有些教师往往行为发生错位，没有把重点放在学科本位上，而是节外生枝，在非语文学科的环节上过度投入，喧宾夺主，造成了课堂效率低下。有位老师上《故宫博物院》，没有重点讲解故宫的特征、故宫的内容，以及为了说明故宫特征和内容而采用的顺序、方法，而是大谈特谈"星巴克"事件，大谈特谈西方文化对中国传统文化的入侵、销蚀。还有位老师，在上《落日的幻觉》一课时，往讲台上放了两个玻璃杯，一只注满了水，一只空着，分别插入一根筷子，然后请学生逐个上台，观察"折射"现象；然后用简笔画画出了折射现象，并作了物理学上的解释。学生听讲时如痴如醉，活动时兴致勃勃，极大地满足了好奇心与探究欲，但说明文本身固有的阅读和写作知识却依然知之甚少。

即使在教材中，也露出偏重于科学知识的端倪。如《大自然的语言》的目标定位是：(1)了解物候现象；(2)学习说明方法。对于第一个目标，我认为不太恰当，教师既应当帮助学生了解文章所说明的对象及其特征，更要去帮助学生认识作者是怎样组织语言文字、运用怎样的表达方式、反映怎样的科学思想，合理、清晰地加以呈现，并提供给学生可资借鉴的写作方法。至于课后的"研讨与练习"就更为明显：

阅读课文，用一两句话回答下列问题：

1. 什么叫物候和物候学？

2. 物候观测对农业有什么重要意义？

3. 决定物候现象来临的因素有哪些？

4. 研究物候学有什么意义？

我不是说这个练习设计一点意义也没有，它多少也留下了语文学习的印迹——让学生学习简单的信息筛选，因为不必费多少工夫，他们就可以从文本中找到相关答案。王尚文教授关于“语文教学的基本内容是言语形式……启发引导学生感知、体验作品的言语形式，这是阅读教学的中心环节”的这一论断理应成为说明文教学的行动指南。但这一练习设计的指向，太缺少说明文阅读的鲜明特色，放在别的文体学习中也似乎绰绰有余。

即使说明文自身所涉及的科学知识也处于不断发展、完善的过程中，过去认为正确的，现在仍然正确？过去认为错误的，现在仍然错误？法国昆虫学家法布尔的《昆虫记》，以其观察的细腻、文笔的生动，历来备受人们的青睐。不过，方舟子在他的《方舟子破解世界之谜》一书中提到：“法布尔虽然细致地描绘了昆虫世界，但是并不是用严谨的语言，而是大量采用拟人手法，甚至用人类社会的观念来解释昆虫的习性，其科学观念在当时就已不合时宜”，“《昆虫记》在中国一直被视为优秀科普著作，也的确激发了许多人的科学兴趣。但是我们必须意识到，它的文学价值远远大于科学价值。它的科学知识是不可靠的，读者如果对昆虫学有兴趣的话，应该从更严谨的、更现代的科普著作中学习。它的科学观念更是错误的。将它当作科普著作本已不合适，如果再宣扬其过时的错误观念，甚至利用它攻击现代科学，那更是买椟还珠了”，“在进化论已成为生物学界的共识的时候，法布尔仍然顽固地反对进化论。”因此，教师所需要的，是牢牢站在语言文字的立场上，在培养学生抓住要点、筛选信息、提炼信息的能力，清晰地说明事物的能力的同时，使学生形成科学精神和科学思想方法。

其三，教学程式逐渐僵化。

教师不能有任何借口忽视说明文特征、方法、顺序这三要素的解读与训练，这是说明文教学的重要任务。但正像列宁说的那样，“真理往前再跨出一步，就会变成谬误”，教师不能僵化处理，一讲说明文，总是按部就班。哪个句子运用了什么说明方法？起到了什么作用？几乎成了说明文阅读一成不变的定律。如果仅仅一篇说明文这样教，也未尝不可；但每篇说明文都这样教，恐怕学生早已在低层次的周而复始中消磨光了学习的热情和动力。

有位教师为《中国石拱桥》总体设计的四个问题就是一个典型例子：

1. 中国石拱桥的特点是什么？

2. 课文采用了哪些说明方法？这些说明方法分别起到了什么作用？请各举一例解说。

3. 课文举了很多座拱桥，它们按什么说明顺序安排？

4. 说明文的语言必须准确、简明。试从文中找出一例加以体会，说说它的好处。

细化到具体的教学环节上，也存在这种问题。如《奇妙的克隆》，有位教师设计了这样一次练习：为了说明“克隆是什么”，作者运用了一些说明方法。请说说下列各句的说明方法：(1)一个细菌经过20分钟左右就可一分为二。(2)凡此种种，都是生物自身的一分为二或自身的一小部分的扩大来繁衍后代，这就是无性繁殖。(3)关于克隆的设想，我国明代的大作家吴承恩已有精彩的描述——孙悟空经常在紧要关头拔一把猴毛变出一大群猴子，猴毛变猴就是克隆猴。可想而知，学生除了依次知道举例子、列数字、作解释、引用法这几个冷冰冰的抽象概念，对以后如何进行说明文阅读几乎毫无效能。

山东省鱼台县李明哲老师在《警惕：说明文教学的去语文化》一文中指出：“教科书编者对教学内容的误导，而由训练和考试造成的不是感悟，而是成为技术性阅读，如果施教者本人对‘教什么’又缺乏清醒的认识，就很容易导致说明文阅读教学中的技术主义倾向(我并不反对技术性训练，我反对的是说明文教学中不要‘语文’的那种技术性训练)。”这一批评可谓一针见血，切中要害。我们必须追求这样一种教学行为：以说明方法为例，不仅让学生知道说明方法的名称、作用，更让学生理解，在什么情况下选择哪种说明方法才是最妥当的？假如选择另一种说明方法，又会产生怎样的表意缺损？这样，在比较中鉴别，在鉴别中运用，在运用中强化，才是掌握说明方法的真正目的。

基于我的预后教学理念以及以上认识，我对《生物入侵者》做了二次备课。

第一次教学设计是：

【教学目标】

1. 把握“生物入侵者”这一说明对象的主要特点。

2. 了解说明的基本顺序和一般方法。

3. 培养学生求真的科学精神，提高学生的环保意识。

【教学重点】

1. 了解说明事物时，必须首先把握事物特征这一要求。

2. 学会运用合理的顺序、方法进行说明。

【教学难点】

1. 理解举例子、列数字的说明方法。

2. 初步体会说明文语言的准确性、条理性。

【教学过程】

一、导入新课

大家有没有发现，以前海盐长满了水草的小河浜，现在却已经被水葫芦占据了。这种水葫芦是20世纪80年代作为观赏植物引入我国的，由于环境适宜，没有天敌，就到处疯长，终于成为一害，给农业、水产业等造成了极大损失。下面，我们一起学习《生物入侵者》，希望借此提高我们保护生态环境的意识。

二、整体感知

1. 学生快速自读课文。

2. 初步感知：

(1)本文说明的对象是什么？

生物入侵者。

(2)什么是生物入侵者？

生物入侵者，就是原本生活在异国他乡、通过非自然途径(人为干预下)迁移到新的生态环境中的生物。

三、品读课文

1. 对这些生物，作者为什么不说“迁移”而说“入侵”呢？

它们不仅破坏某个地区原有的生态系统，而且还可能给人类社会造成难以估量的经济损失。

2. 是什么造成了这些生物的“入侵”？

非自然途径：搭乘跨国贸易的“便车”达到“偷渡”的目的。

跨国宠物贸易也为“生物入侵者”提供了方便。

3. 本文采用了什么说明顺序？

这是一篇事理说明文，按照逻辑顺序进行说明。文章先解释“生物入侵者”的概念，然后介绍其危害、成因、人们的看法、采取的措施，符合人们的思维规律。

四、理解说明方法

1. 课文运用了哪些说明方法，具体介绍了“生物入侵者”的危害？

主要运用了列数字、举例子、打比方等。

2. 找出运用上述说明方法的相关语句，说说这样运用的好处。

列数字

①从“二战”至今，关岛本地的11种鸟类中已有9种被棕树蛇赶尽杀绝，

仅存的两种鸟类的数量也在与日俱减，随时都有绝种的危险——仅仅在20世纪四十年代至今的六十年间，关岛鸟类就由11种减少到2种。这个数字变化，清楚说明了“生物入侵者”对自然生态的危害。

②到目前为止，人们为了清理和更换管道已耗资数十亿美元。

③仅在美国，每年由“生物入侵者”造成的经济损失就高达两千多亿美元——与例②一样，说明“生物入侵者”对人类危害之大。

举例子

①蒲公英和山涧溪水中的鱼虾——在人类文明的早期，陆路和航海技术尚不发达，自然界中的生态平衡没有受到太大破坏；

②欧洲斑贝、亚洲天牛和南美红蚂蚁对北美洲的入侵——“生物入侵者”给人类带来了巨大危害；

③棕树蛇几乎灭绝了关岛鸟类——“生物入侵者”对自然生态的破坏；

④新鲜水果和蔬菜、跨国宠物——产生“生物入侵者”的人为原因；

⑤美国众议院通过议案，要求加强对可能夹带外来物种的交通工具的跨部门监控——目前各国对待“生物入侵者”都采取了相应措施。

打比方

①生物入侵者——这一类“入侵”的“移民”会对人类和自然造成危害；

②偷渡者——突出其行为的不为人知，并悄悄地给人类造成危害；

③搭乘跨过贸易的“便车”——形象地说明了“生物入侵”的途径。

五、拓展体验

1. 你知道自然界还有哪些“生物入侵者”？

预设：加拿大一枝黄花、食人鱼等。

2. 现实生活中如果发现“生物入侵者”，我们该怎么做？

（学生自由发言）

六、课堂小结

这是一篇关于生态问题的说明文，向我们说明了什么是“生物入侵者”以及“生物入侵”带来的巨大危害，促使我们对这一特殊的生态现象引起高度警觉。我们不仅获得了一定的生态知识，还要培养高度的社会责任感。另外，课文条理分明，运用了列数字、举例子、打比方的说明方法，为我们写作说明文提供了借鉴。

七、布置作业

1. 要求学生用列数字、举例子、打比方来说明粉笔。

2. 课外交流自己搜集的关于生物入侵的资料，然后到班上展览。

经过二次备课，我是这样展开教学过程的：

【《生物入侵者》课堂实录】

师：我们来看一幅图片。你们觉得这种植物长得怎么样？

生 1：非常漂亮。

师：能否再具体一些？

生 2：望过去，上下一片绿色，郁郁葱葱，生意盎然。

师：但是，我们要清醒地认识到，这片绿色的背后，实际上潜藏着危机：这种植物叫微甘菊，一旦扎下根来，就会疯狂生长，紧紧缠绕住其他树木，让它们无法呼吸，晒不到阳光，最后，除了微甘菊，所有植物全部死亡。而且，这种植物并不是土生土长的，而是外来户，人们专门用一个词语来称它们，叫作……

生：生物入侵者。

师：今天，我们通过学习，就要了解什么是生物入侵者，它们是怎样入侵的，到底造成了什么危害，课文又是如何一一说明清楚的。

（学生默看课文）

师：老师先给大家一道题目做做：

（出示课件）

1. 比较下列三种情况，说说它们有什么不同之处。

(1)一颗蒲公英种子随风飘荡几十千米后落地，并在那里生根、发芽、成长。

(2)在非洲维多利亚湖，尼罗河鲈鱼的引进导致 200 多种地方鱼种的灭绝，这是有史以来最大的一次脊椎动物的灭绝。

(3)在我国历史上，葡萄、胡萝卜、豌豆、核桃等物种由外国沿着丝绸之路被引进到中原地区。

生 3：蒲公英是外来生物，不对当地生物产生危害。

生 4：尼罗河鲈鱼是外来生物，导致了 200 多种地方鱼种的灭绝。

生 5：葡萄、胡萝卜等物种也是外来生物，但没有对当地生物产生危害。

师：都是外来物种，蒲公英与葡萄、胡萝卜等又有什么差别？

生 5：蒲公英是自己飘过去的，而葡萄等是人们特地引种进来的。

师：那就是自然迁徙和人工引种的区别了吧。下面我们看第二小题：请说说由此而生成的关于“生物入侵者”的认识。

生 7：凡通过人类活动而迁到别的地方，并对那里的生物、环境造成危害的，就是生物入侵者。

师：课文中有一句类似的话，是什么？大家读一遍。

（学生朗读）

师：这句话中，大家发现什么有价值的信息吗？

生8：“入侵”。

师：这个词容易使我们联想到中国历史上的什么事件？

生8：日本鬼子侵略我国。

师：能不能用“移民”这个词？

生9：必须是非自然行为。

师：更确切地说法，叫作……

生10：不正当途径。

师：对。日本鬼子本来生活在日本群岛上。他们并没受到当时国民政府的邀请，就非法武装入侵，肆意践踏我们的国土，烧杀抢掠，犯下了滔天罪行。文章用这个词，就是说，这些外来生物也像日本鬼子一样穷凶极恶，到处危害。我要大家明确一点：学习说明文，首先要了解说明对象以及它的特征。请问，这些生物入侵者，通过哪些途径入侵的？

生11：通过跨国贸易，依附在商船上进来。

生12：当作宠物引进来的。

师：这两个途径，你们根据哪个词来区分？

生：“此外”。

师：这样一来，说明的条理就很清楚了。文中有一句话：（出示课件）“许多生物学家和生态学家将‘生物入侵者’的增多归咎于日益繁荣的国际贸易，事实上许多‘生物入侵者’正是搭乘跨国贸易的‘便车’达到‘偷渡’目的的”，改成“许多生物学家和生态学家将‘生物入侵者’的增多归咎于日益繁荣的国际贸易，事实上许多‘生物入侵者’正是在跨国贸易中被携带到其他地方的”，你们觉得如何？先看一看两句话中有哪些不同。

生13：原句的“便车”“偷渡”去掉了。

师：有什么不好？

生13：原句用了打比方，要形象生动。

师：形象生动地说明了什么？请把话说准确，说完整。

生13：形象生动地说明了生物入侵者迁移的方法。

师：“便车”有什么好处？

生14：顺路，不用花钱。

师：“偷渡”呢？

生15：说明它们的行动是违法的，见不得人，只能偷偷摸摸来。

师：两个打比方一用，语言就很形象，很生动，告诉了我们生物入侵的工具和方式，好像历历在目一样。改了以后呢？虽然也能说明问题，但终究干巴巴的，读起来了无趣味。所以，巧妙使用打比方，能使平实的说明文增色不少。我们再来看这张图片，(出示石板桥图)请大家用打比方的方法，简单介绍这座石板桥，看谁的更出色！

(学生思考)

生16：石板桥就像一条彩虹，横跨在小河上。

师：彩虹是什么形状？

生16：弧形。

师：《中国石拱桥》第一句话就是“石拱桥的桥洞成弧形，就像虹”。但是，请仔细看，这座石板桥的桥面是弧形的吗？

生16：不是弧形，是平的。

师：用彩虹来打比方，合适吗？

生16：不合适。

师：为什么？

生16：不符合特点。

师：所以说，任何一种打比方，都必须符合事物的特征。

生17：石板桥就像一块木板。

师：整座桥都像木板？支撑桥的脚，也就是桥墩呢？

生18：石板桥像只巨大的板凳。

师：太好了，你既考虑了桥面，也考虑了桥墩。这与桥梁专家茅以升不谋而合啊。茅以升怎么来打比方呢？他说：“桥是什么？不过是一条板凳。两条腿架着一块板，板上就可以承担重量。板凳的腿就是‘桥墩’，桥墩下面，伸入土中的‘脚’就是‘基础’，板凳的板就是‘桥梁’。”给点掌声吧！

(学生鼓掌)

师：课文在说明生物入侵者的危害时，经常使用一种说明方法，你们发现吗？

生20：举例子。

师：哪些例子？

生20：斑贝、棕树蛇、地中海果蝇、蛇、蜥蜴、山猫等。

生21：列数字。

师：哪些数据？

生21：(读)“从‘二战’至今，关岛本地的11种鸟类中已有9种被棕树蛇赶尽杀绝，仅存的两种鸟类的数量也在与日俱减，随时有绝种的危险。一些生物学家在乘坐由关岛飞往夏威夷的飞机上曾先后6次看到棕树蛇的身影。”

师：这些数据强调了什么？

生 21：强调了生物入侵者的危害。

师：我们试着写一段文字，把刚才这位同学读的句子中的例子、数据统统拿掉，能不能同样突出生物入侵者的危害？

（学生写作）

生 22：（读）“从‘二战’至今，关岛本地的很多鸟类中已有一部分被棕树蛇赶尽杀绝，仅存的少数几种鸟类的数量也在与日俱减，随时有绝种的危险。一些生物学家在乘坐由关岛飞往夏威夷的飞机上曾先后多次看到棕树蛇的身影。”我觉得这样一改，虽然知道棕树蛇对当地鸟类造成了危害，但不知道危害的程度到底如何。

师：反正棕树蛇造成的危害大，很大，非常大，大到无法用语言表达的程度。

（学生笑）

师：这样一来，印象就非常模糊，引不起人们的强烈关注。所以，举例子、列数据，是作者在用事实说话，这种说明方法最有说服力。大家以后若要写类似的说明文，不妨学着用一用。包括前面提到的打比方。

（学生点头）

师：对于人们的所作所为，我们可以用“引狼入室”来概括。这个“狼”指什么？

生：生物入侵者。

师：“室”呢？

生：被外来生物入侵的地方。

师：其实，这一切都是人类自己惹的祸。

（学生笑）

师：除了书上提到的生物入侵者外，你们还知道哪些？

生 23：加拿大一枝黄花。

生 24：水葫芦。

师：大家知道的很多嘛。（出示课件）看，这就是水葫芦，很漂亮吧。它刚引进来的时候，确实是作为一种观赏植物的，现在却成了一种祸害。（继续出示图片）原来江南水乡常见的水草，俗称东洋草，都被它完全替代了，人们要花费大量的物力、财力、精力，年年去捞。偏偏这水葫芦繁殖力特别强，“野火烧不尽，春风吹又生”。可惜，还有人并没意识到这是生物入侵者。前几天我在《南湖晚报》上看到，有些宾馆仍在把加拿大一枝黄花当作装饰品。植物有，动物有吗？

生 25：食人鱼。

师：也是被水族馆当作观赏鱼引进的。连人都吃的鱼，一旦逃入河里，后果不堪设想啊。这些人，贪图一时之利，其实在做着什么？

生：帮助生物入侵者入侵。

师：帮助它们继续危害生态环境，危害人们的生活环境。看来，保护生态环境任重而道远啊。但我相信，同学们绝不会步他们后尘，贪一时之快，却留下无尽之患！最后布置一份作业。我们学习了打比方、列数字、举例子这三种说明方法，就请同学们以粉笔为对象，用上其中的一种，写一段文字，向同学介绍粉笔的特点、用途，不少于300字。

【课后自我反思】

我在想：文本的全部内容，都必须全部转化成学习的内容，毫无保留地传授给学生吗？很多教师实际上也竭尽全力地“把所有的问题都自己扛”，担心因为漏了什么而影响学生的学习、考试。这涉及了教学的一个常理：文本内容等不等于教学内容？教学内容等不等于学习内容？既然课文是个例子，是个样本，它的内容就永远大于教学内容；而学习内容的确定，则完全根据学生的现有知识经验和未来学业成长需求。根据课程教学目标、单元教学目标、课时学习目标，教师必须对内容做出灵活而合理的筛选，放大可用资源的价值。二次备课时，我把精力集中到了引导学生了解说明对象的特征，理解打比方、列数据、举例子这三种说明方法上来，摒弃了部分教材内容(如人们对“生物入侵者”的认识与防范)、理清说明顺序、品读说明性语言的准确性等模块。说明文教学与认识事物和事理一样，只有在互相联系、由表及里的探究中，才能找到方法，发现规律。而做到这一点，只有选用合适的教学方法，从不同视角出发，才能培养学生观察的能力、比较的能力和提炼的能力。

这节课中，我两次运用了比较法，将两个或两个以上的内容放在一起对比，激发学生思考，开拓思路。第一次比较：了解说明对象的特征。我并不简单要求学生从文本中找出界定“生物入侵者”概念的句子，然后读一读，讲一讲，就算完成了任务，而是精心挑选了三个典型例子，让学生仔细辨别它们之间的差异，从而在头脑中能动地构建起“生物入侵者”的概念。这种学习方式，不是教师居高临下的给予，而是引领学生对信息进行有效加工，以实现思维由“识记”向“理解”层面的迅速提升。第二次比较：体会说明方法的作用。我一并采用了梯级训练方式。第一步，亮化教师的导向色彩。我抛弃“呈现例句——明确方法——了解作用”的固有套路，而对原句作了适当修改，去掉了两个打比方，让学生充分感受到，说明文也需要形象生动的语言，以更好地突出事物特征。第二步，发挥学生能动探究的作用。出示包含列数字、举例子的语段后，我要求学生尝试改写，看不用这两种说明方法，能否同样深刻揭示“生物入侵者”的危害。结果，学生在信息重组中，在开怀一笑中，真正领悟了说明方法的奥妙。

学习的终极目标，是培养学生对于知识、方法的运用能力。教学过程中，我出示了一个课外材料：用多媒体投映出一张石板桥的图片，要求学生用打比方的说明方法进行介绍。选择这个材料主要基于两种考虑：一是学生刚刚学过《中国石拱桥》《桥之美》，况且石板桥本身就是江南水乡再普通不过的道路建筑，因而形成了一定的默会知识，具备了一定的学习条件；二是石板桥与“生物入侵者”为两类不同性质的事物，既防止了认知上的简单复制，又建构了能力迁移与创生的物质基础。实施的过程中，学生仍然出现了问题，没有观察到位，没有把握特征，把石板桥比成了“彩虹”。好在稍加点拨，学生马上认识到了错误，及时做出纠正，最终得出“像一条巨大的板凳”的答案。教师顺势推出桥梁专家茅以升的相关描述，极大地满足了学生的成就感。

王勇老师在《谈说明性课文如何上出“语文味”》中说道：“我理解的语文味，应该包含四层意思：一是知识训练。语文教学中，经过反复训练让学生获取语言文字知识。吕叔湘先生说：‘撇开语言文字训练进行语文教学，这是一种半身不遂的语文教学。’二是习得方法。叶圣陶先生说，阅读‘必须使种种学习方法成为学生终身学习之习惯’。三是形成能力。叶老说：‘一要得其道，二要经常地历练，历练到成了习惯，才算有了这种能力。’四是情感、态度、价值观的取向。”逐条对照过去，我以为，这节课始终行驶在语文学科这一轨道上，立足语言文字，渗透方法运用，指向科学精神，体现出浓浓的“语文味”来的。

五、充分展示思考的过程

——《街角》《就是这一个》课堂录评

明月一轮，高悬中天，如诗如梦，令人绮思。拿来比喻作文教学，它就好像我们孜孜以求的理想，人人心向往之，“欲上青天揽明月”；但就是不知道如何“揽”，即便“逸兴壮思”，也“飞”不上云端。况且人教版的教材编排偏重人文性，以话题为统领，把题材关联的几篇文章组合起来作为一个单元。这种体例，说得不中听一点，极像一本主题性杂志，大大弱化了语文学科固有的知识体系。写作教学呢？也可怜兮兮地依附于综合性学习，缺少相对独立、自成系统的框架，使得很多教师盲人摸象，举步维艰，陷入了“蜀道之难，难于上青天”的窘境。

有人形容写作教学是摸着石头过河。摸过河的人当然有，但淹死的也不好完全排除吧。好不容易涉水爬上对岸的，往往心有余悸，哪还敢想着去蹚前面更大、更深的河流？

写作教学为人诟病，重要的一个原因，就是效率低下。而效率低下，又源于缺少作为一门学科所应该具备的一套可资操作的程序、方法，特别是关于思维训练方面的。这套程序、方法尚未被人挖掘、整理出来，形成一个大家公认的科学体系。教师只能凭自己的实践经验和文学底蕴，苦苦支撑；而部分教师又未身体力行，无法积累写作的直接经验，体会不到写作中的酸甜苦辣，也就无法想学生之想，急学生之急，提供学生最需要的实践参考。

我想，解决写作教学的难题，除了第二章中《写作教学的前提与组合》提及的之外，可以从两个方面入手。

（一）提供思维训练的中介

仔细推究起来，学生对作文产生畏难，无从下笔，也并非材料缺乏之故，而是他们无法把获得的信息进行意义加工，形成发散性思维、创造性思维，才造成意象枯竭，想象贫乏，思路凝滞；“精骛八极，心游万仞。观古今于须臾，抚四海于一瞬；笼天地于形内，挫万物于笔端”的理想境界才成了美丽的海市蜃楼。

发散性思维又称求异思维、辐射思维，指根据学生已有经验出发，从一个基点（原点）出发，运用假设、推测、联想、想象等形式，沿着各种不同的途径去思考，探求多种解析的思维，呈现出不周延的特点。美国心理学家吉尔福特认为，发散性思维具有流畅性、灵活性、独创性三个主要特点。流畅性，指智力活动灵敏迅速，能在较短时间内发表较多见解，是发散性思维的量的指标；灵活性，指思维具有多方指向，触类旁通，随机应变，不受功能固着、定势的约束；独创性，指思维具有超乎寻常的新异成分，善于空穴来风，无中生有，它更多地表证发散性思维的本质。各种思维活动中，想象又是最为核心、最为宝贵的元素。

以我九年级第一学期执教的一节《街角》作文指导课为例。

师：（出示一幅线条画）先来做个小游戏，放松一下心情吧。请大家发挥想象，说说这些简单的线条表达了怎样的内容，比如说一个场景。

生1：中间一竖是旗杆，上面斜线是旗，下面曲线是旗的影子。

师：关于想象，要注意两点：一要丰富；二要合乎情理。

生2：挂衣服的支架。

师：请注意，我们不仅讲究“像什么”，而要在此基础上，拓展为一个具体的场景。

生3：蛇绕在旗杆上。

师：想象丰富起来了。其实，同学们的这个年龄最富想象力了。

生4：田野中有一棵玉米秆子，玉米掉落到地上，只剩上面光溜溜的一片长叶子。

师：有情景了。

生5：有只手碰到了电线杆子，正好天上闪电，于是……

师：结局注定悲惨。也说一下老师的想象：竖的是一个墙角，上面斜线是步枪刺刀，下边是一条狗尾巴。然后……大家补充下去。

生6：监牢。

师：请解说一下，你为什么想到了监牢。

生：那是一堵高高的围墙，里面自然是监狱；在墙角的另一面，有一位哨兵，紧握着上了刺刀的枪，一动不动地站着，警惕地注视着周围的一切；他脚下的那条狼狗，忠实地蹲在主人身旁，摇着尾巴，两只眼睛在黑暗中闪着绿莹莹的光。

师：很有画面感，内容也非常丰富。确实，一个拐角，平淡中透着些未知的神秘，产生许多意想不到的东西。今天，老师就以“街角”，特别是老城的“街角”作为这次学习的一个基点，和大家一起演绎更多的精彩。第一个问题：在街角，你看到了什么？

生7：一位白发苍苍的老奶奶，挑着一副担子，担子两头是木箱子，木箱子上面放了很多麦芽糖，她在卖麦芽糖。

师：我也多次见过这个老奶奶。她手里还捏着两块切麦芽糖的铁片，可以敲出很好听的声音，用来招徕顾客。

生8：街角那儿很热闹，人来人往。

师：能否具体描述一下。

生8：车辆非常拥挤，很难通过，像一只只甲壳虫，排着队，慢慢蠕动；骑车的人、走路的人，就在汽车缝中钻来钻去，像一条条鱼。

师：老师想起了一个成语，叫“车水马龙”。

生9：街角晾满了衣服，五颜六色的。

师：就像联合国国旗。你的描述，让我想起了作家王安忆笔下的上海小胡同。

生9：我说的就是上海的小胡同。

师：同学们的描述很朴实，也很温馨。那么，街角有没有与上面说的不尽相同的场景？

生10：过年时，一次我路过街角，发现有个小男孩在玩甩炮。看到有人过来了，就突然把甩炮扔到他的脚下，吓得他胆战心惊，跳了起来。小男孩却开心地大笑起来，然后逃得远远的。

师：你觉得这小男孩怎样?

生10：调皮，或者说恶作剧。

师：如果他长大了还这样做，便是缺少教养。

生11：有人随地吐痰，乱扔垃圾。

师：说明国民素质怎样?

生：不高。

师：这几乎成了中国人顽固不化的劣根性。大家学过历史，知道清朝末年的革命先行者之一的陈天华吧。他写过《警世钟》《猛回头》等书，宣传革命思想。然而，他的死，却是因为他不甘忍受日本人对中国人素质低下的嘲讽，希望以自己的投海而死，来唤醒国人，提高素养，走向文明。可悲的是，这种素质低下的现象，至今仍比比皆是。

生12：有个四肢健全的小女孩在讨钱。

师："四肢健全"与"讨钱"相互矛盾啊。

生12："四肢健全"说明她可以自食其力。

师：利用别人的同情心，达到不劳而获的目的，叫做寄生；这种人叫做寄生虫。街角有温馨的一面，也有丑陋的一面，说明社会是复杂、多变的。同学们，请记住这样一句话：要善于用发现的眼睛，去捕捉生活中的种种写作素材。

（学生点头）

师：你们自己在街角曾有过什么事?

生13：放学时，去买油炸的零食。

师：买的过程中，你感受到了什么?

生13：要注意食品安全。

师：你很理性，但我想知道你当时的心情。请用"我在乎的不只是零食，更是……"的句式回答。

生13：我在乎的不仅是零食，更是吃零食的那份快乐，与同伴分享零食的快乐。

师：对你来说，街角意味着快乐。

生14：我在街角等同学。

师：为什么选择街角?

生14：街角那里，可以看得更远，不会遮挡视线。

师：到街角那儿等的人大多心情焦急。结果呢?

生 14：我相信同学一定会来，就一直等在那里，即使天下雨，我也不会回去。

师：你知道，同学相信你一定会等在约好的街角，不见不散。

生 14：是的。

师：对你来说，街角意味着等待。

生 15：我有一次骑车，经过街角时速度太快，摔倒了，趴在地上动弹不得。这时，从店里出来一个不认识的人，他扶起了我，也扶起了我的车子，还问我哪里摔坏了，疼不疼，要不要给家里打电话。

师：你感觉到了什么？

生 15：人们很热心。

师：对你来说，街角意味着温暖。街角演绎了许许多多的故事。这些饱含情感的生动故事，平时默默地守在街角，等着我们去发现。我在网上搜索了一下，发现关于“街角”的流行歌曲竟然有 265 首。来，听听这首歌(播放《街角》音乐片断)。这位歌手是我们很仰慕的，猜猜她是谁？(附歌词：看火车开过平交道/看路人爬上过街的天桥/下过大雨的街道/我慢慢奔跑/不管这城市疯狂又热闹/或冷清寂寞都很好/风景跟着我心情变化舞蹈……)

生：李宇春。

师：李宇春用她的心，感知了街角的温度。我们如果也像她一样，用一双慧眼去感知，就定会由衷地感叹：原来生活是如此多彩！把这些事情、心情写下来，就是一篇充满生活情趣的记叙文了。其实街角还有一个特点：一半我们能看得到，另一半却无法看到。有时我想，拐过街角会出现怎样神奇的情景呢？也许是《清明上河图》里宋代的繁华都市，或者冷不丁与阿 Q 撞了个满怀，或者掉进曼哈顿街头的灯红酒绿中。这似乎像“穿越”了。现在请大家以“小女孩讨钱”为话题，展开想象，说一说，小女孩拐过街角后会发生什么事？

生 16：数钱，买东西吃。

生 17：去买车票。

师：这都是情理之中。如果就这样平铺直叙下去，读者会丧失继续阅读兴趣的。如果站在门口就能一览无余地看尽公园景色，谁还愿意花钱买票？所以，公园往往在门口修一堵照壁，立一块巨石等，以达到曲径通幽的效果，激发人们的游览欲望。写文章也这样。星新一的小说《喂——出来》，结尾就在情理之中，意料之外。我们的作文注意巧设悬疑，别开生面，就会引人入胜了。

(学生思考)

生18：小女孩正数着钱，突然来了个男的，据说是她爸爸。他一把抓过钱，蘸了蘸口水，将钱数了几遍，说："真没用，又没完成指标！"一巴掌扇上去，打得小女孩捂着脸，眼泪哗哗地流，却不敢出声。

师：小女孩成了别人赚钱的工具。

生19：小女孩数了数钱，脸上露出了欢喜的笑，说道："真不容易啊，我可以买很多东西了，明天就到敬老院，把东西送给他们。这可是我许下的诺言啊。不过，讨钱毕竟不是光彩的，只要天知地知就行了。"

师：看来，你是一位善良的孩子。

生20：女孩饿极了，拖着一双破鞋，摇摇晃晃地转过街角，突然，一束光照到了她身上，迷蒙中，她仿佛穿越了时空：妈妈挽着爸爸的手，面带微笑地看着她。她兴奋地扑上去，抱住他俩，幸福的泪水贮满了她的眼眶。第二天早晨，街角处，地上躺着一个小女孩，脸上带着微笑……没人知道，她已经去了另外一个地方。

师：她与卖火柴的小女孩一样的遭遇，令人同情。

生21：她快步来到街角那边，取下厚厚的口罩，却露出了一张伤痕累累的恐怖的脸。一场车祸夺去了她原本可爱的容貌，也夺走了父母的生命。爱美的她只好靠乞讨，想攒够能重做一张"脸"的钱。

师：身处厄运之中却仍心存希望的人，就是生活的强者。从本质上说，拐过街角，就是离开熟悉的环境，进入一个陌生的世界；而陌生恰恰给我们带来更多的意外。一个普通的街角，有这么多想象的空间，生出这么多不确定的东西。正因如此，人们往往赋予街角以一定的象征意义。比如，在我印象中，街角意味着"消逝"，虽然这样的场景总笼罩着一层淡淡的哀伤。(深情朗诵)"我慢慢地、慢慢地了解到，所谓父女母子一场，只不过意味着，你和他的缘分就是今生今世不断地在目送他的背影渐行渐远。你站立在小路的这一端，看着他逐渐消失在小路转弯的地方，而且，他用背影默默告诉你：不必追。"这是台湾作家龙应台的《目送》中的一个片断。理解"不必追"的潜台词吗？

生20：孩子总归要长大，要独立，父母不必追上去。

师：对，父母无法代替孩子完成他的人生使命，实现孩子的人生价值。街角，对父母来说，又意味着"放手"，对孩子来说，意味着"独立"。

生21：街角有着无限的可能。远远地望过去，它是一堵墙，是困难；而转个弯，困难也许就迎刃而解了。

师：我想到了陆游的诗。

生："山重水复疑无路，柳暗花明又一村。"

师：告诉我们什么道理？

生：坚持。

师：毛泽东说过：胜利往往就在于再坚持一下的努力之中。

生22：街角的那边象征着未来。不管走过的是什么路，但拐弯后，肯定会有新的路，只要坚持下去，就一定会有灿烂的未来。

生23：我想到的是改变。

师：解说一下，为什么？

生23：街角是无法改变的，那么，只有改变自己。

师：如果你无法改变环境，就改变自己，去适应环境。大家说得很好。老师想得也比较多，比如，街角就是社会的缩影。(出示课件)美国作家怀特于1936年至1940年，对波士顿市一个意大利人贫民区进行了实地研究。他以“街角帮”一员的身份，观察闲荡于街头巷尾的意裔青年的生活状况以及他们与周围社会的关系，及时作出记录和分析，引出关于该社区社会结构及相互作用方式的重要结论，并写成了《街角社会》一书。中国建设文化艺术协会环境艺术委员会常务副会长顾孟潮也说：“‘街角社会’是指，住在城市街角建筑里和大街小巷里的人们的社会结构和行动模式。城市里，一些多年祀废失修、拥挤不堪、众多的街角建筑，组成了形形色色的‘街角社会’，那些老旧城市里众多的老街和胡同里的居民，与城市血肉相连，他们世世代代在‘街角社会’里，长期和谐的生活、生存、发展。这些街角外表很不起眼、很破旧，它们常常是城市里摊贩乞丐的栖息之地，也是城市里的案件多发之地，但这并不妨碍这里的人们几代、几十代的在这块土地上出生、成长，在这里长期和谐的生活。”

师：通过街角，我们再现真实生活，洞察整个社会。这样写出来的作文，一般来说，往往见解独到，立意深刻，充满思想的光芒。最后，老师想知道，通过今天的学习，你对于今后的写作有什么启发？

生24：要有丰富的想象力。

生25：要学会观察社会。

生26：我们不能只看事物的表面，而必须多想想这个事物所代表的意义，使文章更有深度。

师：三位同学说的很有代表性，也正是我们这节课学习的要点。不过，你们的先后顺序适当调整一下：首先要学会观察生活，并在展开想象、横向拓展的基础上，提升理性思考的水平，挖掘生活的内涵意义，使我们的文章更加生动，更加深刻。

法国雕塑家罗丹说过：生活中不是缺少美，而是缺少一双发现美的眼睛。对自然、社会，我们不仅用“眼”听、用耳“听”，更要用“心”感触，打破思维定式，立体地发现素材，感受生活中的美丽和哲理。这节训练课，以“街角”为思维基点，通过教师的点拨、引导，再现了学生耳闻目睹的生活画面，放飞了想象的翅膀，从街角的这一面，到街角的另一侧，从现实到虚拟，从客观世界到精神领域，从外在体验到内心感悟，既横向拓展，又纵向延伸，学生思维呈辐射状的喷发，体现出思维的流畅性、灵活性、独创性。这样，学生作文定能文思泉涌，妙笔生花了。

（二）提供有效写作的方法

部分学生写作，从小学到中学，多年如一日，始终一个模式，一种套路。记叙文，开头一段空洞的套话，引出回忆，中间交代过程，最后抒情议论，升华主题，却又瘦骨嶙峋，像个瘪三。我曾经跟学生开玩笑地说：“以后写完作文，干脆就把第一段去掉!”为什么造成这种局面？缺少必要的写作技巧。部分教师片面理解写作的个性化，以为这个同学的写作经验并不能有效移植到其他同学身上。其实，写作素材、生活体验、思想情感等不尽相同，但遣词造句、谋篇布局、传情达意、文体格式上仍有不少共性，教与不教是不一样的。方法是思维的表现形式，没有方法，思维也就失去了外壳。碧野在《〈天山景物记〉的写作过程与体会》中谈道：“文学创作离不开技巧，离开技巧就谈不到较完美地表达作品的内容。技巧的重要性是不言而喻的。”针对能教的那一部分，教师还是应该脚踏实地，从培养学生兴趣开始，相机传授方法，逐步强化写作能力。兴趣与能力之间存在着一个广阔的中间地带，走得好与不好，对学生写作起着至关重要的影响。

下面以我执教的七年级第一学期一节作文指导课《就是这一个》为例。

师：同学们，先做个游戏，好不好？

生：好！

师：请这位同学到前面来，闭上眼睛，别乱动哦。（示意另一位学生上来）请你用手去摸站在你面前的同学，猜猜他姓甚名谁。

生 1：（摸同学）是某某。

师：对不对？

生：对。

师：说一说，你根据什么猜出来的？

生 1：某某的脸比较胖，肚子大。

师：换句话说，脸胖、肚大是某某的显著特点；你就凭这个特征，判断出是他而不是别人？谢谢。（学生回到座位上）他们告诉我们一个道理：了解一个人，首先要了解这个人的什么？

生：特点。

师：让人知道，他“就是这一个”！老师请大家看两段文字，（出示课件）这是描写一名新华书店售书员的。看清楚他的身份，哦，卖书的；正式的称呼该是售书员。请问，这两段文字有什么不同？

生2：（读）“A. 他，中等身材，穿着整洁，走起路来很有精神。B. 他，中等身材，二十多岁，头发乌黑发亮，习惯地左右分着，几根短短的黑胡子嵌在唇边，笔挺的裤子一直拖到地上。一双光亮的皮鞋‘咯吱，咯吱’，踩在新铺的地板上……”

师：第一次接触，就读得非常流利，好。

生3：A 非常简单，用四个短句就概括了他的特点；而 B 用了很多方法来介绍。

师：哪段文字更好？

生3：A 段简洁；B 段加了很多内容，读起来也挺通顺。

师：如果去找这个人，根据哪段文字，更容易找到？

生3：B 段。

师：从这个意义上说，哪段好？

生3：B 段。

生4：B 段要好，人物特点更加突出。比如“头发乌黑发亮”“左右分着”“短短的黑胡子嵌在唇边”“笔挺的裤子”“一双光亮的皮鞋‘咯吱，咯吱’，踩在新铺的地板上”，运用了细节描写，形象很鲜明。

师：A 段说他“穿着整洁”，这能从 B 段的哪个细节反映出来？

生4：“笔挺的裤子”“光亮的皮鞋”。

师：很显然，B 段比 A 段好。区别在于：A 段简单，B 段具体。如果描写一个人物，我们应该以 B 段为样本，尽可能把这个人物的特征具体表现在读者面前，使读者对这个人物一目了然。下面就请我们的同学来展示才艺了。充分发挥想象，用你的生花妙笔，扩写“弟弟拿筷子夹豆子，却没夹住……”这个句子，使它由简单变得具体。不过，老师提醒大家：具体不等于啰唆，写废话。

（学生写作）

师：谁自告奋勇，向大家展示一下？

生5：弟弟从桌上拿起筷子，伸向碗里夹豆子，豆子却很滑，从筷子中间掉了下去。

师：请同桌点评。

生6：比原句具体些，用了动作描写，但总体上仍然简单。

生7：弟弟睁大眼睛，爬上桌子，拿起筷子，轻轻夹起一颗豆子。弟弟微微露出笑容。就在他把豆子移到嘴边的时候，“嗒”的一声，豆子掉进了碗里。弟弟噘起小嘴，振振有词地说：“我就不信夹不到你！”他再次用心去夹，却始终没有收获。

生8：她写得更加具体丰富，比如弟弟的语言、表情、动作。

师：你自己写的呢？

生8：鼻涕总捺不住性子地往外冲，弟弟却满不在乎，“滋”地吸了进去，因为他面前放了一碗香喷喷的豆子。缓缓升起的热气似乎在向他招手：“小弟弟，来吃呀。”弟弟的两只小眼睛盯着碗里，伸出肉乎乎的小手，颤颤巍巍地夹起一颗豆。然而小手不利索，豆子“叮”的一声，从盆子边沿掉了下去，滚到地上。

师：三位同学，一个比一个具体，描写方法也逐渐丰富起来，人物形象越来越符合老师从“简单”到“具体”的要求。然而，是不是把人物写具体就够了呢？

生9：还要抓住人物特点。

师：就跟刚才的游戏一样，一定要摸透人物特点。

生10：细节上还要更形象化。

师：通过形象化的细节，最终达到什么目的？

生10：生动，活灵活现地刻画人物性格。

师：我们再来看描写新华书店售书员的那段文字。A段文字，我们已经熟悉了。(读)“他，中等身材，二十多岁，头发乌黑发亮，习惯地左右分着，几根短短的黑胡子嵌在唇边，笔挺的裤子一直拖到地上。一双光亮的皮鞋‘咯吱，咯吱’，踩在新铺的地板上……”B段文字呢？

生11：(读)“B。他，二十多岁模样，笑容可掬地接待着每一个顾客。几缕乌黑的长发紧紧贴在前额上，湿漉漉的。鼻尖渗出一颗颗细细的汗珠。他一手接钱，另一手递书，顺便说上一声：‘谢谢！’空余时，就用胳膊上的套袖在额上匆忙地擦一下。”

师：读得也很流畅。这两段文字又有什么区别？

生12：B段加入了语言、神态描写。

师：A段文字描写的其实更像谁？

生13：像老板。

生14：像公司职员。

师：也许就是书店里的顾客。描写具体了，却没有突出售书员的特点。

生15："一手接钱，另一手递书"，就说明他是售书员。

生16：他是一个快乐的售书员。

生17：他是一个讲礼貌的售书员，不忘记说一声"谢谢"。

生18：他是一个尽职的售书员，"几缕乌黑的长发紧紧贴在前额上，湿漉漉的"，"空余时，就用胳膊上的套袖在额上匆忙地擦一下"，顾不上休息。

师：于是，人物形象从"具体"走向了"典型"。我们来欣赏这段文字：(出示课件)"王蓝田性_________。尝食鸡子，以箸刺之，不得，便大怒，举以掷地。鸡子于地圆转未止，乃下地，以屐齿碾之，又不得。嗔甚，复于地取内口中，啮破，即吐之。"这段文字出自《世说新语》。看得懂吗?

生：大致能懂。

师：横线上该填个什么字?

生19：暴躁。

师：一个字。

生20：急。

师：你说的与原文一样。文段运用动作、神态描写，刻画了王蓝田这个人物，让读者充分感受到了他"急"的性格。很有趣哦。写几个人的也如此。(出示课件)"那刘姥姥入了座，拿起箸来，沉甸甸的不伏手，……原是凤姐和鸳鸯商议定了，单拿了一双老年四楞象牙镶金的筷子给刘姥姥。……凤姐偏拣了一碗鸽子蛋，放在刘姥姥桌上。……贾母这边说声：'请!'刘姥姥便站起身来，高声说道：'老刘老刘，食量大如牛：吃个老母猪，不抬头!'自己却鼓着腮帮子不语。众人先还发怔，后来一听，上上下下都哈哈大笑起来。湘云撑不住，一口茶都喷了出来。林黛玉笑岔了气，伏着桌子直叫'哎哟!'宝玉滚到贾母怀里，贾母笑着搂住着叫'心肝!'……惜春离了座位，拉着他奶母叫'揉揉肠子'。地下无一个不弯腰屈背，也有躲出去蹲着笑的，也有忍着笑上来替他姐妹换衣裳的。"这段文字出自哪里?

生：《红楼梦》。

师：刘姥姥拿了双老年四楞象牙镶金的筷子，沉甸甸的不伏手，夹的偏又是一碗鸽子蛋，难度系数比王蓝田大多了。刘姥姥只好自我嘲笑，惹得哄堂大笑。就这么一个"笑"，却表现了不同人物的不同性格。

生21：湘云豪爽，"一口茶都喷了出来"；林黛玉"笑岔了气"，说明她矜持，身子骨弱。

师：确实这样。林黛玉体弱多病，多愁善感，像西子一样。史湘云豪爽，不拘小节，"展眼吊斜晖，湘江水逝楚云飞"。她甚至可以躺在路边石头上睡觉。按理说，古代女子必须文雅，笑不露齿的哟。

生 22：贾宝玉像个孩子，滚到了贾母怀里；贾母也搂着叫心肝，说明十分宠爱他。

师：特别是哪个字？

生 22：“滚”。

师：不是“走”，而是“滚”过去，说明贾宝玉在贾母心目中占有重要的位置。一个平平常常的“笑”字，在大作家曹雪芹的笔下，却体现出不同人物的鲜明性格。这就是典型，这就是写作的最高境界。回过头来，看看我们笔下的那个弟弟，性格鲜明了吗？建议大家好好修改。有句话：文章不是写出来的，而是改出来的。每一次修改，都是一次提高。老师给大家一个启发：假如这个弟弟是个急躁的、幽默的、活泼的、沉稳的孩子，他会怎样夹豆子呢？别急于说出弟弟性格，而是让同学通过你的具体描写判断出来。猜对了，说明你成功了；猜不出来，你就得继续修改。

（学生修改习作）

生 23：（读）弟弟跪在凳子上，上半个身子努力探出去，趴在桌子上，左手很不像样地拿着双筷子。他脸上的肌肉绷得紧紧的，对准豆子用力一夹，呀，圆不溜秋的，豆子没能夹起来，“啪”一声落到地上，筷子倒捏成了叉形。他急了，扔下筷子，伸长脖子，瞪大眼睛，哈，差点没把头埋进碗里去。

师：同桌说说，弟弟的性格特点是什么？

生 24：性急的弟弟。

师：是吗？

生 23：是的。

师：你成功了！

生 25：（读）弟弟拿着筷子，喃喃道：“这筷子怎么这么重，这么长？”他盯着豆子，挑了颗最大的，疾速下筷，只听碗里“叮当”一阵乱响，豆子纷纷蹦到桌上、地下。弟弟眉头一皱，“蹭”地站上椅子，一手撑在桌面上，一手挥舞筷子，大声喝道：“想当年，我上刀山下火海，你这小小豆子算什么东西，竟敢跟本太爷作对。看你哪里跑？拿命来——”用力一戳，筷、碗，连带豆子统统飞得到处都是。

生 26：是个幽默的弟弟。

师：对吗？

生 25：对。

师：也祝贺你的成功。

生 27：（读）他拿起筷子，紧盯了老半天，才挑中一颗最黄、最胖的豆子，筷子小心翼翼地往里探，尝试着筷子与豆子之间的各种和谐姿势，居然将胳膊弯成了大虾。好不容易将豆子搁上两根筷子，便“咯咯”笑起来。不料，得意忘形之际，手一抖，豆子“嗒”一声掉回了碗里。弟弟噘起小嘴，说：这豆子一点也不好吃，哼！

生28：很形象，是个耐心的弟弟。

生29：也是个容易生气的弟弟。

师：老师与你们同感。

生30：弟弟拿筷子夹豆子，却没夹住。弟弟挥舞筷子，像狂风暴雨一般，那豆子像被施了魔法，躲来躲去。“唉，这可怎么办?”弟弟气得小脸红似火，筷子一扔，手一伸，(学生边读边情不自禁地挥起手来)一抓，一缩，一塞，大吼一声：“我让你拽，让你拽个够!”终于，豆子成了弟弟的口中物，战斗结束。

(全班大笑)

师：你这孩子真有趣啊，绘声绘色，就像海派清口创始人周立波。你是周立波第二。老师也写了一段，供大家参考。(出示课件，读)“弟弟爬上凳子，大半个身子伏在桌子上，筷子提在半空。他脸上的肌肉绷得紧紧的，两眼盯着豆子，像是直面不共戴天的仇敌。忽然，他小手一舞，快如疾风，势如闪电，对准豆子用力一夹，差点没把碗戳翻。哎呀，豆子圆不溜秋的，没能夹起来，‘啪’的一声，落到桌上，筷子倒成了个叉形。他一扔筷子，伸手重重一拍，哈，豆子是砸扁了，却也疼得龇牙咧嘴，直往手心里吹气。”

(学生鼓掌)

生30：弟弟很有大侠的风格，蛮有趣的。

师：这节课快结束了。对于作文，大家还感到难吗？有什么收获？

生31：写人物，不但要具体，还要典型。

生32：多角度地进行描写，写出人物的性格。

生33：首先弄清人物的身份，售书员就是售书员，弟弟就是弟弟。

生34：先写人物外貌，再加上动作、神态等，写出人物的特点。

师：总之，要写出人物独特的性格，使笔下的人物“就是这一个”。

【教师评课】

1. 宁波市北仑区泰河学校语文教研组：《本真，本我，作文，生活》(节选)

(朱益群老师)以游戏导入课堂，调动了学习气氛，并且自然点出要了解一个人首先要了解一个人的主要特征；然后运用语段对比的方法，引导学生关注描写中出现的细节。接着，让学生以“才能大擂台”的方式动手训练。他的题目是：“弟弟拿起了筷子，却没夹住……”请同学们将这句话写具体。短短一句话，切入点简单而丰富，让学生有了充分的想象空间和发挥余地。有了这个铺垫，他又拿出了两段文字让学生品读，一段是关于王蓝田性格描写的简易文言文。这段文字用了大量的动作描写，体现出王蓝田的个性。在这个教学中，朱老师通过填字的方式，让学生了解人物的动作描写可以体现人物的个性。第二段文字选自《红楼梦》，通过让学生品读不同的“笑”，调动学生已有的知识储备，通过对人物的比较，品味人物独特的个性。最后回归到“才能大比拼”，仍旧是运用刚才的句子，在学生已经描写具体的基础之上，通过继续补充、修改，将人物性格表现出来。通过这样的方式，学生们都觉得学到了东西。听朱老师的课，目标指向性非常明确，整堂课的设计也紧紧围绕着这个目标。他非常注重学生练习，40 分钟的课，学生动笔时间就占了 10 来分钟。这个过程中，朱老师都耐心巡视，并做个别指点。

朱老师精心设计的课，让我们在深秋的萧瑟中感受到了暖暖的春风气息，打开了思路，也让我们对语文教学充满了遐想，对语文的生动性，对文字的张力充满了探索的激情。

2. 王萍(宁波市北仑区松花江中学)

课改后，新教材弱化了写作教学，许多教师对作文教学都是摸着石头过河，有的教师甚至对作文指导课忽略不计。每年校、区级公开课，几乎没有教师敢上作文指导课的，这样，作文指导课就成了新课程教学中的一个盲点。这次教师培训，有幸聆听了特级教师朱益群老师的作文指导课，受益匪浅。

朱老师的整堂课体现了深厚的文化底蕴，显得大气。针对初一学生实际情况，朱老师的教学目标设计得很简明：在“具体”的基础上达到“典型”，写出人物个性。从两个课外语段的对比教学中，让学生感知人物要写得具体，要符合人物身份特点。在学生的习作训练“弟弟用筷子夹豆子，却没夹到”中，更让学生明白通过人物的动作、神态、语言等细节描写表现人物个性的方法。朱老师仅用如此简明的课堂训练，让学生明白了人物“就是这一个”而“不是那一个”，应该具体典型地写出人物独特的性格。

简明却切实有效的作文指导课，在朱老师亲切温和的语气中，如行云流水般地流进了每一个学生和听课老师的心田。

3. 方顺荣(特级教师，杭州市中学语文教研员)

朱老师的课堂精致有序，他关注了教学内容、教学环节之间的联系，起承转合，步步推进，帮助学生有效提升能力。具体而言，第一，教学材料非常精要。这表现在两个方面：一是同一材料几度利用，如描写新华书店售书员的材料，分两组，每组 A、B 两段；第二组呈现时，把第一组中的 B 段改为 A 段，再补充新的 B 段。每次都让学生对比评析，达成学习目标。二是不同材料比较推进。例如以王蓝田、《红楼梦》的片断这两个材料，从一个人的，推进到了几个人的，层次有了一个提升。第二，学生写作能力不断提升。朱老师第一次要求学生写弟弟夹豆子，只要求写具体，评论也是围绕“具体”展开；第二次不但要求学生写具体，更要写典型，写出人物的性格、身份、品质，梯度非常明显。第三，采用的教学方法非常高效。主要有四种：(1)学生训练。这节课，学生一共进行了两次书面练笔；(2)学生评析。交流练笔后，朱老师总让学生相互评价，老师穿插其中，体现了以学生为主体的教学理念；(3)教师示范。临近结束的时候，教师下水作文，这让学生很佩服，知道了怎样才能更具体、更典型地刻画人物性格；(4)教师提炼归纳。第四，课堂教学效果非常显著。别的不说，我们单看学生的练笔，通过教师指导，前后两次的质量提高是非常快的。

从思维训练到方法指导，教师必须以巧妙的教学设计、流畅的教学活动、活跃的师生对话，演绎精彩纷呈的写作教学艺术，让学生受益多多，既克服对写作的畏难情绪，又获得切实长进。说实话，看一堂作文指导课是否高效，最有说服力的，就是看学生的学习效度。希望我们的写作教学，能让学生无论说、评，还是写、改，都处处闪耀思维的色彩、思想的光芒，并且新颖独特，稳步提高。

借《老残游记》中描写王小玉唱腔的一段话，来表达自己对写作教学的追求吧：“恍如由傲来峰西面攀登泰山的景象：初看傲来峰削壁千仞，以为上与天通；及至翻到傲来峰顶，才见扇子崖更在傲来峰上；及至翻到扇子崖，又见南天门更在扇子崖上。愈翻愈险，愈险愈奇。”

六、善于对教学进行诊断和预后

——兼及《云南的歌会》课堂改进实录

教育学中的很多概念、名词是从医学中嫁接过来的。医学上有个“预后”概念，指预测疾病的可能病程和结局，包括判断疾病的特定后果，也包括提供时间线索，如预测某段时间内发生某种结局的可能性。医生一般根据预后调整治疗方案，使病人早日痊愈。预后通常与诊断有关，只有准确诊断，才能正确预后，而大部分的预后更多地依靠个人的医疗经验或阅读有关确诊病人的随访文献。将这个概念移植到教学中也同样适用。日本教育家佐藤学说：“授课过程中的突发事件是极其复杂的，必须读懂看起来单纯事件后面隐藏的复杂性。”这个“读懂”，就是“诊断”与“预后”。

教室是一个复杂的生态环境，教学内容是一个复杂的知识建构，教学过程是一个复杂的认知过程，教学效果是一个相对滞后的非全显性的评价体系，这些都造成了教师缺乏足够时间进行观察、思考，或不知道怎样系统观察、深入思考，更无法有效矫正与完善。无奈之下，有时只得以教师自己预期的任务完成为唯一目的——先把自认为该讲的讲完再说！因此，教师必须学会严谨的诊断与预后，确保后续能否依照原定的教学设计，完成当初制定的目标，并寻找执行偏差的原因，提出改进策略。如果遇到外在环境发生变化，完善的诊断与预后也可以使教师迅速、灵活地应变，协调各个教学元素、教学单位，形成最佳组合。

从两个大的方面来阐述。

（一）学会诊断别人的教学行为，获得更多的实践性经验

《背影》是一颗貌不惊人的催泪弹。说"貌不惊人"，就在于所叙之事普通、所记之人平凡，正像文中描述的那样，"等他的背影混入来来往往的人里，再找不着了"，完全是一个没有任何耀眼光芒笼罩的普通的父亲形象；说"催泪弹"，在于文章情感真挚、丰沛，让无数读者情不自禁地掬一把辛酸而又温润的泪。因而，很多教师有意无意地偏向人文性，极尽所能，发掘文中的煽情点，把课文当作了情感熏陶、伦理教育的一个载体，然而导致另一种不良倾向的潜滋暗生，那就是脱离语文学科本位，忽视语文学科固有知识、技能的"教"与"学"，使思想情感游离于言语外壳，成为虚无缥缈的东西。

从遂昌二中陈军梅老师的课堂教学中，我欣喜地看到，她是在积极主动地寻找着情感熏陶与知识技能之间的中间地带，寻找着情感熏陶与知识技能互为依存、互为促进的有效途径。不能说这种寻找一定是具有开拓意义的探索，但是，我想，只要有了这种可贵的精神与实际的行为，我们的教学定会越来越接近于理想境界。

首先，陈军梅老师由一般的对父亲和"我"的平均用力，齐头并进，转向更多地以"我"的视域为主的聚焦发力，引导学生深入文本。这像滔滔江水，聚力于一个点上，便容易冲破堤坝，一泻千里。陈老师精心实施了两次任务驱动：其一，二十岁的朱自清感受到一个怎样的背影？你是从哪里看出来的？其二，二十八岁的朱自清，"在晶莹的泪光中，又看见那肥胖的、青布棉袍黑布马褂的背影"，那么，如果已成父亲的"你"（指学生）看到的又是个怎样的背影呢？这样一个转身，不华丽，但实在，轻轻抖落了常人按部就班的俗套，一下子把文本中最富内涵的所在，清晰呈现在学生面前，使学生充分触及作者剧烈的情感脉动，产生无法抑制的共鸣。这不是简单的视觉冲击，不是肤浅的情感对接，而是一种整体感知时的目标指向的示范，包含着信息筛选、提炼、体悟等很多语文能力。这体现了教师善于化繁冗而为简约的一种教学

智慧。越是经典的文本，值得发掘的教学点自然就越丰厚。教师必须根据既定目的、已有学情，作出合理选择，确定主问题，或者组成主问题统率下的问题包，把解读引向纵深，获得最贴近文本内核的认识。

其次，陈军梅老师关注学生的生活经验、知识基础，使教学一开始就建立在厚实的地基上，尊重学生的思维差异、思维冲突，避免了脱离真实需要的过度膨胀或过度萎缩。有些教师比较强势，他们大多具有丰富的阅读经验和深刻的理性思辨，往往自觉不自觉地把自己的解读成果居高临下地输入到学生头脑中，但是，由于漠视学生成长的真实需要，一味好高骛远，反而造成了学生的茫然无措。教师之于教学的最大效能，在于科学运用，巧妙引领，使学生在原有基础上得到最大幅度的发展。陈老师的课中，这种妙思信手拈来。例如让学生说一说对父母背影的印象时，先呈现多组反义词，如“瘦弱——宽厚”“疲惫——兴奋”“孤独——温暖”“瘦削——挺拔”等，既给学生一个自主、多元的思维空间，又提供了感知的基本方向，防止发生像李海林老师所说的漫无边际的“泛语文”倾向，也降低了抽取生活信息的门槛，做到有话可说，有话能说，一举多得。这几组反义词重复出现，一以贯之，成了学生解读文本、触摸情感的钥匙。再如解读“爬月台买橘子”时的背影，教师特地对原文做了改动，让学生比较“蹒跚”和“轻快”、“探”和“跳”、“攀”和“撑”、“轻快”和“沉重”等，在细处的辨析品鉴中，在认知的矛盾冲突中，把握了朱自清父亲动作中所深藏的情感真谛，它如高山一般无言，如大地一般沉默，但让朱自清切实体会到了什么叫父爱！这也与后续的“我与父亲不相见已二年余了”中“不相见”的品读法是一致的，都着眼于传递这样一种语文思想：任何一种情感的把握，或者呈现，都离不开特定的语言；而丰邃的情感，也需要恰当的言语来表达。缺少必备的语言技巧，总会极大地影响情感的充分表达。

特别要注意的，是陈军梅老师始终做着一件很有意义的事，那就是调用学生的默会知识，让学生在已有的情感体验基础上，浸润于文本营造的特定的情感氛围中，从四面八方，感受细腻的情感节律，捕捉真切的思想变化。学生语文学习效率的高下，有时并不在于方法本身的正确与否，而在于相关知识、方法储备的多寡，以及对这种知识、方法的选择。教师要通过多种手段，激活那些尚未为学生自觉运用的默会知识，作为他们建构新的知识、技能的台阶，达成课堂教学的轻负高质。陈老师两个手段的运用是令人称道的。一是课堂导入，先问学生：“你们观察过或者偶尔看到父母的背影吗?”“你能分析其中的原因吗？看到这样的背影，你的内心感受如何?”由己及人，由现象到本质，有效深化，学生的情感体验得到了良好呈现，为下面的文本解读作了很好的张本。二是让学生设身处地，实现穿越，把自己当作文中的“我”，

“如果你是朱自清，你会选择什么词语来形容父亲的背影呢?”努力帮助学生打破自身与文本之间的时空隔阂，实现零距离接触，走近文本，又走进文本，仿佛亲眼目睹了父亲过铁道的背影，触摸到了父亲那封来信上犹存的体温。这就叫感同身受，这就叫情感体验。

最后，陈老师关注了语文学习的内在逻辑，每个环节设置，每次任务驱动，目标指向清晰，都在为下一阶段的后续学习服务，使学生对文本的理解逐步提升，促进了由“学得”向“习得”的能力发展。如果教师对语文学科本身逻辑体系一直模糊和混乱，那么，无论目标定位、教学流程、知识模块、能力训练，后一教学阶段也大多是前一教学阶段的简单重复、平面滑行，缺少真正的上升通道。从整节课来看，教师以学生的日常生活体验为基础，以上课初时的那组反义词为解构导向，比较二十岁朱自清与二十八岁朱自清的不同情感，准确把握文章主题，又强化文本阅读的方法。同时，学以致用，着眼于将知识转化为运用能力。教师提供给了学生龙应台写的《目送》这样一篇在主题、内容、写法上颇多比较点的文章，使学生在自主应用中学会学习，学会反思，强化了语文综合素养。特别在课堂结尾时，陈老师善于收篓收筐，将学生产生的具有普遍哲理的感受，以语文学科固有的方式，用笔写下来，作为学习的结束语，起到了很好效果。这样一来，以说起课，以读行课，以思促课，以情驭课，以写收课，水到渠成，步步升华。

总之，《背影》这节课，既让学生承受了情感波涛的洗礼，感怀了父爱的伟大，以及对父爱的理解与感恩，也接受了相关语文知识、语文技能的有效训练，是一堂值得肯定的好课。

成功告诉我们该这么做，失败告诉我们不该这么做，它们的价值是一样的。教师不仅向成功者学习，也要向正处于困境中的探索者学习，结合相关的教育教学理论，客观归因，寻求方法，给自己打一支预防针。顾泠沅教授说过，一个优秀教师与一个普通教师的最大区别，就在于优秀教师预先知道学生在哪一环节、哪个方面可能出现错误，提前采取有效措施，防止产生这些错误。美国心理学家洛钦斯提出过“首因效应”这个概念。首因效应是指个体在社会认知的过程中，通过“第一印象”最先输入的信息，对客体以后的认知产生的显著的影响作用，它是由第一印象所引起的一种心理倾向。这也适用于学习活动。因为“首因效应本质上是一种优先效应，当不同的信息结合在一起的时候，人们总是倾向于重视前面的信息。即使人们同样重视了后面的信息，也会认为后面的信息是非本质的、偶然的，人们习惯于按照前面的信息解释后面的信息，即使后面的信息与前面的信息不一致，也会屈从于前面的信息，以形成整体一致的印象。”我们于是不难理解这种现象，一旦学生书写错误，教师三番四次给予解释、强调、纠正、巩固，他们仍然一不小心老调重弹。对于教师而言，诊断别人教学中的得与失，不失为一种促进自我专业成长的灵丹妙药了：他的错误，可不能在我身上重演！

那是一位女教师的课。因为讲好是去诊断的，她便上了两次，算是同课异构吧。然而，教师语速实在太快，言语内容实在太多，据不完全统计(也根本无法完全统计)，第一节课，师生对话共 3510 字，其中学生 1042 字(包括习作朗读)，占 29.7%；教师 2468 字，占 70.3%。课后，我特意提醒那位老师。她很不好意思，说虚心接受。不料，第二节换班上课，她变本加厉，师生对话共 3660 字，学生只剩下了 845 字(也包括习作朗读)，占 23.1%；教师 2815 字，占 76.9%。前后比较，教师的话语比例增长了 6.6 个百分点。从话语流向来看，第一节课 51 次，第二课 63 次，全为教师主动，没一次是学生主动的。而且对话的面不广，只有十个不到的优秀生在反复起坐回答，成为 45 分钟里少见的亮点，而更多的学生明显“失声”。课堂形成了一种什么态势？那就是：教师霸语、精英争语、弱势失语。

这情景令我想起法国后现代思想家米歇尔·福柯关于话语权的论述。福柯指出，“话语是一种权力关系。它意味着谁有发言权，谁无发言权。一些人得保持沉默(至少在某些场合下)，或者他们的话语被认为不值得关注。语言系统在情感和思想层面上产生压制；尽管它是一种隐蔽的、表面上无行为人的控制系统，然而，它在社会中是一种真实的权力”，“在现实社会中，话语权从来都掌握在占统治地位/权力的一方。”话语权对教育教学的影响显而易见。一堂课，师生对话的空间和时间始终有限，它必须在教室、在 45 分钟内进行。从这个意义上说，教学是以一种封闭状态进行着的。任何一项教学任务又必定以对话的形式展开，教师挤占了过多的空间和时间，意味着必然挤压学生对话的空间和时间；关键是，这种挤压具有“天然的”至高无上的权力，学生往往处于“被扁平化”位置，无法真正实现自我调控。教师提问什么，学生只能答什么。如果对话符合教师预设，就能得到表扬；一旦生成新的内容，即使它富有创新性，也容易被一些教师指责为离经叛道，并利用话语霸权，想方设法控制在自己的势力范围之内。当然，并非学生话语一多，就意味着拥有话语权了。看是否拥有话语权，还要看对话的信息流向，以及话语在对话中的作用。学生只能顺教师预设的框框转，为教师“教”而不是为自己“学”服务，那就算不上有话语权。如果教师少讲一点，或者精讲多练、先学后教、相时等待，腾出一定的空间、时间，让学生多思、多讲、多练，真正意义上的师生平等的话语权就会有基本的保证。

美国教育研究者认为，课堂对话中，教师应有两个最重要的停顿时间，即“第一等待时”和“第二等待时”。“第一等待时”是指教师引出话题后，等待足够的时间，不马上重复话语，或指定学生应答。“第二等待时”是指学生应答之后，教师也等待足够的时间，才评价学生答案，或提出另一个话题。这样做的优点是：话题提出之后，能留给学生回忆、联想、推理、语言组织等的活动时间。学生应答不够流畅，教师也要耐心听讲，不宜打断、插入、追问，使学生心情更为紧张；学生应答不出来，或答非所问，教师也不能皱眉、厌烦、批评，挫伤他们对话的积极性。在此基础上，适当增加对话内容，扩大对话面，调动大多数学生的学习热情和求知欲望，就会较好地完成教学任务。

（二）学会诊断自身的教学行为，获得更多的反思性经验

先看一个我执教《云南的歌会》的课堂实录。

师：同学们，我国是一个多民族国家，各个民族都喜欢用民歌来表达自己的生活感受，特别是云南的少数民族，个个能歌善舞。著名作家沈从文用他的妙笔写下了《云南的歌会》。看了这个题目，大家总会想到，歌会一般是在舞台上演出的，而云南的歌会又在哪里演出？

（学生默看课文）

生1：在松树林里、灌木丛中。

师：还在哪里？

生1：金满斗会。

师：具体在哪里？

生1：村寨里。

师：松树林里、灌木丛中，说明少数民族是在山野之中唱歌，而金满斗会事实上是在村寨里举行的。

生2：他们还在山路上唱歌。

师：言下之意，他们不需要任何舞台，随便一个地方就能唱歌。看课文，从结构上说，“山野”是第2至第3自然段，“山路”是第4自然段，“村寨传歌”是第5自然段。他们是不是用同样的方式唱歌呢？快速看一下第二自然段，他们用了哪些方式唱歌？

（学生默看第二自然段）

生3：（读）“唱的多是情歌酬和，却有种种不同方式。或见景生情，即物起兴，用各种丰富譬喻，比赛机智才能。或用提问题方法，等待对方答解。或互嘲互赞，随事押韵，循环无端。也唱其他故事，贯穿古今，引经据典，当事人照例一本册，滚瓜熟，随口而出。”

师：概括起来是哪一种方式？

生3：对歌。

师：一个年轻妇女一连唱败了三个对手。(板书：山野对歌)山野对歌像比赛似的，在山路上唱歌又是怎样的呢？

(学生默看第四自然段)

生4："马上一面赶着欣赏土坎边的粉蓝色报春花，在轻和微风里不住点头，总令人疑心那个蓝色像是有意模仿天空而成的；一面就听各种山鸟呼朋唤侣，和身边前后三三五五赶马女孩子唱着各种本地悦耳好听的山歌。"

师：确定唱的内容了吗？

生4：没有。

师：只是在这样的环境中随口而唱，我们暂且称它为"山路漫歌"(板书：山路漫歌)。在村寨里，他们又采取什么方式唱歌？

生5：坐在一起轮流唱。

师：这种唱法极有意思。它的主要目的是传歌，一代一代地传下去。(板书：村寨传歌)本文主要写了三个场面：山野对歌、山路漫歌、村寨传歌。我们探究一下，作者主要采用了什么写法？这种写法有什么作用？我们采用四人小组讨论的方法。

(学生小组讨论)

师：他们侧重描述的是什么？先看第一、二两段。

生6：写唱歌的内容和唱歌的人。

师：侧重写什么？看看写人的部分用了多少字？

生8：侧重写唱歌人。

师：(板书：唱歌人)从哪几个方面来写唱歌人的？

生：外貌。

师：特别是脸、牙齿。

生：衣服。

师：除了这两个方面，还写到什么？

生：开朗的性格。

师：有这样开朗性格的人，唱出来的歌肯定好听。这样的人给你什么印象？与现在舞台上的人相比，他们有什么特点？

生：朴素。

师：这样朴素的女人唱出来的歌肯定是动人的。第二部分又着重写什么？

生：环境。

师：齐读第四自然段。看这里的环境给你怎样的印象？在这样环境里唱出来的歌又留给你什么印象？

（学生齐读第4小节）

师：读得不错。但“柞”念作“zuò”，不是“zhà”。你感到这是个怎样的环境？

生9：优美。

师：哪里体现优美？

生9：报春花、戴胜鸟、云雀。

师：报春花、戴胜鸟、云雀，这些景物都带给你了美。这样一方土地孕育出来的人美，这样美的人唱出来的歌也是美的。人杰地灵的土地，有一种淳朴本色的美。那么，第三部分主要写了什么？

生10：场面。

师：上学期我们学过《观潮》这篇课文，感受到观潮时人山人海的盛大场面。《云南的歌会》也一样着重描写了唱歌场面，给人以盛大的印象。我们从哪里感受到“村寨传歌”这一盛大场面？换句话说，作者用怎样的语言为我们描绘出了“村寨传歌”盛大的场面？

（学生默看第5自然段）

生11：男女老少，六人一座。

师：人多，场面大。

生12：一连三天才散场。

师：时间长。

生13：当地的人都来了。

师：也是人多。第一个特点是全村的人都来了。第二个特点是唱的时间长，延续了三天。老师也发现一种，他们想唱就唱，会唱就唱，年老的传给下一代，也就是唱的歌曲多，歌手也多了。真可以说是“十年难逢金满斗”。他们展现了自己的才华，展览民歌的杰作。把所有民歌都唱出来，这个场面肯定盛大。这样，课文给我们展示了云南民歌的美。大家能不能像沈从文先生一样，抓住三个场面，集中在唱歌人、唱歌环境、唱歌场面，体现出云南民歌的美，也介绍一下我们这儿的民风？

（学生小声言语）

生14：端午节，一家人包粽子，吃粽子。

师：民俗特色呢？作者把云南的歌会写得这样好，就在于他对民风民俗的细致关注。你们能否这样做呢？下课后，大家去了解一下。只有来源于对生活的热爱，才能写得出富有地方民俗风味的佳作来。

实事求是地说，这是一堂并不十分成功的课。《语文课程标准》中的三维目标是教学诊断的根本依据。设计教学流程也好，确定教学内容也好，选择教学方法也好，万变不离其宗，一切以三维目标为准绳。但是，第一，教学目标并不等于教学计划，更不是教师自以为是的唯一的行为标杆，它必须建立在学生的学习之上，由学生学习行为的改变而加以体现。第二，宏观的三维目标也不等于具体的课时目标，它要根据学段的特定情况、学生不同发展阶段的需求而确定。也就是说，无论如何要把学生发展的需求置于第一重要的位置。然而，这节课所确定的课时目标是：1. 分析课文结构；2. 体会三种歌会的不同特点；3. 感受云南少数民族能歌善舞、淳朴善良的风情。显而易见，定位是失之偏颇的，操作也是不到位的。只是关注了学生将从文本中获知什么，而不是通过文本解读，提升学生语文能力。整个流程大多处于信息筛选这一低级别层面上，缺乏更高一级的理解、提炼、创生，解读浮于表面，仅仅满足于学生能从相关语段中找到教学所需要的内容，而不作更加深入的探究品味，触摸不到字里行间透露出来的那种淳朴之美、自由之美、和谐之美。

根据学科知识体系，关注教学行为的持续性、发展性、整体性，关注人的思维发展是教学诊断的基本方法。教师要在教学目标的引导下，寻找重点、难点、能力训练点。教师要心知肚明：这个特定的学习材料中包含了哪些可以满足学生学习需求的合理元素？各个学习元素的点、线、面之间建立怎样的逻辑联系？如何依托学习材料作进一步生发，真正培养学生语文素养？只有这样，才能克服只见树木不见森林的片面性，帮助学生建立相对完整的知识体系，并在此基础上，重新进行意义建构，产生“化学变化”，生成新知识、新能力，并在各模块中实现迁移与强化，庖丁解牛，游刃有余。说得不客气一些，这节课上，很少看到学生思维的明显发展。三个场面的解读，始终在同一水平面上重复，没有一个有效的梯度，而且一碗水端平，平均用力，导致很多细节上蜻蜓点水，浅尝辄止，也没有立足于语言训练，读懂语言背后的人情世故、风物之美。

概括起来说，就是教师“用什么教”与学生“学什么”。明确了这两点，教师才能准确定位教学目标，妥善处理教学内容。吕叔湘先生说：“不要把学生的注意力局限在形式的辨认上，这容易使他感觉枯燥无味。要把重点放在用法的探讨上，使他感觉有用。更重要的是通过课堂教学培养学生自己观察和分析语言现象的习惯。”他告诉我们，教师要把教学的着力点放在“一切为了学生发展”之上，从学生出发，从运用这一目的出发，学会诊断，科学处理教学中的每一个基本元素、基本环节，为提高教学效率而殚精竭虑。

经过反复思考，我对《云南的歌会》进行了二次设计，把目标确定为以下三点：(1)把握云南歌会的特点；(2)品读淳朴、优美的语言，感受云南少数民族同样淳朴、善良美好的性格；(3)以沈从文先生笔下的语言形式，以家乡地方文化为对象，写一段文字。现将二次执教的课堂实录也附在后面，供大家批评。

（播放音乐《月光下的凤尾竹》）

师：同学们，猜一猜这是我国哪个省份的民歌曲调。

生1：云南。

师：理由呢？

生1：我去过云南旅游，那儿很多地方都在播放这种乐曲。

师：知道用什么制作的吗？

生1：好像是葫芦，上面插根了竹管。

师：这叫葫芦丝，又叫葫芦箫，云南少数民族地区特有的一种乐器。下面请大家闭上眼睛想象一下，在这种音乐的伴奏下，那儿的人们会有怎样的特点？

生2：能歌善舞。

生3：调子悠扬，说明那儿的人们生活自由，淳朴善良。

师：你还看到了人的内心世界哦，算得上他们的知音了。云南少数民族就像这两位同学说的那样，能歌善舞，自由自在，淳朴善良。今天，我们通过沈从文先生的《云南的歌会》，零距离地感受他们的民歌，他们的民风，他们的民情吧。通过这个题目，你们能了解课文的多少信息？

生4：地点是云南。

生5：写的是歌会。

师：什么叫歌会？

生5：很多人聚在一起唱歌。

师：哪个词说明了很多人聚在一起？

生5："会"。

师：请大家快速浏览课文，找一找，文中哪几个场面说明这是一场歌会。

（学生默看课文）

生6：课文第2自然段，写一个年轻妇女一连唱败了三个对手，逼得对方哑口无言。

师：这个场面叫做什么

生6：对调子。

师：也叫对歌。那是在什么地方？

生6：在松树林子和灌木丛沟凹处。

师：总之不是在舞台上吧。用一个词语给这个场面起个名字。

生6：野外对歌。

生7：山野对歌。

师：老师觉得“山野对歌”更好，强调不是在平原上，而是在山里。你同意吗？

生6：同意。

生8：第5自然段，写了“金满斗会”。

师：这是一个怎样的场面？

生9：人多。“集合了乡村男女老幼百多人，六人围坐一桌，足足坐满了三十来张矮方桌”。

生10：唱的时间长。“唱和相续，一连三天才散场”。

师：这个场面与“山野对歌”有什么不同？

生11：不是比赛了。“金满斗会”中，大家是轮流唱的，“每桌各自轮流低声唱《十二月花》，和其他本地好听曲子”。

生12：他们是老一辈传唱给下一代。“集会表面说是避疫免灾，主要作用还是传歌。由老一代把记忆中充满智慧和热情的东西，全部传给下一辈。反复唱下去，到大家熟习为止”。

生13：地点也不一样。“金满斗会”不是在野外，而是在村子里，在“住处院子两楼和那道长长屋廊下”。

师：你们看得都非常仔细，善于发现啊。那么，我们也给这个场面起个名字。

生14：金满斗会。

师：能否跟第一个场面的名字相匹配？

生15：乡村轮唱。

师：注意地方色彩。乡村，我们这儿也可以这样说的。而且要注意他们唱的方式。

生16：村寨传歌。

师：“村寨”体现了少数民族地区的特点，“传”字也突出了这个场面的特点。给点掌声！

（学生鼓掌）

师：大家为什么不提第4自然段？那也有人在唱歌呀。

生17：只有女孩子一个人在唱。

师：你的意思是：一个人在唱，就构不成歌会？

生 17：对呀。

师：同意他的看法吗？

生 18：同意。

生 19：她不是一个人在唱，她还“和身边前后三三五五赶马女孩子唱着各种本地悦耳好听的山歌”。

生 20：她还和山鸟一起唱歌。

师：这倒新鲜，说来听听。

生 20：这个小节中说，这种戴胜鸟“每在晨光熹微中，却欢喜坐在人家屋脊上，‘郭公郭公’反复叫个不停”，云雀“一面扶摇盘旋而上，一面不住唱歌”，“伏在草丛中的云雀群，却带点鼓励的意思相互应和”。

师：哦，老师懂了，那是女孩子在和山鸟一起举办歌会。这次的歌会在哪里举行？

生 21：山路上。

师：她们对歌吗？

生 22：不对。

师：她们传歌吗？

生 22：不传。

师：那她们在干什么？

生 23：她们想唱就唱。

师：文中哪里看出来？

生 24：“可是在这种环境气氛里，出口自然，不论唱什么，都充满一种淳朴本色美。”

师：真是有意思的歌会啊。那么，我们也给这个场面起个好听点的名字吧。

生 25：山路淳歌。

生 26：山路美歌。

师：别的地方的歌就不淳、不美吗？你们看，第一个场面中，“或见景生情，即物起兴，用各种丰富譬喻，比赛机智才能。或用提问题方法，等待对方答解。或互嘲互赞，随事押韵，循环无端。也唱其他故事，贯穿古今，引经据典。”第三个场面中，“声音虽极其轻柔，合起来却如一片松涛，在微风荡动中舒卷张弛不定，有点龙吟凤哕意味。”难道不美？这个名字有点难度，老师提供一个思考方向：杜甫《闻官军收河南河北》诗中有一联：“却看妻子愁何在，漫卷诗书喜欲狂。”漫，“随心所欲”的意思。

生 27："山路漫歌"吧？

师：你反应真快！我们再来看看，这些唱歌的人，都是怎样的人？

生 28：擅长唱歌。

（学生大笑）

师：当然是喽。

生 29：他们都很善良。

师：你怎么知道？

生 29：那个年轻妇女唱败了三个对手，却一点也不骄傲，只是"轻轻地打了个吆喝，表示胜利结束，从荆条中站起身子，理理发，拍拍绣花围裙上的灰土，向大家笑笑，意思像是说，'你们看，我唱赢了'，显得轻松快乐，拉着同行女伴，走过江米酒担子边解渴去了"。

师：尤其是哪几个词？

生 29："轻轻""笑笑""轻松快乐"。她没有得意忘形，嘲笑那些失败的对手。

师：她们长得什么模样？

生 30："性情开朗活泼，劳动手脚勤快，生长得一张黑中透红枣子脸，满口白白的糯米牙，穿了身毛蓝布衣裤，腰间围个钉满小银片扣花葱绿布围裙，脚下穿双云南乡下特有的绣花透孔鞋，油光光辫发盘在头上"。

师：你连她们的性格也一起说了出来。这样的妇女，肯定是淳朴善良的。

生 31：金满斗会中的。"在场年老人格外兴奋活跃，经常每桌轮流走动。"他们唱歌不犯忌。而且有个吹鼓手，"年纪已过七十，牙齿早脱光了，却能十分热情整本整套地唱下去。除爱情故事，此外嘲烟鬼，骂财主，样样在行，真像是一个'歌库'。"

师：也请你指出其中的关键词。

生 31："格外兴奋活跃""十分热情"。

师：金满斗会上唱歌的都是哪些人啊？有没有港台明星？

生：没有。

师：看看课文，它告诉我们哪些信息？

生 32：都是普通人。

师：如……

生 32：村子口摆小摊卖酸泡梨的。

生 33：城门边挑水洗衣的。

生 34：打铁箍桶的工匠。

生 35：小杂货商店的管事。

生 36：乡村土医生和阉鸡匠。

生37：赶马女孩子、不同年龄的农民和四处漂乡赶集卖针线花样的老太婆。

师：无论男女老少，都是善良淳朴的普通人啊。

（播放电影《刘三姐》片断）

师：当地人称刘三姐是“歌仙”，她其实也是个普通的老百姓，只是神化了。她是广西人，但广西邻近云南，两地同属西南少数民族地区，风俗习惯相差不多，也同样让我们真切体验了一把淳朴善良的民风。感谢沈从文先生用他淳朴自然的笔，为我们描绘了富有云南地方特色的淳朴自然的歌会，淳朴善良的云南普通劳动人民。现在，请大家从第4自然段中，挑选一句自己最喜欢的句子，并说说你的理由。

生38：我喜欢关于戴胜鸟的描写，特别是那句“瞪着个油亮亮的眼睛”，写出了戴胜鸟对女孩子唱歌产生了浓厚兴趣的样子。

生39：我喜欢“马上一面欣赏土坎边的粉蓝色报春花，在轻和微风里不住点头，总令人疑心那个蓝色竟像是有意模仿天空而成的”，这里用了比喻，把报春花的颜色比成了蓝天。

师：产生什么艺术效果？

生39：非常美。

生40：我觉得，里面还有拟人。

师：何以见得？

生40：“有意模仿”，好像报春花是有生命的。她喜欢天空，就特意去模仿天空的颜色，把它作为自己的容貌。

师：说得太好了，“云想衣裳花想容，春风拂槛露华浓”。这样写，报春花就有了灵性，更美了。

生41：我喜欢云雀，敏捷，轻快。

师：你能在云雀和女孩子的歌声之间找到某种联系吗？

生42：云雀就像女孩子。

生43：云雀群就是三三五五的赶马女孩子。

师：这个也说得过去。但请注意，我说的是：云雀与女孩子的歌声之间的联系。

生44：老师，我是这样想的：云雀飞得高，说明女孩子的歌调子高；云雀飞得低，说明女孩子的歌调子低，合起来就产生了抑扬顿挫的美感。

生45：“另外几只云雀又接着起飞”，说明其他女孩子跟着一起唱。

生46：“伏在草丛中的云雀群，却带点鼓励的意思相互应和”，是说女孩子们互相鼓励，互相应和。

师：抑扬顿挫，此起彼伏，相互应和，歌声就特别美妙、淳朴自然了。美丽的大自然孕育了美丽的人，美丽的人唱出了美丽的歌，美丽的歌衬托出美丽的大自然。真是一方水土养育了一方人，一方水土滋润了一方山歌。下面，请大家欣赏一段视频。

（播放“海盐滚灯”片断）

这是我们海盐著名的地方曲艺——滚灯。海盐滚灯不仅可以翻滚舞蹈，更是竞技比武的手段，表现了海盐先民在与大海长期抗争的过程中所形成的勇武不屈的精神。请大家像沈从文先生一样，用一个形象生动的语段，对滚灯做一次描述，来体现你独特的感受，不过，必须至少用上一种修辞。

（学生写作）

师：我们各请一位男生、一位女生来作代表性交流。

生47：众多的舞蹈人群中，最吸引人眼球的就数一个个大而圆的竹编滚灯了，这些滚灯，或向上举过头顶，或向下穿过胯下，左右腾挪，旋转翻腾，然而小球中的那点灯火却一直不灭，随着舞姿而令人眼花缭乱，于是，这一个个滚灯便没了轮廓，看去就像是一个个小太阳，光辉灿烂。

师：同桌点评一下。

生48：他用到了比喻，写出了滚灯的舞姿、滚灯的明亮。

生49：海盐滚灯这种集体舞蹈的表演形式，队形变换多样，时而形成整齐的方阵，时而又变化成若干个圆形阵行。一个个表演者，前后有序，组成一条条矫健的盘龙，仿佛穿梭在行云之中，滚灯如流星，在翻滚，在盘旋，风生水起，蔚为壮观。

师：请你也点评一下。

生50：他也用了比喻，体现出了表演者的勇猛。

师：两位同学都用了比喻，但着眼点并不一致：前一位同学针对的是滚灯，后一位同学针对的是表演者；语言通顺，而且形象生动，富有创造力。特别是他们才看了一遍，就写出这些内容，实在不容易。相信大家还有更精彩的。老师送给大家一句话：热爱唱歌的人，他必定是热爱生活的；无论生活多么艰辛，始终要对生活怀着一份感恩的心；只要心底放出一点光，整个世界都将变得更加灿烂。大家用美丽的歌声来装饰我们的生活吧。

有人说：“仅仅拥有知识的人看到一块石头就是一块石头，而拥有智慧的人却能在一块石头里看到风景，从一颗沙子里发现灵魂。”佛教也有类似说法：“一粒沙中看世界，半张叶上说人情。”对于众多教师来说，运用思想的武器通过教学诊断，透过现象看本质，从细微处见真谛，切准问题产生的根源，寻找最佳的解决策略，使课堂从“有效课堂”到“高效课堂”，再到“魅力课堂”，也使自己慢慢进入教学的理想境界，成为有思想的教师。

七、综合性学习大有作为

——兼及《到民间采风去》

《话说千古风流人物》的活动实施

综合性学习是基础教育课程改革以后新出现的语文学习活动。它的最大贡献，在于提供了一条沟通课内学习与课外运用、语文与生活之间的联系纽带。从词组构成来看，“综合”应为形式，“学习”应为核心。再深入考虑下去，“综合”的背后还存着许多空白，如“综合”什么内容？选择怎样的途径“综合”？“综合”的黏合剂、润滑剂是什么？等等。我认为，第一，“综合性学习”必须立足于语文学科，立足于语言训练，凡能有效促进学生语文能力发展的，无论什么内容，都“笼天地于形内，挫万物于笔端”，为我所驱，为我所用，成为“综合”的素材。第二，唯有在教师的正确引导下，学生通过综合实践，实现同自然、社会的有机沟通，才能培养语文运用能力和创新精神。也就是说，除了实践，没有其他的路可以选择。第三，各种活动的相互结合，相互促进，必须依赖于活动者的情感态度价值观。如果对活动中的学习、探究、运用、创造都充满了热情与希望，他们就会心甘情愿投身其中，不断发现，不断进步，收获成功的经验与成长的快乐。

对于综合性学习，我的认识与实践经历了“设计观”“活动观”“课程观”三个阶段。

第一阶段：以为综合性学习就是教师设计方案，学生照本宣科；以为综合性学习只是课内学习的自然拓展与延伸。现在看来，这是一种以教师为本位的教学观。它忽视了学生的主观能动性，认为他们生活经验不够丰富、文化底蕴不够厚实、设计活动的方法不够科学，只能在教师画定的道路上亦步亦趋。整个学习过程中，教师既是方案的设计者，又是活动的监控者、效益的评价者；学生只是方案的执行者、活动的参与者、效益的受评者。从形式上看，教师煞费苦心设计的方案也多是纸上谈兵。他们找来一些与话题有关的材料，配上习题，编成小册子，发给学生，作为课外阅读训练的补充。师生双方处于一种不太公平的境遇中，学生即使一开始由于好奇而表现出跃跃欲试的冲动，也会因长期受困于被动位置，并终于意识到综合性学习只是课内学习的简单翻版，便渐渐淡漠了那份好奇与冲动，日益无所谓起来。

不妨解剖一下我于2003年主编的《海盐乡土语文》这本阅读材料中的一个例子：

陆绩怀橘[①]

后汉陆绩，年六岁，于九江[②]见袁术[③]。术出橘待之，绩怀橘二枚。及归，拜辞堕地。术曰："陆郎作宾客而怀橘乎?"绩跪答曰："吾母性[④]之所爱，欲以归遗[⑤]母。"术大奇之。

【注释】①节选自明代蔡培元编撰的《二十四孝》。陆绩，三国时海盐华亭(今上海金山)人。②九江：地名，在湖北省。③袁术：三国时人物，曾割据一方，后为曹操所灭。④性：生性。⑤遗：留给。

【练习】

1. 翻译这篇短文，理解大致意思。

2. 陆绩怀橘的故事告诉我们一个什么道理？从中可以看出陆绩怎样的优秀品德？

3. 请你说说自己生活中有哪些优秀的表现。

这样的综合性学习，除了内容上的拓展外(这是常见的课外阅读训练也能解决的)，与一般的课堂训练又有多大区别？

第二阶段：以为综合性学习就是开展课外活动。与第一阶段相比，也有一定的进步，开始不自觉地意识到，综合性学习不能采取由教师直接提供甚至命令的方式，单方面加以实施，而应基于师生共同创造的"教"与"学"的经验，通过共同建构、共同完成、共同进步的学习过程，提升语文综合能力。然而，它仍然存在着难以克服的困难。第一，缺少系统性。教师往往走一步看一步，零敲碎打，缺少对初中语文体系的整体把握和准确定位。有时单凭兴趣，发现大自然、社会生活中有了新的热点、新的问题，心血来潮，立刻组织活动。然而，它像一阵风，来也快，去也快，繁华过后，剩下的仍是一片废墟，长不出一片碧绿的叶子，开不出一朵美丽的花儿；第二，缺少纵深度。师生其实更热衷于活动本身，而不太关注活动的本质、功能、效果，只求参与，不求内涵发展。这样，学生大多在乎自己有没有参与，而不太在乎自己从中获得了多少学习体验，增长了多少学习能力；第三，缺少操作性。任务布置下去了，却少有具体安排，缺少细节上的操作指导，导致活动大而无当，内容空洞，流于形式；第四，缺少学科性。活动中和活动后，没有立足语文学科本位，进行必要的、及时的总结提炼，使活动中的"下意识"逐渐成为"有意识""有意义"，并回归到语言文字训练上来，从而纯粹演变成了一种放松心情的游戏。凡是种种，使综合性学习在很多教师的教学行为中几乎名存实亡。

下面是当初我设计的八年级下第四单元综合性学习《到民间采风去》的方案：

【活动目标】

1. 培养学生搜集、整理乡土资料的能力。

2. 培养学生合作探究的意识。

3. 引导学生欣赏海盐独特的传统民俗文化，增强保护和弘扬传统民俗文化的意识。

【活动重点】

1. 走访农村老人，了解海盐独特的乡土民俗风情。

2. 整理有关资料，撰写反映海盐民俗文化的浅显的小论文。

【活动课时】

2 课时(一课时走访、一课时交流成果)。

【活动过程】

一、活动准备

1. 宣传动员，强调采风活动的目的意义。

2. 提供采风的话题：

①海盐腔、骚子歌、烧纸、滚灯、塘工号子、灶头画的特点及其发展。

②海盐方言的特点。

③有关海盐习俗的民间故事、传说(钟子期与俞伯牙的故事、秦兰的故事、陆绩怀橘的故事、干宝的故事、清明团子的故事……)。

④拍摄一次民俗活动的场景(节日、婚嫁……)。

⑤你觉得本地哪种民俗文化可以列入海盐民俗游线路，写一段解说词。

二、活动过程

(一)导入

《三国志·魏书》说："街谈巷说，必有可采。"瓜棚豆架下，清明重阳时，乡音呢喃，风味醇厚。同学们，把我们的目光投向我们生于斯、长于斯的家乡，溯源寻根，发现乡土民俗文化的永恒魅力，接受一次心灵的激荡。现在，请拿出你采风的成果，一起快乐分享这份平凡而美好的乡土生活礼物吧。

(二)成果展示

1. 多媒体展示。

利用多媒体声音、图片、录像的优势，以小组为单位，展示活动成果：

①展示本组的活动主题。

②展示本组收集到的资料，包括文字、录音、录像、图片等。

2. 活动式展示。

①学唱海盐腔、骚子歌、塘工号子等。

②用海盐方言表演地方曲艺。

③知识小竞赛：

A. 场景小剧：

爷爷、奶奶、父母和自己围坐在饭桌边，或用方言，或用普通话，用三四分钟时间演绎一个故事。

其他同学认真听，然后从发音、语法、词汇等方面，找出与普通话的差异，多者为胜。

B. 比词条：

把记录下来的方言词条展示出来，请同学说出对应的普通话词语，答出者为胜。

3. 文字稿展示。

展示学生撰写的反映传统民俗文化的小论文。

(三)成果评价

每一阶段，都组织学生评议成果。

(四)质疑拓展

不少人热衷于"洋气""时尚"，追捧舶来品，而冷落了乡土传统民俗文化。你怎么看待这种现象？试展开讨论。

(学生讨论、发言)

三、活动小结

单从方案本身来看，活动也遵循了综合性学习"采风"的要求，以富有鲜明地方特色的传统民俗文化为内容，组织学生参与其中；也提供了一定的行动指南。特别在"成果展示"这一环节，形式多样，有多媒体展示、活动展示、文字稿展示，并适时引导学生针对现实生活中的具体问题进行质疑，以强化思考能力、口语交际能力。但是，这一方案偏重于第二课时，而第一课时的内容只在"活动准备"这一模块中轻描淡写地一笔带过。至于向哪些人采风，如何采风，如何整理、提炼搜集到的信息资料以形成自己的观点，缺少实质性交代。事实上，能传承地方传统民俗文化的人，除了专业从事民俗文化的研究者以外，一般以普通老年人为多。他们并没什么突出的体貌特征，能让学生一眼辨认出来而去采访的人很难找到。即使学生知道了海盐民俗传统文化的项目，但对于实际活动的展开又有多少作用？要在很短时间内，想从茫茫人海中找到采访对象，无疑大海捞针。恐怕教师自己一时半会也难以完成。这样的活动，多半是纸上谈兵、镜花水月。

第三阶段：认识到综合性学习是一种与传统的阅读教学、写作教学、口语交际教学互相并立的新的语文课程形态。

基础教育课程改革的重点之一，就是“调整和改革课程体系，试行国家课程、地方课程和学校课程”，“实行国家、地方和学校三级课程管理”，把课程的一部分权力下放给学校和教师。而以综合性学习为主要内容的校本课程开发与运用，恰恰为师生学习开辟了一个广阔的用武之地。从形式上看，它是“以校为本”，而隐藏背后的哲学理念却是“以人为本”。校本课程建设的立足点，就是关注“人”的生活，更多地从挖掘学校自身和周边环境、乡土文化等资源出发，拓宽学生的学习空间，让学生亲自接触大量的实践性材料，丰富他们的体验，提高他们的综合运用能力。《语文课程标准》也对生活中所蕴含的教育价值和学生生活经验予以了相当的重视和关注，深刻体现了教学生活化的思想。而综合性学习这一生活化了的校本课程，是一种基于学生的直接经验、密切联系学生自身生活和社会生活、体现对知识的综合运用的课程形态，是一种以学生的经验与生活为核心而组织起来的综合课程。它弥补了学科课程的不足(如教学环境狭窄、脱离社会生活、忽视学生兴趣爱好等)，使学生兴趣得到满足，特长得到发展。它给学生提供了关于人类社会和生产的直接经验，提供了形成健全人格的直接经验，提供了关于思维、方法的直接经验。有了这些经验，进行精神性学习活动才有了坚实的基础，才能更深刻地理解书本上的间接经验。

在以综合性学习为主要内容的校本课程建设中，一方面，教师必须充分了解学生学习、生活经验，而且因为参与了课程建设，掌握了课程建设的一般原理和技能，能站在整个课程结构的高度，对语文教学有一个全面的、整体的认识，提高自己驾驭课程的能力，从而做出一个符合学生实际的安排，使自己成为真正的“菜单提供者”、活动“组织者”、学生“引领者”的角色。教师也要对自己在综合性学习中的作用进行反思，对活动过程进行有意识地、批判地分析总结，以促进自身的专业能力。另一方面，校本课程本就是学生根据自己的学习爱好和特长自主选修的课程，因此，必须紧紧围绕“为学生成才而奠基”的理念，为提高学生语文综合能力找到一条有效途径。我们不能简单地把这种活动当作语文学科必修课的延伸，而应当把它同样作为语文学科的一门必修课，同样姓“语”，并且着眼于通过“生活·能力”的相互砥砺，让学生从实践中来，到实践中去，使综合性实践活动变得具体、通俗和兴趣盎然，再把这种兴趣迁移到课内学习中来。这样，学生的主体意识将更强烈、思路将更敏捷，综合能力将有意想不到的提高。

基于这种认识，我在开展九年级上第六单元的综合性学习《话说千古风流人物》时，作了如下设计：

【活动目标】

1. 根据需要，有目的地搜集、分析相关资料。

2. 明确“风流人物”的真正含义。

3. 了解海盐历史上的风流人物，培养学生热爱家乡、热爱祖国的情怀。

【活动重点】

1. 提高分析提炼相关资料的能力。

2. 用历史唯物主义的观点，分析海盐历史上的风云人物，培养积极进取的精神。

【活动课时】

集中活动1课时，主要用于课堂辩论。

【活动过程】

一、活动准备

提前两周布置活动。

1. 教师提供海盐历史人物的名单(如是当代人物，则附上他本人的工作单位、家庭住址、联系电话等)。

2. 全班同学自由组合，选出一名负责人；每个小组划为三个类别。

第一类：通过书报、影视、网络等手段，搜集海盐历史上的风流人物，并精选两名，将他们的资料做成PPT，展示他们与众不同的人生历程和精神追求。

第二类：通过网络、书刊等手段，搜集海盐历史上风流人物的名篇佳作，并精选三篇，配上写作背景、注释、自我解读等，制成PPT。

第三类：在教师带领下，通过实地走访，获得海盐一位当代人物的图文、视频资料，配上采访手记，制成PPT。

3. 重点提示。

①不仅关注重要人物，也要关注普通人物。

②强化对“风流人物”真正含义的思考。

③坚持历史唯物主义观，做到理解与批判的辩证统一。

二、活动导入

钟灵毓秀，人杰地灵。滚滚历史长河中，海盐这片美丽富饶的鱼米之乡，曾经涌现出了无数的杰出人物。毛泽东的一曲“数风流人物，还看今朝”，不禁让我们心驰神往。今天，我们来交流一下，你心目中的“风流人物”应该是怎样的，家乡曾出过哪些“风流人物”，你对他们有怎样的评价。最终是让大家对这些曾在海盐历史上建功立业、产生重大影响的人物，有一个比较辩证的了解，发扬光大他们的优秀品质，使之成为自己前进的强劲动力。

三、活动展开

(一)群英荟萃

1. 组长展示课件，并作简要说明。

2. 打分和点评。

设“评价小组”(3～5人)。

职责：(1)拟制评价标准，予以说明，保证评价的公开和公正。

(2)进行过程评价，随时收集、听取各方面意见。

(3)给每个小组打分、点评。

(4)汇总评价内容，交由老师保存。

3. 教师提出几个问题，引导学生讨论。

要求：应是学生活动中生成的问题，而不是预设。

目的：提升学生的理性思考，树立正确的风流观和唯物史观。

方法：A. 注意点拨、提升。

B. 不能脱离学生实际；不能过多占用时间。

(二)谁与争锋

1. 选择若干海盐历史人物，请学生讲述他的故事。

2. 评论：

(1)正方发言，肯定历史人物的功绩。

(2)反方发言，剖析历史人物的不足。

(3)主持人小结。

预设海盐历史人物：

A. 干宝(中国小说鼻祖)

干宝，海盐人，中国古代小说的一代宗师，学识渊博，著述宏丰，堪称魏晋时期的通人。因有感于父婢死而再生及其兄气绝复苏，乃编著《搜神记》，被称作中国小说的鼻祖，保存了许多古代的民间传说，如《干将莫邪》《相思树》《董永卖身》《李寄斩蛇》等，给后世文学艺术以深远影响。鲁迅先生的《铸剑》也取材于《搜神记》中的《三王墓》。

B. 朱瑞(民国革命党人)

朱瑞，清末民初海盐人。他的一生，从贫寒的学子、留学生、旧军人一步步走来。辛亥革命期间，他率领革命军浴血奋战，先后光复了浙江、南京，成为一代名将。辛亥革命后，朱瑞接受了袁世凯授予的“陆军上将”“一等侯爵”等多个名衔，拥戴袁世凯称帝，捕杀革命志士王金发。孙中山痛呼：“天地不仁，歼我良士！”朱瑞最终众叛亲离，仓皇出逃天津，在33岁的青葱年华里郁郁而死。

四、课堂小结

本次活动，让我们把眼光投向了滚滚的历史长河，投向了家乡代有人出的杰出人物，借助生动形象的课件，通过辩论，理解了什么才是真正的“风流人物”，从而初步树立起正确的偶像观、英雄观，开阔了视野，增长了见识。同时，通过合作，大家还增强搜集、提炼、运用资料的能力，以及口头表达能力，表现都非常棒。

五、布置作业

写一篇以海盐历史人物为评述对象的文章，阐释自己对“风流人物”的观点。

图8　赴海盐县于城中学参加“送教下乡”活动

这次综合性学习，由于准备充分，譬如教师提供了海盐历史人物的名单及其相关信息，便于学生查访、搜集更多的资料，为第二阶段活动打下了良好的基础。同时，课内活动环节简明。先是“群英荟萃”，具体介绍海盐历史上的著名人物；然后是“谁与争锋”，学生根据史实，以自己对历史人物的不同看法，自觉归入正方或反方，展开激烈辩论。在这个过程中，学生对“风流人物”的理解越来越全面，越来越深刻，越来越辩证，思想情感发生了质的飞跃。特别是活动的主持人、参与者、评判者，都是学生自己，充分发挥了他们的能动性，积极投入到活动中去。为了证明自己的观点，他们充分运用手中的材料，借助议论文的构思与方法，借助相关的默会知识，彼此之间形成针锋相对的思维冲撞，迸发出一朵朵耀眼的智慧火花。

为了便于学生正确认识历史人物，保质保量完成写作任务，我特地写了一篇《指点风流　激扬文字》，发给学生，从理性高度，对如何客观、辩证地分析历史人物作了比较全面的指导，起到了很好的指导作用。

附文：

指点风流　激扬文字

“大江东去，浪淘尽、千古风流人物。”

中学生青春年少，意气风发，远眺碧水青山，仰望云走风卷，纵论古今风流，睥睨天下英雄，于是，广泛涉猎，相互争辩，形诸文字，且常有独到见地。但又囿于各种原因，如资料不全、认知偏差、方法欠妥，也多剑出偏锋，以偏概全，以今推古，以己度人，情绪使然，易入极端。

要防止出现以上情况，就需要做到以下几点。

学会辩证看待。事无论大小，并非都像一加一等于二那样简单，往往“横看成岭侧成峰，远近高低各不同”。评价历史人物时，必须注意他们各自所处的时代背景、社会阶层，包括文化修养、思想观念等，而不能抱随意、孤立、静止、片面的认知态度。如此，才能准确把握历史人物及其行为的实质意义。韩信甘受“胯下之辱”，其实不是懦弱无能的表现，而是他权衡利弊，认为自己的生命价值根本无法与市井之徒相提并论；拔刀相向，血溅五步，为市井之徒送命太不值！驰骋沙场，开疆裂土，彪炳青史，方是大丈夫所为。假如不考虑“天下苦秦久矣”的社会现实，不考虑韩信的真正抱负，欲择时而起，展军事天才，仅仅以事论事，未免齿冷于他小丑一般的行径！

要以事实说话。评述时，虽然不直接阐述对人物的看法，却通过材料的客观呈现、细节的真实描写，委婉而微妙地表达作者的观点。口若悬河，滔滔不绝，抵不得事实一桩。这就是“不着一字，尽得风流”。我们可以学学《史记》的写法。司马迁为了表明陈胜、项羽、刘邦的志向，仅仅各自引用了他们的一句话。陈胜的是“燕雀安知鸿鹄之志哉”，志向确实远大，但到底自命不凡，骨子里瞧不起“燕雀”一般的兄弟，称王之后，经不起别人进谗，终于杀了曾经宣称要“苟富贵，无相忘”的同乡。刘邦说“嗟呼！大丈夫当如此也！”活像一个小混混挤在人群中，偷窥百万富翁时，禁不住权钱诱惑，胆气一壮，竟吐此大话，然而终究不及项羽脱口而出的“彼可取而代之”来得快人快语，铿然一声，豪气干云。可惜项羽也给人留下了过于率直、略无心机的印象，当时就吓得他叔叔项梁赶紧捂住他的嘴，说：“毋妄言，族矣！”这种性格决定了他后来的悲剧命运！当然，想做到这点，我们首先要博览群书，广泛占有资料，并反复思考，得出尽可能合理的结论。

选择合适角度。明人董其昌说："山行见奇树，须四面取之，树有左看不入画，右看入画者，前后亦尔。"他以画树为例，说明选择适宜"入画"的某个"点"是表现树之"奇"的必要前提。历史人物性格多样、关系错综、命运多舛，要理清头绪，精要点评，也必须选择合适的角度切入，才能收到意想不到的效果。可以说，角度决定了认识事物的境界。仍以项羽为例，杜牧从英雄本色的角度出发，认为项羽只要能够"包羞忍耻"，那么，"江东子弟多才俊，卷土重来未可知"。而王安石从大势所趋的角度出发，认为项羽早已四面楚歌，军民离心，"江东子弟今虽在，肯为君王卷土来?"纵然回到江东，也必定回天乏术，徒呼奈何！身经北宋末年"靖康之难"的李清照，她不以成败论人，而从为人气节的高度出发，认为项羽是位宁死不屈、豪迈壮烈的悲剧英雄，"至今思项羽，不肯过江东"，项羽失败了，但他气概豪壮，可歌可泣，令人仰之弥高。

文气贯穿始终。所谓文气，就是文章之中的思想之气、锐辩之气、言辞之气。韩愈说："气盛则言之长短与声之高下皆宜。"一篇文章，洋洋洒洒，若少了这么一股气，犹如人少了一个精神，读来当然味同嚼蜡。文华之气涵养丰富了，一经触发，恰如地下涌泉，一泻而出，恣肆汪洋，遂成优秀之作。而要涵养文气，绝非一朝一夕之功，需要内修外炼。内修，即强调自我的内在完善，提高思想意识，陶冶高尚情操，丰厚文化知识，掌握写作方法；外炼，即遍涉名山大川，主动与人论辩，以增长阅历，锻炼才识。苏轼的《留侯论》是仁宗嘉祐六年为答御试策而写的一篇策论。他根据《史记·留侯世家》中张良受黄石老人兵书一卷而成功辅佐刘邦统一天下的史实，论证了"忍小忿而就大谋""养其全锋而待其敝"的重要性。之所以文笔捭阖自如，极尽曲折，又仿佛骏马下坡，快意扑面，为后人拍案叫绝，一句话，就是因为苏轼"腹有诗书气自华"。

我们中学生，"恰同学少年，风华正茂"，自当"指点江山，激扬文字"！

把综合性学习与校本课程建设融合起来，避免了"教师一言堂，活动走过场"的弊端，凸显了综合性学习的"语文味"，也使综合性学习不再随性而动，支离破碎，而变为一个相对完整的学习体系。它的意义，不在于学生发明创造了什么，而在于学生通过全程参与，有所启发，正确认识生活，在生活中培养人文精神，提高语文综合能力。通过课程化的综合性学习，学生的情感态度价值观得到升华，精神世界更加丰富。他们走出校门，搞社会调查，加深了对我国政治稳定、经济快速发展的认识，加深了对海盐地方经济、民风民俗、传统文化的认识，也提出了许多富有建设性的意见和措施，表现出了热爱家乡、热爱国家的赤诚之心。

第四章

有思想的教师本身就是一门课程

——崇思教育的教师观

教育是一座思想的圣殿，建筑在人类理想的高山之巅。教师就是背负行囊，跋涉在通往这座圣殿的山路上的人。这条山路，崎岖不平，蜿蜒曲折。那座圣殿，有时近若咫尺，有时又遥若天边。而那副行囊，装着太多的东西，习惯、态度、方法、责任、信念、道德，压得教师汗流浃背，举步维艰。然而，每个走在这条路上的教师，始终明白自己的使命，坚韧不拔，义无反顾。他们也许会小憩在路边的石头上。请别误会，他们并不是放弃，而是在深思熟虑，在蓄势待发。遇到了难以逾越的沟壑，教师们或献奇计，或为人梯，兄弟同心，其利断金。当巍峨的教育圣殿出现在高山之上的蓝天下时，他们看清楚了，圣殿中满是一个个倾注了教师毕生心血、业已成长和成熟的孩子，以及孩子们辉煌的未来。终于，教师欣慰地笑了。他们突然发现，自己也成了路边一座座里程碑，不很高大，但熠熠生辉。

一、青山遮不住，毕竟东流去

街灯像欲醒未醒的睡眼，看着我一个人孤独地穿过小巷，走到大栅桥边，下到河埠，跳上了一艘开往上海的客船。机器声中，舱内稀稀拉拉散坐着几个人，静静地看着青黑的水面。我照例寻一个角落，裹紧衣服，打算继续做梦，然而不安与失落时时袭扰着我，让我无法安睡。直到一个多小时后，那座越来越熟悉，也越来越憎恶的破陋的水泥桥影子渐渐清晰起来的时候，船靠上了西塘桥码头。上了岸，往北走三十多米，便看到了正在做早操的学生。

这种情形持续了一年多。

我从小在县城里长大，师范毕业后，却被分配到了西塘桥，内心大为不爽。邻居开玩笑说："中国有西藏，海盐有西塘。"我就像被浇了一桶凉水，从头冷到了脚。西塘桥，巴掌大的地方，两条逼仄破旧的小街加起来不够五十米长；除了早晨桥边的菜场略微热闹些外，其余时间连只闲逛的狗都找不到。最可怕的是黄昏，寂静极了，一切都将坠入无尽的黑暗。只有没心没肺的风呼叫着，在河面上疯跑，赶起一层层波浪，如同我的心情。在这种环境里，工作自然打不起精神来。校长让我教一个班的语文、一个年级的历史。稀里糊涂一年下来，回头望望，日子空荡荡的似乎什么也没发生过一样。

第二年报到的时候，校长不再让我跟班，而是让我重教初一！

这一举动，对我产生了极大震撼。走在乡村小路上，暮蝉断断续续地叫着。我对自己说："这样浑浑噩噩过日子，不要说为教育事业作贡献，连自己不也在作贱么？命运把你摁到了乡下，你就得承认，就得接受。自欺欺人、自暴自弃，是彻头彻尾的懦夫行径。想念城里的生活？那好，照以往的活法，你便只能永远想念了！济公初到人世，一样的心不甘情不愿，降龙罗汉降生到寻常百姓家做儿子，天大的憋屈啊！整天扯着嗓子哭号。国清寺老方丈一句'既来之，则安之'，却一下子点化了济公：与其怨天尤人，不如好好修炼，也好脱胎换骨，重回上界。我自忖也是有思想、有慧根、有抱负的人，岂能一辈子沉沦下去？"

从此，我开始振作精神，努力工作。

我特意换了间宿舍，选一个僻静的地方，好让自己全力以赴。

那是一间卧室，也是书房、厨房、活动室……然而它充其量是个阁楼，处在上下楼梯的拐角处，挤入一张铺、一张桌，就再容不下一把椅子，只好挨着铺沿坐；而铺板仿佛行将断气，龇牙咧嘴，一副痛苦不堪的模样，发出吱吱呀呀的呻吟，叫人顿生怜悯。绝不能得意忘形，手舞足蹈，否则，保准出现一系列万年不遇的天文奇观：眼前金星成群，飞来飞去；头皮"造山运动"强烈，先是微凹，接着迅速隆起，形成“青藏高原”——惊抬头，离天三寸三！这时，就切身体会到“蜗居”两字的含义所在了。

但是，陋室之中，其乐融融。

窗外，两株刚种下去的竹子，枝叶稀疏，月色溶溶时，斑驳的影子写在墙上，却也婆娑可爱。墙脚乱石缝隙中，硬是挺出几株藤蔓，蜿蜒攀缘，溢一壁的绿；嫩嫩的梢儿，探头探脑的，窥视着屋里的一切。风儿轻轻，吹进来，拂在脸上，有一种说不出的惬意。间或夹杂三两声虫子的鸣叫，和行人走路的细碎脚步声。

星期天，碰上雨丝轻飏，就不必回家。约楼上同事，上街买些菜，拿回来洗干净，往煤油炉上一煮，等到满屋白茫茫，“挥刀不入迷蒙天”，才忽然想起还没放盐；赶紧抓两把进去，一搅，再尝尝，“卟，卟”，舌头伸得足有尺把长——这么咸！只好咕咚咕咚倒进半热水瓶的水。嘿，最后，锅子里“门泊东吴万里船”也绰绰有余。几人相对而坐，呷呷啤酒，脸上微微发烫，心里突突发跳，情不自禁当儿，唱几句南腔北调，捏两只长筷短匙，将锅碗瓢盆好一顿地敲，仿佛如沐春风，如临秋雨，如乘一叶扁舟于万顷烟波之上。

傍晚，笼一身微黄而温馨的灯光，静静坐着。四周羲皇时一般太平，没人来打扰。自己俨然一位王子，什么事都可以想，可以做，也什么事都不想，都不做。打开书，任清风乱翻，从尼罗河畔的金字塔，翻到奥林匹亚山下的古运动场；从英伦岛上阴云密布的呼啸山庄，翻到墨西哥高原丛林深处的玛雅神庙。心神不禁飞扬起来，随屠格涅夫于旖旎如画的俄罗斯草原上徜徉，伴川端康成看雪国哗啦一声泻入心坎的银河。漫步在枫叶胜火的小道上，与雨果娓娓交谈，旋又和老人一起出海，去跟加勒比海中的鲨鱼作一番比拼。读读李白，读读李贺，时而掬一把涕泪，时而纵一腔浩气。往往兴之所至，经营起自己的一块小天地，写些诗，填些词，等到后来，集腋成裘，包上个封皮，题上个名字，朝众多名著中一插。看着它们并排一处，恍惚自己已经卓然成家。这时，陋室已非复陋室，倒觉得天地之悠悠，任我之逍遥，“九万里风鹏正举，风休住，篷舟吹取三山去”。

有时赶写教案，写着写着，总在迷离中，一个个字逐渐模糊、混沌起来，接着又分外鲜明，幻化成一双双黑亮的眼睛。那是怎样的眼睛呵，天真，并不掩饰对知识的渴求，纯洁，更须用道德来滋润。每当此刻，一种神圣的使命感油然而生，让自己振作起来，找点吃的，继续伏案疾书，直到东方之既白。抖落一身的劳累，伫立窗口，眺望远处，树林、村庄、田野，浸润在满天霞光里，云红了，地红了，小河红了，竹叶尖尖上的露珠也红了，似乎心中轻轻一呼，整个身体，连同这间陋室，便立即晶莹透亮，融进了天地之间。

那时电力供应十分紧张，晚上学校时不时陷入漆黑之中。然而，教室里鸦雀无声，一支支蜡烛粘立在课桌上，整整齐齐，幻映出一片片温馨的光芒。五十多名学生全神贯注地学习着，他们的眼睛，在这片光芒中闪烁着求知的热切、信心的执着、斗志的不屈。夏初时节，蚊虫多了起来。这些小东西，特烦人，居然很绅士地发表一通雄辩，再突然袭击，咬得人浑身上下全是红包。女学生更是细皮嫩肉，痒得难受，严重影响了学习效率。聪明的她们找来高帮雨靴穿上，或者系紧裤管，把脚浸入凉水，既降暑，又避蚊，还好安心读书。这个创造性发明才一两天，立刻普及全校，大受欢迎。1987 年，我和我的同事们创造了西塘桥中学的教学新纪元：中考成绩遥遥领先于整个嘉兴市，23 名学生考上了中专(那时的中专生是当之无愧的精英)！我们，再一次印证了蒲松龄先生“有志者，事竟成，破釜沉舟，百二秦关终属楚；苦心人，天不负，卧薪尝胆，三千越甲可吞吴”的豪言壮语。

那一年，我顺利调入城里，回到了母校武原中学任教。

回顾我的成长经历，我觉得，有几点可以作为处世箴言奉献给大家的：一是学习，二是互动。

(一)学习是教师专业成长的营养剂

对于眼下的教育环境，我很羡慕，很高兴，也很珍惜。鼓励政策的出台、展示平台的搭建、优秀教师的引领、学习渠道的多元，使一线教师处在良好的氛围之中，得到快速成长。自己刚参加工作时，孤军奋战，既少参考资料，更无电脑网络，走过不少弯路，经历不少挫折。但我知道，教师是服务员，学生是上帝。做好服务员，自身本领必须过硬。“工欲善其事，必先利其器。”想在教师岗位上干一番事业，只能不断学习，勤练内功。

牛顿说过：“如果我看得更远的话，是因为我站在巨人的肩膀上。”意思很明白：只有站在巨人的肩膀上，你才能高瞻远瞩。牛顿之所以成为牛顿，是他对前辈“巨人”下了真功夫、苦功夫，虚心学习，融会贯通。我们远不如牛顿，本就是一个平凡的“矮子”，更要爬到巨人的肩膀上去。如不学习，恐怕连“巨人”在哪里都不知道，哪能望得远，望得深？所以，无论是学历进修、通识培训、学科培训、学科带头人培训、名师培训、校本培训、教科研培训、计算机考核、普通话考核，绝不借口忙，就轻易糟蹋掉。我经常想，忙吗？是忙，简直焦头烂额；但是，我们是不是瞎忙？为什么忙？能不能不忙？即使忙，能否忙出效率来？这样，便觉得理论学习的必要了。其实很多的忙是在做无用功。

2005 年 3 月，我参加了嘉兴市首批名教师培训班。这是我专业成长中值得大书特书的事件。短短三年，先后跑了北京师范大学、华东师范大学、浙江大学、华南师范大学、重庆师范大学等，聆听了林崇德、裴娣娜、肖川等教育大师的耳提面命，极大地提升了理论水平。在这培训的日子里，我始终怀着景仰、虔诚的心态，贪婪地吸收着教育的营养，热情地激荡着教育的智慧。我似乎渐渐看到了高山之巅教育圣殿的一角飞檐了。那种心情，无法用语言表达一二。

看看我当初在华南师大写的几篇日记，相信诸位也能生发同感：

2006年3月12日

吃罢晚饭，我们几个语文老师到华南师大校园里闲转转。

华南师大面积比杭州大学大许多，非常整洁，清新明朗。它创建于1933年8月，历史比较悠久了，设有哲学、经济学、法学、教育学、文学、历史学、理学、工学、管理学等学科。校内，绿树成荫，芳草匝地。大概黄昏时候吧，人来车往的景象已不再，倒给人一种恬静的享受。树叶的缝隙里，夹杂着一两朵紫红色的花。是不是那闻名遐迩的木棉花？我不敢说，怕出错，落个笑柄。阳春三月，从木棉花开放的习性来看，估计我的猜测是正确的。

绕过一座石桥，我们来到一座塑像前。为显示自己的文化氛围，无论哪座校园，常常设有一些颇具特色的牌坊、塑像、小品。比如上次到北京师范大学，大门口即矗立着一块高高的黑色大理石碑，正面八个大字清癯有力："学为人师，行为世范"，看署名，才知是启功大师的亲笔，不由顿生敬仰之心、砥砺之志，也对自己所从事的教师职业自豪无比。眼前呈现的是一组群雕：孔子居中，拱手而立；左右两个孔子弟子：左颜渊，手捧一卷竹简，右子路，手握一张弯弓，背负一袋箭矢，恰好一文一武，既表明孔子才学兼备，万代师表，诗、书、礼、乐、御、射，样样精通，又说明"文武之道，一张一弛"，更要求我们现在的师范生必须文武双修，德才兼备。

早点睡觉，养足精神吧，明天就要正式听课了。希望这次培训能跟前几次一样，赚个盆满钵满回去才好。

2006年3月13日

上午九点，华南师范大学、嘉兴教育学院的有关领导简单而热情地致辞后，开班典礼算举行过了——学习正式开始。

第一场报告是《对"基础"与"创新"关系的重新认识》，由华南师范大学教科院博士生导师扈中平教授主讲。他谈笑风生，幽默诙谐，常常逗得全场"哈哈""呵呵"的一片响，跟北师大的肖川博士一模一样；而且深入浅出，不时闪耀着智慧的光芒。他善于通过浅显的故事，来说明深刻的道理。一个蹩脚的理论家，他的最大本事就是把简单道理复杂化，以此炫耀自己水平高深莫测；而一个真正有水平的理论家，却能把复杂道理简单化，以便妇孺皆知。扈中平教授属于后者。为了说明教育属于一种安于现状的保守行当，他举了教材中的训练题为例子，说那些训练题很多只是“重复”，没多少“思考”含量。他说，他小时候学《乌鸦喝水》，也跟一般小孩子一样在那里瞎想：乌鸦有没有别的办法喝到水呢？但不敢问老师，怕老师训斥：“你比乌鸦聪明?!”现在的新课程作了改进，有意设计了“乌鸦有没有别的办法喝到水呢?”这样的习题。事实上，他去听课，发现学生的探究兴趣非常高。有学生建议：“挖个坑，再把瓶子弄翻，就可以在坑里喝水了。”有人马上提出异议：“如果坑里全是沙子，盛不下水，都漏光了，怎么办?”老师叫大家再想。有学生说：“将瓶子侧过来，从瓶颈处喝水。”有人又反对：“这会浪费水的，一不小心全倒了，又能喝什么?”大家继续使劲想。有人又说：“用塑料管子吸。”有人继续反对：“乌鸦的嘴硬硬的，会漏气，而且鸟没有吸的本领。”有人又说：“朝瓶子里再扔石头，直到水漫出来为止。”有人持不同意见，说：“如果水量不足，石子太大，照样喝不到水。”学生在一次次自我否定、补充、完善的过程中，新方法、新思维层出不穷，思维能力越来越得到强化。

生动的讲演使我们忘却了时间，待报告结束，一抬腕，发觉已是十二点整，肚子也“咕咕咕”地提抗议了。

今天，寒流明显影响了广州的天气，不单单冷，还飘起了蒙蒙细雨，把大街小巷所有的植物都洗得干干净净，越发绿了，只苦了那些软红嫩黄，禁受不住，站在露天瑟瑟发抖，一副可怜巴巴的样子。

2006年3月14日

天气稍好了一点，虽然春寒料峭，但至少不刮风，不飘雨了。

今天接连听了三场报告，上午九点开始，直到下午五点半结束，中间加起来才休息一个小时，算是不幸而言中——“苦不堪言”！不过，肉体上是苦的，精神上却大大享受了一番，尤其博士生导师刘良华教授的《什么是老师，什么是一堂好课》，以其丰富的案例、出众的口才，让我们领略了岭南才子的风华。讲座结束后，我们众口一词，真心授予他“评书大师”的封号。

针对第一个问题，刘良华教授说，一所好的学校必须具备三大要素：有活力的学生、有思想的老师、有道德的校长。他专门提示，此“道德”非伦理道德之“道德”，乃老子《道德经》之“道德”。评价一位教师是否优秀，标准也有三：能上好一堂课的，是合格教师；具有主动精神与乐观心态的，是优秀教师；具有自己的教育理念，拿得出一手绝活的，是特级教师。

针对第二个问题，刘良华教授指出，这需要从三个方面来看：首先，课堂中的课程意识，课程内容必须丰富、有用、有趣。真正的好教师是在用他的一生备课。其次，课堂中的教学意识，教师要能够解惑、传道、引人入胜，引领学生自我学习、自我成长。再次，课堂中的评价意识，评价应该包括知识反馈、情感激励、关心并帮助，而一般的教师往往忽视后两者，更缺少关心和帮助。只有具备了这三种意识，并有效践行，学生便会喜欢你、敬畏你。

刘良华身材一般，然而相貌俊朗，精神饱满，说话中气十足，又是一位非常勤奋的学者，笔耕不辍，其案例数以百计，都是他自己亲身经历，或耳闻目睹，然后亲手写成的，而且富于文学色彩，情感细腻。他向我们隆重推出他的个人博客，还读了一些颇为自得的随笔，如《承受苦难》《能够动的事物叫动物》等，让我们在捧腹之时，充分领略了他的机智、幽默、才华，现场的"哈哈""呵呵"比昨天更为猛烈，如珠江之水，不断翻腾。几位女老师还笑出泪来，忙不迭地用纸巾擦着眼睛。

先举刘良华教授的一例，吊吊大家胃口。刘教授说，《西游记》是一部教育小说，并非只是神话小说。他解说如下：因为孙悟空小时候顽皮、捣蛋，处处敢于冒险，才有所作为。孙悟空一生经历两次大难，一是被太上老君关在八卦炉里锻炼了七七四十九天，熏得角膜发炎，两眼红肿，变成了火眼金睛；二是被如来佛祖压在五指山下，五百年不得翻身。这说明，任何一个人的成长，必须要承受挫折，承受苦难。至于如来佛祖与观世音菩萨，刘教授把他们比作孙悟空的父亲和母亲。如来佛对孙悟空的调皮、捣蛋，只要不过分，是不闻不问的，一到关键时刻，却毫不手软，直把孙悟空制得服服帖帖，如来佛便像一位凡间的父亲了。观世音菩萨呢，关心备至，跑前跑后，不遗余力，孙悟空拔了五庄观的树，她要去解救；孙悟空大战红孩儿，一时不分上下，她又去帮忙收服，活脱脱一位慈母形象。

哎，真别说，我觉得蛮有道理的，至少其思维方法、角度与众不同，颇见匠心！

2006年3月15日

上午的自由活动，证明了我先前的猜测是绝对错误的。

询问了校园里的大学生，他们或哼哼哈哈说不上来，或"也许……大概……可能……"地附和着，直到我们几个一同出去散心，出租车司机指点了迷津，才为自己的半懂不懂、自以为是甚感羞愧。先前以为的木棉树，并不是真正的木棉树。真正的木棉树，初春三月，浑身上下还没长出叶片来，枝条却特有规律，一棵树上，隔一段，便呈辐射状横出四五根，人工修剪过似的，大红花朵缀满了枝头，又像穿着红袄的精灵在枝头翩跹。

由此得出一个教训：无论怎样，千万不能武断。对待树这样，对待学生也应该这样。

下午是华南师大博士生导师何先友教授，年纪不大，脸方方正正，一副憨厚的样子。他讲的是《不同心理状态的行为特点与未成年人教育》，属心理学范畴。他讲的一个故事很有趣：有个小男孩，父母长年在外工作，由叔叔管养。这小孩喜欢偷人家东西，如铅笔、橡皮、卷笔机等，班主任多次教育，效果仍不大，没几天就旧病复发。叔叔把小孩领到华南师大心理系请专家治疗。专家说，这事简单，让孩子回到他父母身边去。果真，一段时间后，孩子的父母告诉小孩叔叔，孩子在校表现正常，老师还专门表扬了孩子品学兼优。小孩的叔叔纳闷了，去问专家这到底怎么回事。专家说，小孩得不到父母的爱，出于嫉妒心，便去偷别的小孩父母买的东西，以他们的痛苦来平衡自己爱的缺失。

启发是：进行思想教育时，不能把学生的错误简单归因于思想、品德，而要从心理上探查。很多在我们看来疑似思想品德的错误，很可能是学生心理上的偏差、障碍。“心病还得心药医”，一旦摸准病因，就能对症下药，事半功倍。

说来奇怪，在广州的这几天，阳光似乎跟我们绝了缘，天空总密云重遮，只感到凉飕飕的。电视台报道，三月份的广州居然如此低温，可算创历史记录了。可惜的是，像这样把全市的名教师集中起来，到师范高校进行培训，是最后一次了。不过，我想，只要时刻保持一颗上进之心，不怕没有学习机会。学习的对象、学习的内容就在身边，关键在于自己把握。

如果缺少上级部门组织的专业培训，那么，我们就随时随地向书刊、网络学习。书刊是无声的专家。这些年，随着教育教学条件日益完善，学校工作的重点正在向全面提高教师素质这一“软实力”上倾斜，积极倡导“学习型教师”“学习型团队”“学习型学校”，并转化为具体行动，比如增订书刊，举办读书活动，评比读书笔记。这么优越的资源不利用，好比捧着个金饭碗，一边叫道：“我没饭吃呀！”

平日里，我回家之后的第一件事便是打开电脑，浏览教育教学动态。再有时间，便读些专业类的书，如《教育心理学——理论与实践》《多元智能与学习风格》《教育评价原理及运用》《教育的理想与信念》《语文科课程论基础》《语文课程与教学论》《新教育之梦》《行动教育——教师在职学习的范式革新》等，或是相对通俗的《对抗语文》《第 56 号教室的奇迹》《窗边的小豆豆》《我们热爱什么样的教育》等，也看些《初中语文教与学》《语文教学通讯》《语文建设》《教学月刊》等杂志。我喜欢电子备课，可以广泛补充资料，每学期大概有两三百页之多。这些资料，使我多方面、多角度地理解了教材内容、作者意图、写作背景，掌握了更好的教学方法。手中有粮，心中不慌。当然，也不一定对所有的权威、专家都唯唯诺诺，而应带着怀疑的精神、批判的眼光，根据自身所需，有所扬弃，化为己用。

作为语文教师，我经常翻阅一些杂七杂八的“无用”书，如《他改变了中国》《于丹〈论语〉心得》《妞妞，一个父亲的札记》《中国智慧》《品三国》《沉思录——一个“帝王哲学家”的人生感悟》等，政治经济，天文地理，军事科技、文学作品，都去涉猎一下。人要永远保持一颗纯真的童心，保持对自然、社会的好奇与探索，保持一颗健康、乐观、豁达、进取的心，也就是“赤子之心”。它与一个人的年龄、身份、学识、地位等并没多大的关系。拥有了这份童心，对生活、对教育、对他人，便时时会涌动一种温馨美好的感受，不再觉得累，特别是心累了。杂志类中，《读者》是我的最爱，很纯粹，典雅，精美，充满布尔乔亚的色彩，文章短小精悍，哲理性强，生活情调也浓郁。床边如有书，则一定是《读者》。我自己看，还竭力向学生推荐。

记得 2004 年 12 月，我参加浙江省“优质课”展评。活动安排在当地一所学校的体育馆内，中间篮球场是供开课的，三面环放着一排排凳子。我们去得早，见凳子空着，便理所当然坐了上去。工作人员走过来，说是留给他们本市、本校教师的，外地教师必须坐到看台上。我一看，看台离篮球场中央这么远，又没有很好的音响系统，肯定影响自己的听课效果。于是，别人老老实实往后撤，我却大大咧咧坐在第一排，岿然不动。工作人员不好死拉硬拽，只好任凭我了。那次听课，有毛卫华、刘飞耀、赵卓青等一批青年才俊，他们给了听课老师以极大的冲击。毛卫华老师上《爸爸的花儿落了》，那一连串声情并茂的诗一般的结束语至今回响在耳边，后来也成了特级教师。刘飞耀老师上《土地的誓言》，得天独厚的浑厚的嗓音，一下子把所有的人都带入了那个烽火连天、全民抗战的峥嵘岁月。

顺便说说关于听课的一些不太妥当的做法。比如听课笔记上仅仅提纲式的寥寥几笔，谈不上即时生成的思考，时间一长，肯定忘得一干二净，对自身业务毫无帮助。我觉得，听课之前，先将要上的课文翻一翻，想一想，如果是自己上，该怎样处理，听课的时候就能有个比较，人家哪里好，为什么好，需要自己学习，人家哪里处理不当，需要自己警醒。我尽量做到“三多”“三记”。“三多”，即多观察，多记录，多思考。“三记”，即记老师，包括他的每一句话、每一个动作、每一个表情以及老师遇到意外时如何妥善应对；

记学生的活动、反应，尤其即时生成的智慧火花；也记自己一闪而过的思维痕迹。这“三记”，比较全面、真实地反映一堂课的整个内容、整个过程，便于课后与执教的老师交流，也便于自己分析、借鉴。

学习是一件痛苦的事，一是在完成繁重的教学、管理之外，要挤出足够的时间和精力；二是不能一曝十寒，由着性子，而是将迫于压力，并且这种压力将贯穿于整个职业生涯；三是有可能颠覆自己以往的观念、教学行为，从头来过。学习更是一件快乐的事。找到处理教学的根据，获得理性的肯定，又不断优化过程，持续凤凰涅槃式的重生与进步，难道不是千金难买的幸福？梁武帝一生好佛，晚年更是昏聩，偏信奸臣，以致侯景作乱，身死台城。但他有句话很有道理，“三日不读书，便觉面目可憎！”林肯总统也说过，“人一过四十，就得为自己这张脸负责。”他们的意思，都是希望人们能拥有一份高贵的气质。教师，从事的是育人的工作，如果自己精神猥琐，情趣低下，如何教育出品行优雅、高尚的下一代？

教育部师范教育司司长管培俊在一次讲话中说道：“长期以来，人们常常用红烛和春蚕来比喻教师，用‘春蚕到死丝方尽，蜡炬成灰泪始干’这样美好的诗句来表达人们对教师职业的赞美，对教师职业的崇敬、爱戴与感激之情。但是，随着时代的发展，人们感觉到，仅仅这样的赞美还缺少点什么。教师在燃烧自己照亮别人的同时，也要得到能量补充，自身不断学习、终身学习和职业发展，不断提高和完善。”

(二)互动，是教师专业成长的催化剂

教师的专业成长需要两大条件、四大要素。两大条件：一是外部催生，二是内心需求；四大因素是：学习、反思、互助、引领。缺少这些条件与要素，即使能够成长，速率也极缓慢，根本无法适应迅速发展的教育事业。四大因素中，互动是最重要的一个。学习是前提，反思是基础，互动是增值，引领是加速。教师必须树立这样的意识：不想虚度光阴，切实提升教育水平，提升师生生命质量，就必须把“反思”作为自己应尽的义务，而且这种“反思”并不见得怎样的艰涩、深奥，它只渗透、呈现于常态下的教育活动之中，却随时给自己带来成长的快乐。

美国心理学家波斯纳提出一个著名的公式：成长＝经验＋反思。顾泠沅教授则认为，现代教师成长应当采用“基本课程＋案例教学＋实践反思”的模式。基础教育课程改革也强调，要构建以个人反思、同伴互助、专业引领为基本内容的校本研究模式。反思确是促进教师专业发展最重要的高级思维能力，处于教师发展的中心位置。

说得实在一些，反思就是教师时时处处静下心来，问一问自己：一节课

上，学生获益了吗？获得了哪些益处？教学的成功之处何在？为何成功？失败之处何在？为何失败？找到了哪些有效的解决方法？学生还需要什么？自己又能给予他们什么？把以上内容记下来了吗？提炼了吗？这是成为“有意义的教师”“有思想的教师”的不可或缺的功课。或许这些反思比较零碎，比较肤浅，却是极其宝贵的第一手资料。罗马不是一天建成的，任何理论的突破也不是一下子就能实现的。它们都基于最感性、最基本的发现与研究。只要有心积累，记在教案中，写在日志里，为建造高楼大厦备了众多的砖瓦一样，天长日久，达到一定程度，就可能产生质变，迎来教师专业上的突飞猛进。我始终认为，一线教师的职业价值主要体现在课堂，教学研究的主阵地也应在课堂。这是教师的立身之本，教学行为之本。

教师认真学习教育教学理论，在理论光芒的照耀下，有意识地关注包括自己在内的所有“教”与“学”的行为、“教”与“学”的过程，就能更容易地发现问题，深入反思，有效提升，加快成长的速率。

在反思的基础上，我们还必须广泛互动。浙江外国语学院张孔义教授指出，“在许多人眼里，学校中的关系规范是个人的、竞争的互动模式，教书一直被称为‘一种孤独的职业’，‘每个教师在孤立的状态下开展自己的工作’”，“教师职业的孤独限制了他们吸收新的思想和交流有益的经验，以获得较好的改进方法，限制了他们对成功的认定和赞美，导致形成保守性和对改革的抵触”，我们“需要重塑教师间的人际关系，应建立关怀的、信赖的和有共同目的的关系规范，要增加同事间的对话、讨论、交流和协商，同事间应合作起来，共同开发课程，研究教学，共享经验和理念，将合作精神和同事情谊体现于每天的教学生活中。”一个人的精力、经验、能力毕竟有限，教师无法一辈子单打独斗，就有必要创造性地借助别人的力量、集体的力量，集思广益，共享研究成果了。同一年级、同一学科的教师，以新课程理念下的教学策略为研究主题，以把这些理念如何有效转化为日常教学行为的研究目标，开展同伴互动，构成优势互补。专家引领也是一种更高层次的互动。取法乎上，得乎其中；取法乎中，得乎其下。珍惜专家的每一次讲授，自己得到的收获也许更多。只沉溺于反思而不热心互动，反思往往是苍白的、狭隘的、肤浅的。只有在多元互动中，反思才能得到更多的响应、丰厚，实现最大化的增值。

互动是很平常的一件事，每个教师都做得到。互动不必刻意为之，大张旗鼓，而是自然而然，追求实效。几个人围坐一处，沙龙式地共商一个话题，推荐一本好书。也可以利用博客，打破时空限制，采取主题式、漫话式、辐射式等，知无不言，言无不尽，即使针对某个细节，如一个提问设计、一个练习安排，也可以出谋划策，传递心得，吉光片羽，弥足珍贵。融洽的气氛中，正如美国教育工作者马尔瓦·柯林斯说的那样："用一个思想点燃另一个思想"，从而产生无数个新的思想，使每个参与的教师都得到启迪与分享。也不必担心在青年教师面前说错话，露出自己的短板。从这个意义上说，将"好为人师"置于"后生可畏"的认识下，将对自己大有裨益。

2010年，浙江省第二期高端班第五小组的成员到我这儿来一起学习、研训。期间，我们举行了一次非常有价值的互动。我担任主持人。互动形成了活动纪要，现摘录如下：

图9　与浙江省初中语文教师第二期高端班学员合影

范剑萍：

对文言文教学，我谨记一条，"死于章句，废于清谈"。我要寻找一条"四文"(即文字、文章、文学、文化)相结合的途径，从此岸到彼岸，一路铺满诱惑的招引。

《世说新语·咏雪》只有71个字，如何兼顾"四文"？一节课稍有侧重当然可行，只要在语文味的范畴里。因此，我做了这样的设计构思：以古诗和文学故事导入，激发兴趣，曲径通幽；变换方式朗读，要求学生熟读至背出；质疑问难，关注学生阅读的起点，解决需要解决的问题，落实文字疏通；通过想象，还原吟诗场景；多角度推出《世说新语》，使文化传承余韵悠长。这样的思路，课堂实践下来，证明是可行的，效果也不错。

课堂总是有遗憾的。当这样安慰自己的时候，我知道，自己离理想中的语文课还有很长很长的路要走。

主持人：

你的“四文结合”很有特色，不妨从“化而为之”“合而为之”这两个方面做些探究。短文长教，将书读厚，读出语文味、文化味，是语文教师努力追求的理想。让学生爱上语文，爱上学习，爱上祖国的传统文化，做一个有风骨的“名士”，比单纯地完成学业更有意义。但是，我们也要防止另一种倾向，即为了“化”，为了“合”，就无限度地增加学习内容，使教学变得臃肿不堪，尾大不掉。不能给了个箩筐，你就把所有鸡蛋都往里装。教学内容的设置必须适可而止，它只有在一个相对完备的知识体系、知识框架内运作才有意义。

马春娥：

我一直在思考：我的课想带来什么？能留下什么？带走什么？也感觉自己的设问比较零碎，只想起点低一些，简洁一些，以调动氛围。

学生与文本之间是有阅读落差的。教师通过点拨，要帮助学生消除落差，提高阅读效率。因此就直接带学生去“湖心亭看雪”了。然而，学生不是特有劲，起调不好，有点蒙。朗读仍旧比较流畅，个读时的破句、错音都及时给予了纠正。但是，在阅读时，如果学生挑的句子与教师期望的一致，读得好的，就让他翻译一下。本想读出味来就行，效果却不尽如人意。课文后半部分到底是叙事还是抒情呢？就全文而言，我觉得以抒情为重。因为投影，没能很好地出示相关材料，影响了学生认知，幸好学生利用了注释，才有了一定的理解。

主持人：

真实的阅读应该关注这几个方面：首先，教学必须贴近学生已有的认知、情感、思想，即起点要“真实”。其次，阅读是一个动态、具体的过程，需要不断感知、理解、批判、吸纳、完善，需要切实可行的操作方法，没有任何一种阅读可以完全脱离方法而存在，而实施，而有效，即过程要“真实”。再次，通过教学，必须让学生获得知识的积淀、经验的丰厚、能力的提升、智慧的启迪，即目的要“真实”。总之，不能为了单纯追求“真实”而降低了文本阅读的要求，降低了教师对学生的引领作用。

陈鲜艳：

我始终在考虑我该培养怎样的学生。自从有了女儿，我对语文教学有了更深的理解，觉得人必须具备生活的能力、涵养生活的情趣、理解生活的真谛。我把这称之为“三生教育”。《端午的鸭蛋》这堂课基本体现了这一教学理念。我抓住“味道”这个关键词，准备了四个板块：鸭蛋味、家乡味、民俗味、文化味；实际操作时删了“民俗味”板块。我想作个尝试，探究阅读方法的指导，包括体验式阅读、点评式阅读、比较式阅读、补白式阅读、溯源式阅读，同时摸索精读课、应试课、激趣拓展课这三类课型的基本模式。

开展“戏曲大舞台”这一综合性学习，我特别来劲：准备了唐装，在学生中进行海选，组建亲友团，将学生绘制的脸谱贴出来展览；布置会场，用音乐渲染气氛；制定评价标准，请评委点评，还像模像样地举行颁奖仪式。教师准备充分，重视了过程，学生也就全身心投入，终生难忘，这就是价值。

主持人：

名如其人，你的语文是鲜艳的，你的情感是鲜艳的，你的生命是鲜艳的。“三生教育”着眼于生活，又不机械照搬生活，而是从现实的生活出发，锻炼学生的实际能力，从理想的生活出发，确立学生的审美理念，从哲学的生活出发，提升学生的理性思考。“三生教育”符合陶行知先生的生活教育理论，符合胡塞尔的生活世界理论，也符合课程标准所倡导的理念，有研究推广的价值。不妨分阶段，搞几个课题研究，往实践中注入更多的理性元素。

陈忠文：

学生的语文素养可以用这样三个词表达：积累、感悟、表达。具体到课堂中，宽度比深度更重要。教师的观念应该有个转变：独特的视角、深刻的解读、巧妙的技艺，往往为我们津津乐道；但实际上，学生的语文能力不是“教”出来的，而是“熏陶”出来的。

“以学定教”“先学后教”，就是适合了学生学习的需要。学生层次不同，课文的阅读意义也不同。教师应该做什么？就是要把握学生的起始点，即学生处于有疑而待解、难解的状态。教师要开发多种课型，并且能有效复制，推广应用。如例文型：作一个范例，一般性预习即可；如提升型：教师就要对学生的交流进行提升。当然，这个复制的“面”在于学习内容、课堂形式。王荣生教授说：合理的教学内容，是一堂好课的标准。教学内容的定位在于教师的教学经验，在于学生的预习，并且这种预习与学习内容、学习目标相一致。如果仅仅停留于表面，语文课堂就失去了意义。

课堂收尾有两种方法，一种是问学生：你对课文有没有更深的感受？另一种是：请学生补白心理活动。《我的叔叔于勒》一课中，“后来大家都不再说话”这个细节很有趣，说明大家各怀心事。老师的作用，就是把这句话提出来，让大家写写他们中的任何一个人可能会想什么？但遗憾的是课堂上没有充分展现出来。

教师要给学生多一点思考。语言、形式是为思想服务的。准确把握学情，准确把握教材，这是语文教师最基本的能力。解读不是越深越好，越异越好，不能过度。而相对丰富的教学智慧，包含对课堂的梳理，包含对氛围、场面、节奏、心理场的调控，也包含一种发现，善于从学生的应答中找到推进教学流程的元素和契机，这是语文老师最核心的能力。教师的智慧是决定课堂成效的重要因素。

主持人：

陈老师是很有个性的老师，对语文教学见解独特，而这恰恰是成为优秀教师、研究性教师的必备前提。从课堂教学也好、相互交流也好，都可以看出陈老师不愿意穿旧鞋走老路，更不愿步人后尘，总要拷问自己：是不是有更为独到、更为有效的途径与方法？“以学定教”“课型开发”“熏陶素养”，就是陈老师这几年孜孜以求且初见成效的几个方面。仿拟美国总统奥巴马的一句话：没有思想的教学，只是另一种形式的折磨。

黄哲初：

我想实践一下“评点式教学”，就先用一个主问题宏观统领。然后关注细节，从段落、片断、词语入手，引导学生进行解读，理解《云南的歌会》这三个画面分别包含着的人性美、自然美、人情美。我重视文本，努力用好文本，把文本讲透。

主持人：

写景，其实就是写歌，以形象诠释形象。这是一种通感。野花与天空一样的蓝，就是歌声的空灵澄澈；云雀的上蹿下跳，就是歌声的抑扬顿挫。这里，既为山路漫歌设置了一个和谐、优美的大自然背景，寄寓“一方山水养一方人”之意，也间接写出了歌声的美妙，甚至连花容、鸟鸣都是这“歌会”的一部分。这就是所谓“不着一字，尽得风流”。不过，我认为，文本是重要的，是教学的“本”，但绝不是唯一的“本”，不能只顾这个“本”而不顾那个“末”；“本”与“末”是相对的、变化的、发展的。任何的一成不变，只能导致教学的僵化。何况更为重要的，是似乎不是“本”却恰恰是“本”的自然、社会、人生。

沈提花：

我一直行走在理想与现实之间。我们的语文教学不是缺少什么，而是太多什么：理念太多、新名词太多、磨课太多，造成形散魄更散！人的全部尊严在于自己的思想；一个人思想有多大，教学的舞台就有多大，教学的成就也就有多大！坚持百花齐放，坚守与众不同的风格。这是语文教学所盼望的一种境界。

语文是很高雅的，有人性的高雅、情感的高雅。如果连语文都没了高雅，还会有什么高雅？所以，我主张“心动”，用语文敲击学生的“心”。

我很希望鱼与熊掌兼得。第一，我追求安静，追求温度与深度的和谐。

通过预习，学生对《那树》有一定的认知，能了解文本的百分之七八十。因此，能不能以一种“陌生化”的方式来展开教学？第二，分数与素养兼得。我偏重素养，这或许过于理想化，但这使我起劲。在追求语文教学真谛的道路上，只有逗号，没有句号，只有更好，没有最好。我是预感到了课堂的状态的。我注重了学生的评点，引导学生揣摩“那”这个词的意义，切准“距离”这个主题。距离往往产生悲剧。这堂课有着丰富深刻的哲学意味，流程可能生涩，推进比较困难，但这种思维提升是必要的，希望能用悲剧的美、悲剧的高雅来敲击学生的心灵。

主持人：

行走在理想与现实之间，说得真好。语文与其他学科的不同之一，就在于以心动人，在潜移默化中熏陶人的品性。对于《那树》，教师的解读是深刻的，我们在追求物质文明的同时，必须保留一个宁静、悠闲、自由的精神世界。从“树道”与“人道”的遥远与严重的对立(甚至到了你死我活的地步)中，我们真切感到了人类的责任与道义。问题在于，如何切准学生实情，行之有效地转化这种解读为学生的内在需求与外在行为。教师的强势往往会演变为一种居高临下的裹胁与压迫。这必须引起我们的高度警惕。

这样的互动，基于对语文教学的思考，对教师自我的内省，对社会乃至人生的拷问，渐渐脱离了纯粹的学科，而正在向哲学思考这一层面提升，因而是丰富的、深刻的、有效的。

互动像培养学生综合素养一样，需要细水长流，不能“三天打鱼，两天晒网”。心血来潮了，一下子在博客中发个五六篇、十来篇帖子，茶室里聚个三次、四次；热情消减，劲头不大了，十天半月依然“人面不知何处去”。要实现“有意义”的互动，建立一个比较固定的圈子，形成一个浓厚的氛围，指向一个共同的发展愿景，都是非常重要的条件。当个人反思基础上的互动成为了所有教师生命中不可或缺的行为习惯时，教师就离成熟为期不远了。

哪吒神通广大，除了三头六臂、乾坤圈、混天绫，还离不开脚底下的两个风火轮。这两个轮子让哪吒上天入地，闪展腾挪，尽显神威。如果教师也把“学习”“互动”作为自己的两个风火轮(千万别指望太乙真人送上个现成的，那必须靠自己修炼)，自由驰骋在教育的广阔天地之间，修炼思想，完善人格，他必定能从一个“合格”教师迅速成长为一个“优秀”教师。

二、下水，增添语文教师的底气

语文教师自有不同于其他学科教师的特殊地方：热爱写作、擅长写作。

套用拿破仑“不想当元帅的士兵不是好士兵”这句名言，不热爱写作、不擅长写作的语文教师，就不是好的语文教师。老北京人常说：光说不练假把式，光练不说傻把式。我追加一句：能说巧练才叫真把式。语文教师不会写作，就好像科学教师不会实验操作、农民不会耕地、工人不会开机器一样。

于是就有了语文教师“下水”一说。

百度词条解释说，“下水”起源于游泳项目，转用到教学领域，意在表达教师深入实践，与学生一起感受课堂、平等交流。“下水”，体现了极具现代社会意识的“平等”这一理念，与学生同甘共苦，倾听他们对于学习、生活的心声，理解他们学习中的具体想法，把握他们对特定学习任务的进程，定位他们成长中的行动轨迹。如此一来，教师更有发言权，更有威信，教学也便变得更富针对性和方向感。教师下水，也使学生改变了以往一直仰视的姿态，看到教师身体力行，与自己一起浸润在语文学习之中，乐大家之乐，忧大家之忧，就能真切体悟到教师的良苦用心，真正把教师当成自己的良师益友，增添学习的动力。这才是“下水”的核心价值所在。所以，叶圣陶先生也大力提倡“中学语文教师应该下水”，“要是老师经常动动笔，或是作跟学生相同的题目，或者另外写些什么，就能更有效地帮助学生，加快学生的进步”。

一般来说，我的“下水”分两种情况。

第一，学生需要的时候。

单纯讲解写法，有时并不能消除学生对写作的畏难情绪。经过几年学习，学生也基本上懂得选材、立意、结构、语言方面的写法，却不知灵活运用，一遇实际问题，往往徒呼无可奈何。名篇大作确为佳构，可以借鉴的资源太多，但高处不胜寒，对于绝大多数学生来说，不免望而却步。在这种情况下，教师应当挺身而出，把自己的文章作为一个标本、一个靶子，供学生解剖，让学生批评，使他们在面对面的交流、研究中，获得最具感性的写作经验。教师不必顾虑自己的文章存在纰漏，比不过学生。这完全是多余的。韩愈早有训诫：“弟子不必不如师，师不必贤于弟子。”一则，有毛病的文章，反而提供了更多的参考样本，有了更多的学习价值；二则，教师以真诚之心写作，学生一定感受得到，并对教师充满了尊敬，促使自己更好地学习。

2011 年中考前夕，针对学生的心理变化，我决定对他们鼓励信心、振奋精神，并再次强化写作训练，布置了一道作文题《路上》。我跟学生说：“老师这节课不做别的，就和大家一样，当场写一篇。”于是，我坐在讲台边，噼里啪啦敲起键盘；学生坐在椅子上，低头奋笔疾书。谁也不甘轻易服输。空气都紧张得几乎凝固。下课铃一响，很多男生立刻冲上来看我的文章。情不自禁处，有个男生大声朗读起来，赢得满堂喝彩。我跟他们说：“来不及的话，可以回家继续写，继续改。”作文效果出奇的好。我想，这与我的现身践法有密切关系。

附我的下水作文：《路上》

我跋涉在路上。

旷野起伏，画出巨大的弧形，向着天际伸展，勾勒出古朴遒劲的线条。头顶是高不可及的天空，苍云漫卷，阳光从地平线的尽处斜射出一道道的光芒，像瀑布倒卷，像素幔飞空。一只雄鹰在滑翼翱翔，狂风送来令人战栗的尖唳。

我伫立着，双臂高高举起，仰首呼喊，想与雄鹰争鸣，声音却顷刻间吹散得无影无踪，只在自己心底激起汹涌波涛，把胸膛撞得生疼。

这条路，崎岖，蜿蜒，不知向何方。

我已经走得太累，太累。

从启明星开始闪烁的时分，我就开始上路，掠过山顶星辰，沾湿一身寒露，双脚沾满了枯草和烂泥的斑痕。曾有几点火在不远处闪烁，魔力无限，诱惑着我向前，向前。然而，我走得快，它飘忽得快，我坐下喘息，它也停止不前，始终不即不离。我无法克制自己去恨它，甚至咬牙切齿。既然引我前去，为何让我走这条布满荆棘、一旦踏上就绝不可能重新选择的一条路？

路漫漫其修远兮，吾将上下而求索！

我仿佛看见，滚滚汨罗江边，屈子行吟。我问心无愧，因为我一直在自励，一直在求索。我知道，人生不必在乎目的地，在乎的是沿途的风景和看风景的心情。我知道，我们有时走得太远，以致忘了为何出发。但是，现实却把我走路的勇气、对路那端的憧憬，慢慢撕碎，慢慢吞噬，不留一点点残渣。

欲渡黄河冰塞川，将登太行雪满山！

我仿佛看见，落落中原古驿，太白醉歌。我踟蹰徘徊，因为我遇到太多险峰，太多恶滩。是的，初下峨眉的太白豪情万丈，仰天大笑出门去，我辈岂是蓬蒿人！是的，甫临长安的太白笔落风雨，天生我材必有用，千金散尽还复来！我相信，他是走在我前面的赶路人。我亦步亦趋，努力踩着他的脚印前行。然而，我也看见，处处碰壁之后，太白却被他痴情了一辈子的江中明月，将自己送回高处不胜寒的地方，在寂寞中消磨，在消磨中寂寞。

身体劳累了，尚能承受；心灵煎熬着，又将怎样消解？

极目远望，路依然倔强延伸着，像一条绳索将我牵引，欲罢不能。狂风卷地而来，撩起我的衣襟，猎猎作响。原野如此空旷，天空如此邈远，而这虚无缥缈又把我挤榨得越加渺小，像一根草芥，根本无法掌握自己，任风乱吹。

我放下行囊，席地而坐，静静思索，该何去何从！

我很清醒，这条路遥遥无期，纵有尽头，也未必“面朝大海，春暖花开”。但是，人来到这世上究竟为了什么？对，不为别的，就为了上路。上路的过程，就是探索生命真谛的过程。老天是公平的，总让人有得必有失，有失也必有得。如果心生畏葸，迈不开第一步，挫折、失意、痛苦、绝望是不会与你相遇，然而，温情、成功、理想、幸福也自然离你远去。屈子行吟，遗响千载；太白醉酒，流芳百世。既然路没走完，就得继续走下去，哪怕前面凶险叠加。

握紧拳头，用力说一声：“站起来，你就够着天！”

拍拍身上尘土，笑一笑，才发觉太阳已经完全冲破云霭，红彤彤地高悬着，在我眼角的晶莹迷离中折射出五彩毫光；天地间豁然开朗，连风也有了些许的暖意。又传来雄鹰高亢的长鸣，它一个急冲，迎着太阳飞去。

猛回头，只见自己长长的身影写在路上，刻成一个大大的惊叹号！

莫愁前路无知己，天下谁人不识君！

于是，我继续跋涉在路上……

第二天，学生交上来的作文，时时令我喜出望外，其言语之老练、格调之峻峭，似乎是阅世已久的人的手笔。

附学生习作一：

大漠行者

徐哲菲

行者，一身素衣，不怕困苦，跋山涉水，只为抵达理想的彼岸。昨天，他是曾奋斗过的；今天，他要踏上新的路途；明天，他又将离彼岸近一步。

行者的脚步有缓急，行者的脚印有深浅。

我一人走在大漠中，景色苍凉如画。大漠苍劲的风将我的衣服吹得猎猎作响。也只有烈风和迎风跳起回旋舞的沙砾与我做伴。

寒冷占据了我全身，我就一个人走在大漠中，痛苦挣扎着。喉间干燥难忍，脚步沉重难迈，背上的行李也愈来愈重，快将我压垮。我极力让自己保持清醒，一直重复着问自己同一个问题：我该怎么做？放弃还是坚持？放弃，那我就成了一个懦夫，没人知道我死在荒凉大漠中；坚持，我就有希望走出大漠，完成我的使命，抵达我要去的地方。

“呼——”狂风大作，如饥饿的猛兽，要将我吞噬。素衣如故，猎猎作响，千丝万缕的头发被烈风吹得凌乱无序，沙砾吹进了我的眼……

我的坚持是不是已到了尽头？摇摇欲坠，昏昏欲睡，似乎每个理由都能让我选择放弃……我终于站立不住，双膝陡然屈地，慢慢陷入沙丘中。紧握的双手顿然松开，滚烫的眼泪是我唯一可以汲取的温暖。我的行李被吹得渐渐滚离出我的视线，而我的身体就要被沙砾埋没……

“醒醒吧！我知道你不会就这么死在苍凉大漠中的！”

“你还有重要的使命去完成！怎么可以就此放弃？”

呵，天！我竟然对痛苦有了惧怕……

须臾，风渐渐小了，“呼——”，它低吟着，没了之前那猛烈的气势。我听见了，我听见了它离开前带给我的话：“走下去，别放弃……”

烈风啊！你让我有了放弃的念头，为何还鼓励我走下去？

我甩了甩昏沉的脑袋，尽力抖去身上的沙砾，可身子还是因寒冷而不断颤抖。我双手捂着膝盖，缓缓站了起来，可腿一软，又屈了下去。“不怕，再来。”我又一次站了起来，尽力让自己的身子不再颤抖。这一次，我稳稳地站起来了！我依旧走着那条路，行李包裹，都是我的负担，就让它们去它们该去的地方吧。我坚信，这一次我会坚持走下去的。

月儿幽幽地升起了，清冷的月光淡然洒下，苍凉大漠的黑夜中有了那么一丝希望。那月光，也洒在大漠中那有深有浅的脚印上。

行者，还在不断前行，不达彼岸誓不放弃。月光，也一直洒在那脚印上，直到被沙砾埋没……

【学生点评】

朱逸岚：题目语意双关，引人入胜。通过大漠行者的不断前进，塑造了一个坚持不懈的“行者”形象。描写生动，以环境描写、动作描写、心理描写，多角度地展开人物的精神世界，从犹豫到坚定，从而让读者感悟到：有行才有希望。

朱景珊：“行者还在不断前进，不达彼岸誓不放弃。”这一句写出了行者的坚持不懈，不畏艰难。行者是孤独的，也有犹豫的时候，就如文中的描述，遇上狂风大作，他动摇了，惧怕了，难能可贵的是他仍然坚持下来。这种真实的心理描写文中还有出现，如“我的坚持是不是已经到了尽头？烈风啊，你让我有了放弃的念头，为何还鼓励我走下去？”行者的思想发展过程很有层次。

顾奕卉：环境描写细致入微，情景交融。心理刻画具体生动，体现了行者由矛盾到失望，再到坚定的发展变化过程，表达了不畏艰辛、不畏困境、坚定信念、不断努力的主题。语言苍劲有力。

鲁凯芸：在大漠中行走，无疑是在挑战人类的极限。沉重却必需的包袱、狂烈且肆虐的风沙、干渴、疲累，这些生命的敌人都向身体发出了最后通牒。屈服放弃，还是咬破嘴唇，坚持下去？作者细致描绘了这种内心与身体的痛苦挣扎，用战胜生命极限的行动，诠释了不达彼岸永不放弃的人生态度。语言生动感人，细致真切，值得学习借鉴。

田雨霏：行者，行走在时间与空间之中。大漠，是行者旅途中的一道坎，苍凉冷漠，似乎生生地把生命力从行者心中抽走。风在咆哮，一切都染上了灰黄，但就在行者即将倒下的时候，他竟从风声中听出了希望。他放下沉重的包袱，义无反顾地走向风中。大漠，是行者人生中的一道风景，是对行者心灵的历练，让行者卸下思想包袱，轻装上阵。文中的一字一句，都透露出作者的心声，由迷惘绝望到豁然开朗，心理描写细腻，寓意深刻。

郁葱葱：文章以一位荒凉大漠中的行者为主人公，长途跋涉，步履艰难，但仍坚持走到终点，表现了这样一个中心——坚韧不拔、永不言弃。文章妙在注重心理刻画，其心灵变化的轨迹非常清楚，由开始的试图放弃，到后来的鼓起勇气，继续前行；加上大漠中天气恶劣，反衬出行者的坚毅、顽强。如果再增添些行者的神态描写和环境渲染，就更让读者仿佛置身大漠，感受到行者身上散发出来的震撼人心的力量。

附学生习作二：

做一个行者

韩家琪

每一步踏在人生路上，你是否心生恐惧？每一步的脚印都是生命的烙印，抹不去，擦不掉，指引的是一条无法回头的迷途。作为行者，更好的称呼或许是“拓荒者”，如何行走，才会让未知的荒芜变成绚丽的人生？（批：自然切入话题，引发读者思索）

生命的拓荒者，必先参透生命的含义；行者，必先知道行走的意义。未行而先知与先行而后知的结果截然不同。要做行者，必先做知者，知道自己为何而行，往何处行。历史上，“知者”与“不知者”结局相反的故事不胜枚举。春秋时吴越之战，勾践先败于夫差，在吴宫里卑躬屈膝，百般逢迎。他的“行”，为吴人所不齿。（批：此处若加上“然而”，上下文将更为流畅）十载卧薪尝胆，浇不灭勾践心中的气焰。(批：“气焰”一词含有贬义，不当，可改为“志向”)他暗下决心：自己所承受的一切，他日定用吴王的头颅来偿还！吴王夫差却将昔日为父报仇的抱负弃之不顾，终日饮酒作乐，放虎归山。公元前482年，勾践出兵伐吴取得胜利，而夫差只换得(批：“换得”改为“落得”似更有一种嘲讽之意)火烧姑苏，馆娃一炬，遮面自刎。同样是败寇，勾践的败，是涅槃，而夫差的败，是毁灭。勾践知道人生的顶点是做一位英武骄傲的君王，而夫差却把人生的顶点定义成优越安逸，及时享乐。“知”不同，“行”且不同，生命的价值也不同。(批：夫差和勾践两件事例形成对比，一针见血，揭示成败根源，点明“先知后行”的意义。而且语言凝练，一气呵成，颇含哲理)

孔子曾说，“学而不思则罔，思而不学则殆”，征引到这篇文章里，则是“知而不行则罔，行而不知则殆”。(批：巧妙化用，匠心独运)俗话说得好，“知易行难”，纸上谈兵就是一个典型的例子。战国时赵国名将赵奢之子赵括，年轻时学兵法，谈起兵事来父亲也难不倒他。后来他接替廉颇为赵将，在长平之战中，只知照搬兵书，不知变通，结果被秦军打败。

赵括的确是个将才，不能说他无“知”。最后的结果呢？却葬送了几十万人的赵军，和夫差的结局无异。其中原因，就在于赵括是知者，不是行者。做知者可贵，做行者更可贵。知而不行，枉为知者，荒废了十年寒窗苦读，荒废了满腔救国救民的抱负。知道却不去做，拥有理想却不去实现，与没有自知之明的人有何区别？与没有理想的人同等悲哀。(批：将“同等悲哀。”改成“有何区别?”则上下文语气更加连贯，锋芒毕露，咄咄逼人)我们身边有千千万万个“赵括”，浪费了青春，或沉湎于华丽的梦境，或消沉于受挫的深渊。殊不知，一时地迈不开脚步，会使美好的梦境从此破灭，人生的深渊成为现实。(批：引用赵括的事例，阐述“知而不行”，从而论证行者的可贵，将文章引入更深的层面。而且针砭现实中的不良倾向，揭露其严重危害，这说明你自己就是一个珍惜时间、积极上进的孩子)

夫差的“不知”导致了一个王朝的覆灭，赵括的“不行”导致了一支军队的湮灭。又是什么，让我们看到了一个民族的复苏？(批：层层递进，衔接自然。你以古论今，以小见大，隐隐透露出一种民族、国家的忧患意识，而这也恰恰是现代社会所竭力提倡的公民意识、责任意识)

20世纪初，曾有一位留学生弃医从文，放弃个人的理想，投身于国民性问题的思索。无数喋血的呐喊从他的笔尖流淌出来，无数彷徨的身影被晕染在纸上，无数破碎的灵魂在他的笔下黏合成一个整体。(批：无论遣词构句，还是思想情感，都使文章形成一股气势，达到较高的水平)他抨击社会，抨击世俗，抨击封建礼教，撕裂亡国的伤疤。他不愧为“文化革命”的行者。同一时期，还有一群人，凭借如熔岩般的愤恨，发动了一场爱国运动，拉开了中国新民主主义革命的序幕。正是有了“知”——先进的人生观、民族观，正是有了“行”——呐喊与追求，中国才有机会唤醒她自己的灵魂。（批：引用鲁迅先生的事例，具体而贴切地论述了“知行合一”的意义，很有说服力。末几句有深度，内含中华民族的复兴，体现论述的现实意义。而且总揽几个事例，其由古及今的顺序，符合议论文逻辑严密的特点）

古人云：“知行合一。”有行无知的人是可怜的，有知无行的人是可悲的；一种人永远不知道自己的过错，另一种人徒有满腹才学却无处施展。我们不妨想想，（批：由人推己，足见为文目的，是让人们在反思中更好地去实践“行”，做到“知行合一”）当我们逞一时之勇而不计后果地冲锋在前时，是不是一种“无知”？当我们只顾抱怨而不付诸行动时，是不是一种“无行”？当一个人行走着并知道自己为什么而走，往何处走时，才真正称得上是一个行者了。每一步都是生命的烙印，既然无法悔改，那就做一个永不会走错的行者。（批：说“永远不会走错”似乎武断了一些）

做一个行者，迈出有深度的步伐。

【总评】

本文视角独特，紧扣“如何做一名行者”这一话题，从“先知后行”，到“知而不行”，再到“行而不知”，直至“知行合一”，层层深入，见解深刻，无论事实论证还是对比论证，都恰到好处地点明要义，充满了思辨的哲理。语言颇见功底，灵活运用对偶和排比，蓄积起很强的文势。尤为欣喜的是，作者字里行间流露出来的良好的社会观念、价值取向、思想情感，而这正是学习的首要目的所在，即学会做人！

（注：批注、总评均为我所为）

作为教师，一定要树立这样的意识：育人先于教书，教书渗透育人。一位优秀的教师，不仅仅课堂教学出类拔萃，更在于他要成为学生的知心朋友，善于而且乐于与学生倾情沟通，帮助他们树立正确的学习观、价值观和人生观，为他们的整个人生奠基。我给学生点评，很多时候超出了练习的本身范畴，而是恰当地给予了他们人生哲理的启迪。这是一种无声的教育，也是有效的教育。面对这样的点评，我想，没有一个学生会生出半点疏懒之心的。2011 年暑假到来之前，我荣幸地被评为学校首届“最受学生欢迎的老师”，收到了学生特意颁发的“优秀语文老师”荣誉证书、鲜花和颁奖词。

颁奖词是这样写的：

三尺讲台擎日月，一支粉笔写春秋。相信学生、鼓励学生、创造成功的机会，是他的教学特色。他用爱心、耐心和智慧，将课堂变成美丽的文学之梦；他用独特、幽默和热情，将语言的学习变成艺术的享受之旅。岁月的斗转星移改变不了的是他对教育事业的热爱。玫瑰，象征语言的浪漫、文学的朦胧。我们感谢您，朱老师！

武原中学 2011 届 4 班

2011 年 6 月 26 日

有生如此，夫复何求！

第二，意兴蓬勃的时候。

我承认自己是一个敏感的人，似乎与生俱来就多情善感。游历一处景点，欣赏一本好书，目睹一桩趣事，手便会痒起来。从 1980 年考入师范院校，接触到古典文学的那天起，我就对诗词歌赋产生了浓厚兴趣，常常吟咏不绝，一篇篇背诵下来，即使《离骚》那样的长篇诗歌，三个月后也照样背得滚瓜烂熟。这为我打下了扎实的文学功底。后来学着赋诗填词，虽然幼稚得不成模样，却厚着脸皮，拿去请我们上古典文学的王伟明教授点评。过了个把星期，王教授把稿子还给了我，上面写满了红色批注。我清晰记得，有首《渔家傲》，"柳影鹅黄均染牖，梅香幽暖长粘袖"句下，王教授写了两个大大的字——"妙句"，让我兴奋得手舞足蹈。王教授的这份认真，至今想来，犹令我感动万分。没有他的朱笔点评，没有他的热情鼓励，我绝对不会继续坚持文学创作，并成为浙江省诗词协会会员。对文学的痴迷，使我在语文教学中如鱼得水，任意东西。

2006 年，武原中学迁址新建。为了营造校园文化氛围，我组织部分教师，命名校园内所有的楼房、道路、桥梁，赋予其丰富的文化内涵，以发挥环境育人的作用。我们反复斟酌，力图找到最佳的构想。功夫不负有心人，目前，文化环境已成为学校的一道亮丽风景。校内四座水泥桥，分别定名为海川桥、乘风桥、青蓝桥、鹿鸣桥。海川桥，取意于林则徐的自勉联"海纳百川，有容乃大；壁立千仞，无欲则刚"，希望全校师生胸怀宽广，信念坚定。乘风桥，取意于孙中山先生的自勉联"愿乘风破万里浪，甘面壁读十年书"，希望全校师生努力学习，志存高远。青蓝桥，取意于儒学大师荀况《劝学篇》的"青，取之于蓝，而青于蓝"，希望全体学生虚心求学，超越前人。鹿鸣桥的含义最丰富，一来暗合《诗经·周南》的"悠悠鹿鸣，食野之苹；我有嘉宾，鼓瑟吹笙"句，与毗邻的思齐报告厅互为映衬，相得益彰；二来寄寓学生早日成才，因为自唐代实行科举制度后，凡金榜题名者，有关部门都会为他们举办一场盛大的宴会以示褒奖，这场宴会就叫鹿鸣宴。

我还特意写了一篇赋，刻在校门口的大理石上。这篇赋，不仅介绍了武原中学的发展史，还阐述了学校的办学宗旨，也间接表达了我自己的教育理念。

赋曰：

万顷东海，吞吐日月之精；千年古邑，孕育文华之宝。屈指吴根越角，忝列武原中学。春秋五十，风雨无计。磨砺一番沧桑，铸就无限辉煌。方家大厅，陋室始开教育路；南塘一隅，白屋未消艰辛迹。往事如管毫，大书青史炳千秋；来者胜骐骥，踔踧黄尘啸长天。秦山路畔绿荫浓，育英楼中书声琅。训"真实美勤严"，教书须让育人先；倡"四会并一有"，培养终从社会需。领导关怀，自为前提；贤达扶助，岂非后盾？脉通历史，更求内涵于生活；根植海盐，却放胸怀向世界。上下齐心，师生和谐；"积极进取，追求卓越"。看师长互动研修，锐意改革；喜少年分庭论辩，携手探索。三尺讲台，任方塘云影共徘徊；百米操场，问天下英雄谁敌手？杏坛高筑，俅俅才俊竞风流；桃李怒放，莘莘学子皆栋梁。时值盛世开泰，百业兴旺。于丙癸年尾，丁亥岁初，易址新建于武原镇百尺南路八号，复逢五秩大庆，双喜临门，气象焕然：熏风初起，生意渐浓。是处绿树红墙，小桥流水；人尽壮思逸兴，鹏程鲸波。毕竟政通人和，定然前景绚烂。今谨志之，当以惕厉，幸甚之至！

2011年，海盐县城投公司投资一个多亿，新建了规模宏大的海滨公园：高大的靖海门楼、独具地方特色的"盐文化"、历代著名的乡贤俊达以及别开生面的自然景观，打造出了极富意味的海盐文化旅游名片。7月的一个下午，烈日炎炎，连风也似乎訇訇作响。城投公司陈副董事长专程找到我，请我写一篇赋，以反映海盐两千多年来的文化发展。他说，曾经找过几个高手，要么冗长，要么佶屈聱牙，都否决了。两天后，我把稿子交给了陈董。他很惊讶于我的快速。过了几天，陈董告诉我，县政府讨论，分管副县长批示，决定采用我的稿子。9月底，我来到即将竣工的海滨公园，看到了那堵高大的照壁：单檐歇山顶下，青灰色的墙砖，黑色的大理石，黄色的新魏体，渲染出《海盐赋》的浑厚大气：

先民开基，厥有兹土。曾经兵车喋血，故名武原；继以滩田堆玉，便称海盐。天分牛斗，甘霖润沛；地交吴越，物产丰饶。松江海宁悠久，肇始其中；湖荡河港错杂，通贯其里。碧峰灵秀，云无心以出岫；柔桑肥嫩，蚕吐

图 10　创作的《海盐赋》成为海盐文化景观

丝以奉春。自始皇置县以降，四迁治邑，六析辖境，然文明衍延，俊贤荟萃。闻琴雅韵，千古知音佳话；秦驻幽兰，九州馨香远播。搜神实小说之祖，东晋干宝；长安为奖掖之范，盛唐顾况。两陆文华锦绣，双彭才气俊朗。震亨巨擘，唐诗蓝本；缵斋名园，江南丘壑。金粟古寺，遥闻青霭疏钟；潮音高阁，叹赏白塔初日。户参差，市喧腾。南戏雍容，滥觞于澉川之畔；桅樯林立，浮海于龙眼之埠。只因涌潮肆虐，人或鱼鳖，乃筑鱼鳞石塘；更苦倭奴猖獗，城为瓦砾，平添家国仇恨。所幸一九四九，五月榴红，古城重生；十月菊黄，神州新造。大气如海，际天雪浪心底涌；淳朴似盐，无量伟业手中续。壮哉海盐，煌煌大地！美哉海盐，勃勃家园！

经常“下水”，使我内心多了一份从容，一份深刻，无论文本解读，还是写作指导，都能以独特的视角、透彻的分析，探寻出与众不同的观点与方法，也就是说，多添了我一份从事教育教学工作的底气。这份底气，包括教学经验、教育智慧和文化底蕴。底气足，则后劲充沛；底气足，则魅力彰显；底气足，则思想灵动；底气足，则事业有成。真诚希望更多教师，以切实的“下水”作文乃至“下水”阅读、“下水”学习，丰富语文教学的内涵，提升语文教学的理念，滋润万紫千红的语文教学事业。

2012 年，又到了中国的龙年。除夕之夜，心潮澎湃，朗吟一阙，作为我在教育事业的康庄大道上继续前行的号角吧：

昊天邈远，夭矫舞游龙。须髯弄，鳞爪控。蹑虚空，振长风，挟卷苍云涌。滚雷动，惊雨纵，走兽恐，飞禽悚，自从容。沟壑似槽，池沼如瓢瓮。只合沙虫。扶摇沧海去，激浪向天冲，浴日鲜红，快襟胸。　　溯思纷送，伏羲种，华夏共，脉连通。解危重，堪大用，指青锋，气干虹。一片丹心捧，古今梦，大同逢。离别恸，生死痛，闲谈中，且放长歌，叠嶂遥争耸。江水流东。使来人发愤，槌乱鼓声隆，步履匆匆。

——调寄《六州歌头》

三、野草，就是尚未被人发现价值的一种植物

教育是富有生命意义的事业，就像农业一般。为了丰收，农夫不辞辛苦，将庄稼地里的稗草全部清除干净，出现一茬，消灭一茬，毫不留情，希望腾出更多空间，让阳光雨露沐浴在稻子、麦子、玉米、大豆等上面，好进行光合作用；也能防止肥料白白耗损。这似乎是天经地义的。然而，当看到一则材料后，我却产生了新的想法。

作为五谷杂粮之一的“粟”，也就是小米，我们非常熟悉的粮食作物之一，居然是先民从野生的狗尾巴草中选育驯化出来的！狗尾巴草？普通得几乎忘了它们的存在。田间地头，院角路旁，长得最旺盛的，就只能数它了。细细的茎，修长的叶，顶着一穗硕大的籽，纤弱得似乎将随时倒伏下来。然而，只需几缕春风，几滴春雨，它便悄无声息，却蓬蓬勃勃地将整个世界染成一片绿色，像一堆堆绿的火焰。即使拔了起来，扔在路边，只要沾着点儿土，根须便重新生扎下去，并且将细细的身子弯挺过来，指向蔚蓝的天空，毛茸茸的，在清风中轻轻摇曳，像兴高采烈的小狗摇着小小的尾巴。这么不起眼的野草，竟是几千年来人类赖以果腹、赖以繁衍的恩主？太不可思议了！那份材料中还说道，狗尾巴草能治疗眼疾、小儿积食、腹胀、风湿等，人们送给它许多好听的名字，像“光明草”“阿罗汉草”。把狗尾巴草当作光明使者，当作金身罗汉，该何等尊崇，何等荣耀啊。

所以，我们千万别小看了任何一株野草。野草，就是一种尚未被人发现价值的植物。

2005年暮春里的一天，一个很惬意的日子，东风透过窗纱，拂上脸颊，轻轻的，凉凉的。阳台上的观赏植物，叶是叶，花是花，迭出斑驳的影子，在阳光下萌动着，生长着。曾在七年级时跟我学习过一段时间的刘涛来我家，拥几品茗，与我聊了一个下午。

刘涛是海盐秦山核电厂的职工子弟，胖胖的脸，浓浓的眉，大大的眼睛，透着北方人特有的淳朴，也因着江南的雨水，滋润了一种灵秀之气，虽然这

灵秀之气并不容易让人觉察，与大街上来来往往的普通孩子似乎没多少差别。

他自然聊起初中时期的学习、生活。一番陈述，让我感慨良多，也对“差生”的概念有了全新认识。

刘涛说，他从四年级起就偏科厉害，除语文外，其他学科一门也好不到哪儿去，时不时地挂上几盏红灯。在一般老师的眼中，他就是个“差生”标本，连父母在别人面前也抬不起头来，走路都贴着墙根。他当时有几大爱好：集邮、写作、打篮球。集邮算不上“合法”的学习内容，自然上不了台面，一直未敢拿出来炫耀过。有一次，学校举行篮球比赛，他很想参加，恰巧没完成回家作业，被课代表告了“御状”，扣在办公室里没完没了地补做、写检讨，便失去了“大显身手”的机会。爱好写作吧，却经常感叹“千里马常有，而伯乐不常有”，“英雄无用武之地”；直到初一，情况才峰回路转，柳暗花明。他说，朱老师赏识他的作文，常听老师当着全班的面大声朗读。只有这时候，他才觉得朱老师是自己的知音，能从朱老师身上获得一种被人肯定而获得的由衷的成就感和幸福感。

刘涛与生俱来就有一种对生活的高度敏感性和洞察力，能从平常事件中，清晰把握住思想的脉动，并用朴素、流畅、细致的语言真实表达出来，创造出一种少年人独特的情感世界：幼稚与成熟的嬗变、坚定与脆弱的对抗、沉稳与骚动的交织、幻想与现实的矛盾。自然，这样的学生受到了我的青睐，点拨的次数相应比别的同学多得多。于是，他对写作更加痴迷，以致不时有别的老师向我揭发他的“罪行”：偷看小说，胡思乱想，写些莫名其妙的东西，严重扰乱了其他学科的正常学习，影响非常不好。也有老师善意提醒我：将来升学是看总分的，光好一门语文又有什么用？

我能说什么呢？我只能报之以微笑，并继续在刘涛身上倾注我的热情。

由于工作关系，刘涛读八年级时，我顶换到其他班级，便暂时放下了这段师生交往，但仍不时牵挂着他，关注着他。

刘涛说，初二时，他觉得自己有写作天赋，且得到过朱老师的指点，进步很快，想加入学校文学社。那天，新的语文老师来到教室，点名让五个同学去参加文学社新社员的入会仪式。他坐在座位上，紧盯着老师，心里默默念叨：“下一个该是我啦，下一个该是我啦！”可是，等五个同学全部走了，就是没轮到自己。整个一天，他心头堵得慌，像吊着一块大石头。

他还说，有位老师亲口对他说，上课时，只要不发出声音，哪怕你睡觉，我也不会批评。

我可以想象，这期间的刘涛该多么痛苦。

就这样一个人们心目中的所谓“差生”，现在却成了小有名气的少年作家，

《浙江教育报》《浙江工人日报》《作文新天地》《语文新圃》《中等职业教育》等多家媒体竞相报道，或发表他的作品，或作封面人物，或专题讲座，或签名售书，红红火火。后来，他由浙江省桐乡市外国语学校直接保送，进了北京科技大学新闻系深造，与白岩松等资深媒体名人直接对话，成了北京电视台的一名新闻记者，坚守着他的“北漂”生涯。

他的代表作，是以自己的青春经历为题材的长篇小说《三分之一蛋糕》，2004年11月由群言出版社出版。那一年，刘涛18周岁，刚刚迈入成年人的行列。

在《三分之一蛋糕》这本书的扉页上，刘涛写道：

人生漫漫，文学相随。

一生不忘写作启蒙恩师朱益群谆谆教诲。更像先生一样正直、执着，争取绽放出更大的文学礼花。

弟子：刘涛

2005.3.26

一直以来，刘涛与我保持密切关系。他感念我对他的帮助，并希望继续得到我的帮助，在很多重大问题上，总会征求我的意见。他甚至会像孩子一样，把他的工作照、生活照，他拍摄的新闻报道，一一播放给我看，还认认真真加以解说。2012年1月22日，除夕之夜，刘涛像往年一样打电话给我，恭祝新年之喜的同时，兴奋地告诉我，他的第二部长篇小说《就算没有明天》即将付梓。然而，他越感激我，我心中越惭愧，因为我只做了一点点教师本应该做的事情，而且，由于我的缘故，也许未曾发现而埋没了更多像刘涛一样的潜能学生。从狭隘的私心论，我是把他作为自己教师生涯中一个不可或缺的坐标，来昭彰我的职业成就的。

图11　刘涛的长篇小说《就算没有明天》一书，已由作家出版社出版

不过，能有这样的学生，是一种缘分，更是一种福分。

我们教师的学生观确实该好好重新审视一番了。一个学生，学习成绩(很多情况下，所谓学习成绩只是冷冰冰的分数，绝无范冰冰、李冰冰那样美艳)固然重要，但一个人的个性、一个人的才能，并不仅仅表现在分数上。一个人的个性、禀赋千差万别，没有一片雪花是完全相同的。"海阔凭鱼跃，天高任鸟飞""条条道路通罗马"，在社会这个斑斓的大舞台上，每个人都可以尽情展示自己独特的风景，世界也因此而绚丽多姿。可悲的是，在应试教育，以分数论英雄、以升学定成败的现实面前，我们的教师、学生都被"异化"了，"异化"成为分数的奴隶、分数的牺牲品。上分数线的，"春风得意马蹄疾，一日看尽长安花"，下分数线的，只得夹着尾巴做人。

上海建平中学校长、特级教师程红兵说过一段发人深省的话：

当教师目中无人，仅有分数，仅会提高学生分数的时候，就到了教师该自我反省的时刻，就到了校长反省的时候。

想起小时候大人做印版年糕的情景来。炉膛火光闪闪，灶间水雾腾腾。案板上，一大块面团搓成了棍子模样，大师傅把面棍拧成一小块一小块，码得整整齐齐；说笑声中，围坐的女人们各自拿着一块木头模子，雕有各种花鸟鱼虫的图案，把面团填进去，用力按平，再翻过来，往案板上轻轻一扣，一块花式面饼便做成了。现在的中学生，很像这些面团，任人揉捏，在流水线似的刻板教育下，非但单调、乏味，兴趣索然，而且面目可怜、可怕——我想，如果全国所有中学生都从一两个模子里生产出来，会是怎样的情景？

我不由惊悚地暗问自己：你不认识的草就是野草吗？你不了解的学生就是问题学生吗？

附 文

一、叫一声“师父”

海盐县武原中学　姚晓萍

近日再度执教《藤野先生》，突然联想到了我的师父——“益群先生”。藤野先生之于鲁迅，正如益群先生之于我——“在我所认为我师之中，他是最使我感激，给我鼓励的一个。”带着这份感怀，这开学第一课课文的解读就更加深刻了，教得更加带劲了。

学校有个拜师学艺的传统活动，取“青出于蓝而胜于蓝”之意，美其名曰“青蓝工程”，给每个刚参加工作的年轻老师安排了一位师傅，鼓励大家积极向前辈学习、靠近。当得知朱老师是我的师傅时，我的激动之情溢于言表，颇感“与有荣焉”，因为他是大名鼎鼎的特级教师、学校教科室主任，不管教学还是科研，都有极高的造诣。

应学校要求，徒弟得多听师傅的课。有的年轻老师听课，需要向师傅预约，而我从来不必。朱老师总是那么慷慨，我可以随时进入他课堂，做他的学生。他的课，没有当下流行的华丽形式，却可以将学生的学习热望充分调动起来，层层深入的独到解读、信手拈来的一个典故、脱口而出的一段历史、偶尔爆出的一句诙谐之语……都让学生乐在其中！听朱老师的课，总是那么轻松，令人陶醉。我这个不会喝酒的小女子，总像个贪杯的人似的，低回品味着朱老师炮制的红酒！可我什么时候才能自主酿一杯教学的醇酒呢？我绞尽脑汁地设计教学环节，组织诱人的教学形式，编辑精美的板书，可一直不能如鱼得水，学生也只是或喧闹或茫然的看客。于是我明白，朱老师的从容，来自于他深厚的思想人文底蕴和长期的积淀。他是高山，只能仰望，无法企及！每每遇到他，我只能怯生生地叫他一声：“朱老师！”不敢称他为“师傅”。

朱老师是好师傅，可我绝对不算好徒弟。新教师业务考试中，因为不够重视、敷衍了事，我考了一个极蹩脚的成绩。朱老师特地把我叫到办公室，语重心长地训导说：“我只说两句话。第一句话，既来之，则安之。第二句话，若要赢得别人的尊重，自己就得拿出点东西来，好值得别人的尊重。”一向慈眉善目的朱老师，眼中却满是我从未看过的严厉。那眼光让我羞愧、自责！因为这次失利，我的年度考核降级了，“青蓝工程”评比的时候，我拿不到“红花奖”，朱老师自然也得不到“绿叶奖”。他的难过并不亚于我这个不争气的徒弟！

这次的代价是惨烈的！夜晚辗转无眠时，我脑海里出现了这样的画面：刚参加工作的朱老师，在农村中学一间不足六平米的陋室里，一摞书本，一叠笔记，兀兀奋战，探索教学！这是别人告诉我的情景。那时那刻，我真正有了触动。选择了教师这个职业，我们便选择了宁静，选择了奉献。一杯清茶，便是温馨的慰藉，一缕灯光，便是成功的欢愉。朱老师虽已届知命之年，却仍在孜孜以求。我有什么理由放松呢？是啊，正如朱老师所说的，“没有任何借口宽宥自己，放松学习，使自己的思想疯狂地长满稗草!”从此，我不敢漠视学习、懈怠教学。

朱老师是出类拔萃的师傅，可我是个后知后觉的徒弟，在一次次的公开课中出尽了洋相：2002 年，开设《沁园春·雪》一课，一败涂地。朱老师告诉我，语速要慢放，教态要从容，内容要精简；2004 年开设《湖心亭看雪》课，仍然不尽理想。看着精心构思的教案，我彷徨、无助，沉浸在迷茫的阴影之中，也曾一直挣扎着想冲破雾霭。朱老师又特地把我找去，在他的点拨下，我才明白了本次公开课不尽理想的原因：过多地关注课堂形式的创新与突破，没有在文本内容的解读上作深入钻研；过多地关注教师自身的预设，缺少有效的铺垫与引领，让学生在空泛的问题面前举步维艰；过多地关注教师的文本体验，缺少基于学生生活的真切体验，而补充了高难度的拓展资料。所有这一切，都使整个学习成为学生一种沉重的负担，疲于奔命。我猛然醒悟，以人为本，对教师而言，其实就是以生为本，也就是以学生的现实基础与未来发展为本。教案再精巧，若教师眼中没有学生，缺乏有效的引领和启发，也只是白搭！教师不能只满足于外围的风景，陶醉于自我的欣赏。真正打动人心的风景往往在那丛林的最深处，在学生的心灵深处！

“下一次，我一定是个称职的导游!”我坚信!

失败往往成就机遇。一次次点拨，一次次拉近了师徒之间的距离。他的温和的引导和殷切的期待，如阳光一般融化了我教育中的坚冰，也让我充分感受到了他的和蔼可亲，不再对他敬而远之。而“师傅”，也渐渐变成了时常挂在嘴边、放在心里的“师父”!

一日为师，终身为父。“师父”一词的涵义如此精辟。远离家乡，独自在外的我，渐渐把年长我 15 岁的师父当成了“父亲”——比我亲生父亲学识渊博，更懂“女儿”心，给予了我同样的关怀与鼓励的“父亲”！

叫一声“师父”，便是值得信赖的“父亲”，便是一辈子的缘分，需要一生一世的珍重！“女儿”不仅在工作上经常请教他，有时也因为生活中的一些大事而咨询他的意见。师父总那么不厌其烦，哪怕人在外地，打着长时间的长途电话，也会帮我解决问题。

图 12　受聘担任宁波市江东区初中语文学科名师工作室导师

我的师父很能干，他是嘉兴市初中语文教师中第一个并且目前仍是唯一的浙江省特级教师，徒儿为他由衷自豪。我的师父很阳光，偶尔几句幽默的调侃，会让我们莞尔一笑。无论本校还是外校，无论年长还是年轻，无论在校内还是在校外，老师们都非常敬重他，也愿意亲近他。我的师父也很健谈，有时茶室里、走廊上、办公室中，一帮人团团而围，学富五车的他总能带活整个谈话氛围，给人以深刻的启迪。

我的师父对学术的追求永无止境，对生活的要求却很低。简单的小事就可能让他无比欢欣。有一回，我偶然看见海滨公园大照壁上刻着的《海盐赋》，“先民开基，厥有兹土。曾经兵车喋血，故名武原；继以滩田堆玉，便称海盐……大气如海，际天雪浪心底涌；淳朴似盐，无量伟业手中续。壮哉海盐，煌煌大地！美哉海盐，勃勃家园！”这大气磅礴而又底蕴深厚的文字，立即使我猜想著者肯定是自己的师父。当下电话求证，果然为师父所著。后来师母转告我说：“你师父知道你一下猜到《海盐赋》是他写的，高兴得不得了，连声感叹‘不愧是我的徒弟’。”

这就是忠于学术、以学术为乐的师父！徒儿也感叹：做您的徒弟是我一辈子的幸运；徒儿也叹惋：难以望其项背啊！在这样出色的师父面前，我定然无法“胜于蓝”！但是，徒儿努力，师父放心；徒儿进步，师父欣慰。只是，徒儿的每一点成绩，每一步提升，都离不开师父的引领与关键性的点睛！

2007年至今，我多次开设公开课，都取得了不错的成绩，而每一次的公开课都凝聚了师父的心血。每当冥思苦想，找不到突破口时，只要给师父打一个电话，或者当面请教，便自然“柳暗花明又一村”，或是文本解读的突破，或是教学手段的运用，或是语言品味的聚焦……师父的建议总让我拨开云雾见青天。为了与特级教师赵群筠老师同课异构《背影》，师父一遍又一遍地帮我修改教案，反复磨课，使我有了长足进步，也圆满完成了执教任务。

我每次开完课，第一件事便是向师父汇报。师父也总像他自己孩子拿到优异的报告单那么的欢喜：《吆喝》上完了，师父把我的教案挂到他的特级教师工作室上；《秋天》展示课结束后，他迫不及待地给我看他当堂做的课堂实录；《大自然的语言》开课前一晚21点，我匆匆定下教案，然后师父连夜再帮我审察，提出进一步完善的建议。

2011年12月，杭州市联合部分省市地区举办全国首届“运河杯”赛课节语文比赛。师父得知我将赴杭州参加决赛，第一时间就打电话给我，表示祝贺和鼓励。他言语中流露出来的激动与喜悦，我似乎触摸得到，仿佛他自己入围比赛一样。询问了比赛的一些事项，他当即与我探讨起了课题的确定，师徒俩不断提出课题，又反复否定，最后考虑到我个人的教学特质以及文化传承的因素，选择了我家乡诗人徐志摩的经典现代诗《再别康桥》。二十多分钟的通话结束时，师父终于松了一口气，但还不忘嘱咐：“这可是国家级比赛，千万不能敷衍；自己先酝酿教学思路，我给你把关；记住，课堂的任何一个环节都必须大气、圆润！”我苦熬出了教学构思后，立刻征求师父的意见，师父当机立断，给我调整，并督促我尽快写成教案。试上那天，师父在教育局公务繁忙，但还是协调好工作，抽出时间，赶到学校来听课，并作了详细的课堂实录，对课的整体构思、局部细节，一一作了针对性的点评和修正！第二天，我又试上了一次，没想到师父又来听课。

带着师父的期待与祝福，我前往杭州大关中学参加比赛。或许第一次面临这样大的挑战，比赛前一天，我分外紧张，患得患失，几乎丧失了自信。我徘徊在杭州的大街上，又忍不住打电话寻求师父的帮助。师父说：“上课前，来一次深呼吸，对自己说：‘我行！我一定行！’上课时，做到目中无人，心中有人；目中无听课的老师，心中有学习的学生。”对我来说，这话无疑是一颗颗价值连城的定心丸！

9日，刚上完比赛课，正想向师父说说自己的感受，手机铃声响了，是师父打来的电话！得知我发挥正常，他终于放了心："没错吧，我一向看好你的素质、你的能力的。"师父和我一样，同样关注比赛的进程，于是，我边听课，边QQ上线，给他做了详细的"现场直播"。师父居然跟我一样，心情也随着比赛而起伏跌宕！我不禁感叹道：公务繁忙的师父情愿牺牲自己宝贵的时间，悉心指导我，并给我心理上的安慰，这种情谊，真值得我一辈子去报答啊。

有这样的师父，真好！

比赛的结果是，我获得了一等奖。听课老师评论我的课说，"姚老师的大气来自于对诗人和诗歌的熟稔和热爱，才能从文本内外自由穿梭，游刃有余。"我想说的是："没有师父12年来细致入微的引领与培养，怎么可能成就我《再别康桥》一课的大气？"军功章里有我的一半，更有师父的一半！是的，在师父的熏陶指引下，我渐渐成长为一个成熟的语文教师。

亦师亦父，叫一声"师父"，一辈子，在心头！

二、走进特级教师(节选)

浙江省湖州市第四中学　沈旦

(一)

"清水出芙蓉，天然去雕饰"，这应该是一种经历长期积淀之后的外在呈现。听了朱特的课，心里最深的就是这样一种感受。一堂课，如风行水上，没有华丽的装饰，没有精心的雕琢，却处处耐人寻味。"简约而不简单"，只有丰厚积淀和深厚学养的教师，才能达到这样的境界。学生的每一个反应，每一次表达，都是课堂的学习内容。在朱特的课堂里，一切都纳入他的视野、脑海，信手拈来，又细细推磨，打开学生思维，提升学生能力，看似随意，实则用心极深。

也许这是一种天赋吧！

今天的学习任务比较繁重，除了听课，朱特带我们开始研讨：先自己解说设计意图，然后同伴相互评改，最后朱特全面点评，整个过程紧凑而高效。朱特肯定了我的文本解读，但对课堂切入点提出了他自己的看法，建议我重新定位。确实，阅读教学，切入点非常重要。找准了切入点，不仅能激发学生思维，活跃课堂气氛，而且能提升课堂的高度。我一直追求这样的方式，但很少有豁然开朗的感觉，也许自身视野狭窄和内蕴薄弱的原因吧。朱特还为我的课补充了几个材料，立竿见影，几处品读立刻深刻了许多。有时一个小小的点子可以解决一个巨大困难，而能想到这个点子的人就是专家。

下午四点，朱特为我们、湖州师范学院实习生、武原中学教龄六年以内的老师做了题为《师生对话的诊断和改进》的讲座。案例非常丰富，全都来自于朱特的平时积累，可见做一个“有心人”多么重要。谈到“师生对话的基础”时，朱特真的说到了我们的心坎上，“课堂教学往往忽略学生这一方，出现了教师霸权。对话之前，教师一定要重视‘生自对话、生本对话、生生对话’，只有做到这些，才能真正展开师生对话。”这不正是我们最近一直在思考的“以学论教”吗？“冷场也许就是学生思维最活跃的时候”，“宁静的海底，力量却最强大”，“可怕的不是安静，而是安静之后还是安静。”我想，说的也就是教师课堂机智和教学敏感度的问题吧。

一天下来，头脑一直处于一种高度兴奋的状态，像一块海绵，竭力吸收着朱特的新鲜水分，只恨这块海绵太小，质地太差，吸水性不强。

（二）

整整准备了两天，终于在朱特面前毫无保留地展示自己的课堂教学，虽然说为了诊断，可以毫无挂碍，但心里还是有些紧张。昨晚赶制出的课件一早就交给朱老师。打开课件，朱老师便默默地为我改了其中格式的错处。看着他的耐心、熟练，我既佩服又惭愧。

课堂的前半部分还算流畅，几处生成处理得还可以，学生基本融入了课堂，积极思考并交流，但是，后半节课，在探讨陶渊明精神状态和内心世界这一内容时就比较沉闷，我很难激活学生的思维，始终无法进入一种师生流畅对话的状态。铃声也不合时宜地响起，只好草草了事，带着一份沉甸甸的遗憾离开了课堂。令人敬佩的是，朱老师居然能当堂完成我和沈咏垒的课堂实录，打字速度之快令人惊叹。也许这就是特级教师的基本功吧。“大量积累教学材料，便于分析诊断，自己写东西的时候也可以随时调用。”朱老师淡淡地说道，而我们的心里满是羡慕和对自己懒惰的自责。

下午是对三堂课的诊断。朱老师把课堂实录拷贝给我们。我们先自己分析，然后同伴诊断，最后朱老师点评分析。

我从三个不够满意的地方入手，仔细分析了自己的课：一、学生思维出不来，教师如何引导，如何激活，这方面还有欠缺，找不到一个合适的点，因而学生比较沉闷，理解不了陶渊明的精神状态、内心世界。二、《归园田居》(其一)与(其三)处理时，重点把握不好，过于注重(其一)。三、结尾太仓促，只是教师一厢情愿地灌输，而不是学生自然的内在体悟。整个一堂课缺乏简明的层次感、节奏感。朱老师一针见血地指出，我的课感不够，时间把握不准，课堂机智还需提高。他耐心地帮我分析教材，梳理课堂问题。渐渐地，我有了更清晰的思路。名师的点评，就像黑暗中的一缕光，给人希望、力量和方向。摸索中的苦闷和抑郁一下子烟消云散。

“有的教师天生就是上课的，他为语文课堂而生”，我想，朱老师就是这样的语文老师。一篇单薄的文章，在他的课堂里却生发出更多精彩的花朵。

（三）

朱特把我们上提高课的安排通知了全校语文老师。虽然经历过许多次的公开课，但心里还是有些紧张。因为这一次非比寻常，不仅展现自己的教学能力和水平，也展现这段日子学习的提高和收获。“不能让朱特失望”，这是我们共同的愿望。

我的课上，学生的反应超出了我的预期，感悟力和表达力之强令人赞叹。在组织学生感悟陶渊明内心情感的过程中，生发出了许多智慧和情感的火花，比如对“带月归”和“露沾衣”的品读，我感到他们已走进了诗人的内心世界。铃声响起，朱老师拍着我的肩说：“不错!”没有朱老师之前的指导和点拨，我想，这样的课堂效果是很难达到的。他在我的诊断课分析中写道：“教师的预解读只有转化为符合学生认知水平、认识经验、认知能力的东西，才能为学生所接受，才能成为有效的学习行为。”朱特的话像一把钥匙打开了这堂课的大门。

走回办公室的路上，我感到了这几天从未有过的轻松。朱特的脸上盛满了满足和喜悦。我们知道，没有让他失望。

三、恋上你的掌声

北京电视台　刘涛

作为北京电视台的一名记者，我经历了太多次的掌声。每当一场精彩的晚会或者一次盛大的活动结束后，观众都会爆发出一阵阵热烈的掌声，这时，我手中的摄像机会情不自禁地转向他们。因为我知道，掌声代表了什么，掌声对于行进者来说有多么重要。掌声也是整个电视节目录制过程中重要的一部分。

——因为你的掌声，让我相信我能行(题记)

许多年过去了，突然有一天翻出了一本初中时的作文本，我再次想起了朱益群老师。只是真的不知道他还好吗？随着我们不断地长大，青春就像是买的一张没有返程的火车票。我想，我们那时的同学，也许现在也有当上老师的了。

离开家乡去北京上大学的时候，看着火车窗外，家乡的土地一点点掠过，最后竟变成了地图上的一个点。没有流泪，有的是一腔的热血和时常的孤独。

行李箱内有一本诗集——《杯水芥舟亦汪洋》，那是恩师朱益群的作品集。每到寂寞无助时；每到理想动摇时，每到创作瓶颈时，我都会拿出来仔细端详。也许只要看着它，我就仿佛看见恩师站在眼前，对我指点、教诲、安慰、帮助。在我的印象里，恩师的行事说教称得上是“大气如海、朴实如盐”。我觉得这几个字谈不上评价，只是一种和他相处时的感觉，就像我在家乡海盐生活一样，没有了漂泊感和陌生感。

对于自己，我坚信我是一个特别渴望得到掌声的人。掌声代表了肯定；掌声对于行进者来说，代表了支持和鞭策；掌声是整个电视节目录制结束时的句号。我曾经是一个极其偏科的学生，我的所有功课中，只有语文领跑，其他科目分数不过半百。在我的印象中，恩师是第一个给予我掌声的人。

我渴望掌声。从小我是一个喜欢阅读的孩子，书是我童年最珍贵的东西。其实这句话是我出版《三分之一蛋糕》后，回答记者提问时的套话。《三分之一蛋糕》这本书，可以说是我整个童年时代一直到少年时代，脑子里天天都在琢磨的一段属于青春的故事。我要说的是，当时我喜欢阅读的原因是，童年的我生活极度孤独，差生的帽子让我成为了许多优等生所嘲笑的理由。那个阶段中，在那样小的年纪里，一群孩子就可以拿着 85 分以上的考试卷子，堂堂正正地嘲笑一个比他们分数少 20 来分的孩子。我还记得，每当考试卷发下来时，我总是躲着高分的学生走，于是，孤独中不抛弃我的，只有恩师和厚重的课外书。我常常在发呆中、恍惚中、梦中幻想自己的未来，想象着属于自己的幸福，一个没有歧视，不以分数衡量一个人价值的世界。孤独中，我大量阅读中外名著，还有风靡一时的青春文学。

我经历掌声。1999 年的夏季，我走进了母校，第一个见到的老师就是恩师，也就是我日后的语文老师。在他的课上，我第一次得到了鼓励，得到了肯定。是恩师，一次又一次督促我把文章写好。记得每一次习作，恩师总在我的文章后面作长篇点评，有时甚至他的批注比我整个习作的文字还要多，但是，年少的我总是不懂得他的苦心，一再顽劣，不屑一顾。终于初一变成了初二，语文老师换了人，我才发现自己的习作再也没了点评和鼓励，甚至被当作全班同学的反面教材。贪婪无知的我终于顿悟，原来我早已经恋上了恩师的课，遇到恩师实属我之万幸。于是，我开始认真习作，博览佳作，用心总结，时常将自己的得意之作交予恩师指点，也偶有小小豆腐块发表。恩师欣慰之余，更加鼓励我自信，坚持。

从此，躲着高分学生走路的我不再唯唯诺诺。长期的阅读让我更加热爱写作，恩师的默默引导让我发现，弥久的阅读竟然为自己打下了良好的写作功底。创作成为了我课余生活中的大部分。我开始梦想当一名作家，出版自己的书；当一名记者，记录每一段历史。我用别人在踢足球、打篮球、看电视、上网、逛街、聊天的时间写作，写《三分之一蛋糕》书稿。书稿成形后，我又经历了二十五次退稿。每每的失败中，我不止一次地想起恩师的说教，然后再次勇敢地上路。千山万水修成正果，北京群言出版社成为了《三分之一蛋糕》的东家。出书后的我沉浸在无限的掌声中。

是恩师让我找到了自信。是《三分之一蛋糕》让我听到了掌声，也因为《三分之一蛋糕》，我被保送到了北京科技学院上大学。在明亮的教室里，我深知，一个职高生走进新闻系本科的不易。在大学课堂里，我如饥似渴地欣赏着全国优秀的新闻照片和电视节目。北京电视台徐滔老师的《法治进行时》，是我那时最渴望走进的电视栏目。当一个人有了兴趣，并且愿意为自己的理想打拼时，他的意志和力量是无穷的。四年的时光里，我钻研新闻写作和摄像，学习电视编导和制作。利用节假日和课余时间，来到区、县电视台实习，经历了太多次的历史时刻，经历着、学习着、感动着。当报道 2008 年春节雪灾后的八方支援车队行进时，当报道 2008 年汶川地震发生后北京各地募集踊跃时，当报道 2008 年北京奥运会火炬在长城上传递时，当报道 2008 年北京奥运会自行车公路赛开赛时，强烈的爱国之情油然而生，感叹做一名新闻记者有多么幸福。更加努力地学习和实践之后，毕业前夕，我接受了北京电视台对我的考核，功夫不负有心人，我如愿走进了北京电视台《法治进行时》栏目的大门。我享受着这来之不易的掌声。

我应该给予别人掌声。北京电视台《法治进行时》这个栏目是全国一线的法治节目，在包括中央电视台一套撒贝宁的《今日说法》；中央电视台新闻频道的《法治在线》；还有中央电视台 12 套法治频道在内的全国所有法治节目中，收视率都是数一数二的。北京地区调查显示，《法治进行时》栏目的收视率仅仅低于《新闻联播》和《天气预报》，位列第三。栏目除了法治方面的新闻、咨询和专题，还开设了法律咨询热线和免费法律服务。在这样一个金牌栏目里，我能感受到社会中法律困难群体对我们记者的信任，对栏目寄托了多么大的希望。一个个上当受骗的群众，一次次无奈的求助，让我想起了给予我帮助的母校和恩师。所以，每当治安案件一发生，我会毫不犹豫地拿上机器直奔现场，找到当事人，采访办案民警，报道一条条社会法治新闻。如今，当天天都要面对小时候特别向往的警察时，我不再简单地认为警察很神气，属于他们的还有责任和危险。被雪淹没在天安门广场岗台上的武警战士，跳入井下舍己救人的武警战士，解救人质而牺牲的武警战士，每次面对这一幕幕时，我告诉自己，我必须给予他们最清晰的特写镜头和最真挚的掌声。群众需要安宁，而看见武警战士，我们就能感受到安宁。

掌声响起来。2009年10月1日，我们的祖国迎来了她的60岁生日。六十年一个甲子啊，我们的祖国发生了翻天覆地的变化。“十一”国庆庆典活动在天安门广场隆重举行。在这样一个神圣的时刻，作为北京电视台的记者，我有幸参与了这个历史时刻的报道。在我的摄像机取景器里，我看到了祖国的强大、人民的安康，我为自己是一个中国人而感到骄傲。在自豪和感动的同时，泪水和心酸也涌上了我的心头。

回想我从母校走来，一路坎坷，经历风雨。试问，没有恩师，我将何去何从啊。

掌声响起来，为所有渴望掌声的人，指引前进的方向；掌声响起来，为我渐渐老去的恩师，抚慰他那颗博爱的心。

刘涛

2012年2月

后　记

前几年，浙江外国语学院的张孔义教授对我说，“在初中语文教师中，你是最有思想的，从你以前的课例、写的东西，以及对高端班学员的指导来看，对语文教学有很深的研究和独到的思考”，希望我好好总结一下自己近三十年来语文教学的成果。可惜我虽从未离开过教育教学第一线，但是埋头工作的多，抬头探路的少，经验是有一些，成果就不敢说了。惴惴不安中，也想努力一下，又苦于理论功底浅薄，无法对经验进行质的提炼与提升。在我的印象中，著书立说是非常神圣的事，非学富五车才高八斗的大师所不能为。我，区区一草根，能长出几片绿叶，开出一朵小花，就心满意足了。于是，此事一直缓了下来。

2011 年 12 月，张教授径直跟我说，他已向北京师范大学出版社作了推荐，要我加入《未来教育家文库》(名师系列)的出版计划，“可以借着机会好好整理自己的思想，进行提炼和阐述”。箭在弦上，不得不发。我只能不羞驽钝，竭尽全力，以报张教授的说项之诚。好在我尚非慵懒的人，时时注意反思、积累，聚起过一堆不成样子的“沙子”。

我告诉自己：“你首先是一名教师，一名普通教师；其次，与你笔谈的也是一名教师，一名普通教师。”这一点我很清醒。动笔之前，我定下了这样一个基调：不必正襟危坐、煞有介事地高谈阔论，而是用一种随和、平易的口吻，诉说自己的教育理想、教学观念，以及一些自以为比较行之有效的方法。就像与朋友秉烛夜谈，对酒漫语，于坦诚愉悦的氛围中实现彼此心灵的默契。现在，教师经过越来越频繁、越来越高质量的专业培训，对于一般的教育教学理论也颇知一二，但是，他们仍然未能迅速地改变自己，改善自己的教育教学行为，其关键在于缺少富有个性特征的思想力，缺少能够将理论转化为实际行为的有效策略，或者说缺少一定理论支撑下的教育教学行为，从而使自己的教育教学行为日渐苍白无力，举步维艰。教师需要的，是思考如何在理论与实践这两者中间的广阔地带寻找到极为有效的对接。从这个意义上说，我的这本书也许能提供一些有益的启迪。

回顾自己的成长经历，真是感慨万千。从一名默默无闻的普通教师，到

2006 年成为浙江省第九批特级教师，期间的付出是无法用言语表达的，但我欣慰，也很自豪，因为每一次进步，都为我创造了服务教育教学，回报所有关心我、支持我的人的机会。因为，回报不是信口开河，不是纸上谈兵，而是踏踏实实的行动、充满思想的行动。

衷心感谢张孔义教授。张教授是我大学时的老师，教中学语文教材教法。刚接触张教授，他那清癯的脸庞、略见灰白的头发、一口浓重的广西方言，就给我留下了深刻印象。及至上课，他那种高度的责任意识、严谨的治学精神、和谐的师生关系，尤其让我敬佩不已。张教授又是我人生成长的导师。后来，我有幸作为浙江省初中名师名校长工作室指导老师，与张教授一起参加各级各类教师培训，得到了他无微不至的关心与帮助。他就像西湖龙井，一年四季汩汩流淌，使我的生命更加润泽，充满活力。从他身上，我真正读懂了“学高为师、身正为范”的含义。

衷心感谢浙江省领雁工程培训班、浙江省第二期高端班、湖州市吴兴区培训班等学员。相处时间并不太长，但是，你们的倾情投入，你们的教育智慧，激荡了我的情感，丰富了我的思想，使我能始终与你们分享前进的快乐。

衷心感谢海盐县教育局，感谢曾经与我一起工作过的老师。你们的鼓励和帮助，是我持续前进的不竭动力。

最后重申两点。第一，我对“崇思教育”的实践与研究离不开前人的贡献。当前人的研究成果启发了我，或者与我的观点、做法不谋而合时，我就像饥饿之至的人扑向面包一样，将它们统统消化进去，变成了自己的一部分肌体，也丰富了我的思想，润泽了我的灵魂。恕我疏懒，未能一五一十地列出一份清单，但是，这份感激我是永远铭记在心的。第二，我关于“崇思教育”的实践与研究肯定存在着不尽完美的地方。每做一件事，我总是全力以赴，绝不以“量力而行”为借口，推卸自己的责任。只是一个人的知识、能力、精力毕竟有限，只好恳请读者朋友能够原谅我的肤浅与狭隘了。

朱益群

2013 年 12 月 5 日